公路工程计量与计价实务

俞素平 孙莉萍 姜海莹 ◼ 主 编

清华大学出版社
北京

内 容 简 介

本书以交通运输部颁发的《公路工程建设项目造价文件管理导则》(JTG 3810—2017)、《公路工程建设项目概算预算编制办法》(JTG 3830—2018)、《公路工程预算定额》(JTG/T 3832—2018)、《公路工程机械台班费用定额》(JTG/T 3833—2018)、《公路工程标准施工招标文件》(2018年版)等计价文件为依据，按照二级造价工程师职业资格考试的基本要求编写，体现了职业教育"课证融通"和"三教"改革精神对教材的新要求。全书共分为10章，内容包括公路工程造价基础知识，公路工程计量与工程量清单计价，路基工程工程量清单组价，路面工程工程量清单组价，桥涵工程工程量清单组价，隧道工程及其他工程工程量清单组价，工、料、机预算单价的确定，公路工程建设项目概算预算费用标准和计算，公路工程概算预算文件的编制，公路工程施工投标报价的编制。

本书可作为职业院校道路与桥梁工程、道路工程、建设工程管理、建设工程监理等相关专业的教材，也可作为全国造价工程师(公路工程专业组)职业资格考试考生复习备考的参考用书及相关从业人员的岗位培训教材和实际操作指南。

本书封面贴有清华大学出版社防伪标签，无标签者不得销售。
版权所有，侵权必究。举报：010-62782989，beiqinquan@tup.tsinghua.edu.cn。

图书在版编目(CIP)数据

公路工程计量与计价实务/俞素平，孙莉萍，姜海莹主编. —北京：清华大学出版社，2022.6(2024.8重印)
ISBN 978-7-302-60613-0

Ⅰ. ①公… Ⅱ. ①俞… ②孙… ③姜… Ⅲ. ①道路工程－工程造价 Ⅳ. ①U415.13

中国版本图书馆CIP数据核字(2022)第064497号

责任编辑：杜 晓
封面设计：曹 来
责任校对：袁 芳
责任印制：宋 林

出版发行：清华大学出版社
网　　址：https://www.tup.com.cn，https://www.wqxuetang.com
地　　址：北京清华大学学研大厦A座　　邮　编：100084
社 总 机：010-83470000　　邮　购：010-62786544
投稿与读者服务：010-62776969，c-service@tup.tsinghua.edu.cn
质量反馈：010-62772015，zhiliang@tup.tsinghua.edu.cn
课件下载：https://www.tup.com.cn，010-83470410

印 装 者：三河市铭诚印务有限公司
经　　销：全国新华书店
开　　本：185mm×260mm　　印　张：16.25　　字　数：391千字
版　　次：2022年8月第1版　　印　次：2024年8月第2次印刷
定　　价：58.00元

产品编号：094864-01

前　言

本书以交通运输部颁发的《公路工程建设项目造价文件管理导则》(JTG 3810—2017)、《公路工程建设项目概算预算编制办法》(JTG 3830—2018)、《公路工程预算定额》(JTG/T 3832—2018)、《公路工程机械台班费用定额》(JTG/T 3833—2018)、《公路工程标准施工招标文件》(2018年版)等计价文件为依据，按照二级造价工程师职业资格考试的基本要求编写，体现了职业教育"课证融通"和"三教"改革精神对教材的新要求。

本书具有以下两大特色。

(1)"一个突出"：即书中内容突出"职业性、实用性、适用性"。本书基于学生毕业后从事公路工程造价的工作内容和工作过程，并结合企业、行业调研成果，精心选择和编排教学内容。

(2)"两个适应"：即适应"工学结合、校企合作"培养模式的需要，适应基于行动导向的"项目引领、任务驱动"教学模式的需要。教材力求深入浅出，加强其实用性，以应用为重点，注重理论联系实际，列举了代表性的工程案例，学生通过工程案例的学习，较容易掌握造价文件的编制方法，使得学生具有"实际操作能力强、工程意识强、工作适应性强"的特点，努力实现"零距离"上岗。

为适应基于行动导向的"项目引领、任务驱动"教学模式，建议按照"能力目标先行，以教师为主导，以学生为主体，以工程项目为载体，以造价编制流程为导向，以综合训练为手段，理论实践一体化"的原则开展课程教学。为此，本书的配套教学用书——《公路工程施工招标文件示例》可供组织项目教学使用，可将该配套教学用书提供的工程项目作为载体，设计项目具体任务，以完成工程项目的施工图预算编制和投标报价编制任务为主线来组织和安排教学。

本书由福建船政交通职业学院俞素平、河南交通职业技术学院孙莉萍、河南交通职业技术学院姜海莹担任主编，河南交通职业技术学院宁金成教授、福建路桥建设有限公司刘必付高级工程师担任主审。

本书具体编写分工如下：俞素平编写第 1 章、第 3 章、第 4 章、第 10 章(10.1 节、10.2 节和 10.4 节)；孙莉萍编写第 5 章、第 9 章(9.1 节和 9.3 节)；姜海莹编写第 2 章、第 6 章、第 8 章；福建船政交通职业学院陈艳琼副教授编写第7章;同望科技股份有限公司赖雄英高级工程师编写第9章9.2节、第10章10.3节。

配套教学微课视频由以下人员提供:河南交通职业技术学院孙莉萍、姜海莹;福建船政交通职业学院陈晋华、梁巍、何以群;同望科技股份有限公司张芮珩、赖雄英、杨素芬高级工程师。

在本书编写过程中,参阅和引用了不少专家、学者论著中的有关资料,得到许多企业和专家的热情帮助,在此表示衷心的感谢。限于编者的实际经验水平,书中缺点和不足之处在所难免,真诚希望使用本书的老师和其他读者批评、指正,并提出宝贵意见,以便今后进一步修订完善。

编 者

2022年3月

目 录

第 1 章 公路工程造价基础知识 ………………………………………… 1
  1.1 公路工程基本建设 ……………………………………………… 1
    1.1.1 基本建设的含义及内容 …………………………………… 1
    1.1.2 基本建设项目组成 ………………………………………… 1
    1.1.3 基本建设程序 ……………………………………………… 2
    1.1.4 公路基本建设项目设计文件 ……………………………… 3
  1.2 公路工程造价相关概念 ………………………………………… 5
    1.2.1 工程造价的含义 …………………………………………… 5
    1.2.2 公路工程造价文件 ………………………………………… 5
    1.2.3 工程造价计价 ……………………………………………… 8
    1.2.4 工程造价管理 ……………………………………………… 10
    1.2.5 造价工程师执业资格制度及考试实施办法 ……………… 11
  1.3 公路工程造价计价依据与公路工程定额 ……………………… 15
    1.3.1 工程造价计价依据的概念和种类 ………………………… 15
    1.3.2 公路工程定额体系 ………………………………………… 16
  思考题 …………………………………………………………………… 18

第 2 章 公路工程计量与工程量清单计价 …………………………… 20
  2.1 公路工程计量概述 ……………………………………………… 20
    2.1.1 工程量的相关概念 ………………………………………… 20
    2.1.2 工程量计算依据与原则 …………………………………… 20
    2.1.3 定额工程量与清单工程量的区别 ………………………… 21
    2.1.4 概(预)算工程量的计算与核对 …………………………… 22
  2.2 公路工程工程量清单计价 ……………………………………… 22
    2.2.1 工程量清单计价相关概念 ………………………………… 22
    2.2.2 工程量清单构成 …………………………………………… 24
    2.2.3 工程量清单编制 …………………………………………… 29
    2.2.4 工程量清单预算文件 ……………………………………… 31
  2.3 公路工程工程量清单计量规则 ………………………………… 33
    2.3.1 工程量计算规则的概念 …………………………………… 33
    2.3.2 工程量计量规则说明 ……………………………………… 34

　　　　2.3.3　工程量计量规则总则 ··· 36
　　思考题 ··· 39
第 3 章　路基工程工程量清单组价 ·· 40
　3.1　公路工程定额运用基础知识 ··· 40
　　　　3.1.1　公路工程预算定额的内容组成 ··· 40
　　　　3.1.2　查用公路工程概预算定额的基本方法 ····································· 43
　　　　3.1.3　定额抽换、基本定额、材料周转及摊销 ································· 44
　3.2　路基工程预算定额应用基本规定 ·· 45
　　　　3.2.1　路基土、石方工程 ·· 45
　　　　3.2.2　特殊路基处理工程 ·· 49
　　　　3.2.3　排水工程 ·· 49
　　　　3.2.4　防护工程 ·· 50
　3.3　路基工程工程量计量规则 ·· 51
　3.4　路基工程案例分析 ·· 62
　　思考题 ··· 72
　　习题 ·· 73
　　案例练习题 ··· 73
第 4 章　路面工程工程量清单组价 ·· 75
　4.1　路面工程定额应用基本规定 ··· 75
　4.2　路面工程工程量计量规则 ·· 77
　4.3　路面工程案例分析 ·· 84
　　思考题 ··· 91
　　案例练习题 ··· 91
第 5 章　桥涵工程工程量清单组价 ·· 93
　5.1　桥涵工程定额应用基本规定 ··· 93
　5.2　桥涵工程工程量计量规则 ·· 101
　5.3　桥涵工程案例分析 ·· 111
　　思考题 ··· 120
　　习题 ·· 120
　　案例练习题 ··· 120
第 6 章　隧道工程及其他工程工程量清单组价 ·· 123
　6.1　隧道工程定额应用基本规定 ··· 123
　6.2　隧道工程工程量计量规则 ·· 127
　6.3　隧道工程案例分析 ·· 131
　6.4　交通工程及沿线设施定额 ·· 135
　6.5　临时工程定额 ··· 135
　6.6　公路工程预算定额小结 ··· 136
　　思考题 ··· 137
　　案例练习题 ··· 137

第 7 章 工、料、机预算单价的确定 …… 139
7.1 人工、施工机械台班预算单价的确定 …… 139
7.2 材料预算单价的确定 …… 141
7.2.1 材料预算单价的组成与计算 …… 141
7.2.2 材料采集及加工定额、材料运输定额 …… 143
7.2.3 材料平均运距的计算 …… 145
7.3 材料预算价格案例分析 …… 148
思考题 …… 149
案例练习题 …… 149

第 8 章 公路工程建设项目概算预算费用标准和计算 …… 150
8.1 概述 …… 150
8.2 建筑安装工程费 …… 153
8.3 土地使用及拆迁补偿费 …… 163
8.4 工程建设其他费用 …… 164
8.5 预备费 …… 170
8.6 建设期贷款利息 …… 171
8.7 公路工程建设项目各项费用的计算程序及方式 …… 171
思考题 …… 173

第 9 章 公路工程概算预算文件的编制 …… 174
9.1 概述 …… 174
9.1.1 概算预算文件组成 …… 174
9.1.2 概算预算的编制步骤 …… 176
9.1.3 施工组织设计对施工图预算的影响 …… 178
9.2 应用同望造价软件编制施工图预算 …… 180
9.2.1 同望 WECOST 软件编制造价流程 …… 180
9.2.2 新建项目文件、造价文件 …… 181
9.2.3 编制预算书文件 …… 183
9.2.4 编制工料机单价文件 …… 186
9.2.5 编制费率文件 …… 189
9.2.6 计算、输出报表 …… 190
9.3 施工图预算编制实例 …… 191
9.3.1 项目基本信息 …… 191
9.3.2 取费信息 …… 191
9.3.3 施工图预算成果 …… 193
思考题 …… 200

第 10 章 公路工程施工投标报价的编制 …… 201
10.1 概述 …… 201
10.1.1 工程项目招投标的概念 …… 201
10.1.2 公路建设招标分类 …… 202

  10.1.3 公路工程标准施工招标文件的组成 …………………………………… 202
  10.1.4 投标文件的组成 ………………………………………………………… 206
 10.2 公路工程投标报价的编制 ……………………………………………………… 207
 10.3 应用同望造价软件编制报价文件 ……………………………………………… 213
  10.3.1 用同望 WECOST 系统计算基础标价 ………………………………… 213
  10.3.2 用同望 WECOST 系统进行费用分摊、调价和报表输出 …………… 217
 10.4 某高速公路路面工程清单报价实例 …………………………………………… 219
  10.4.1 工程背景 ………………………………………………………………… 219
  10.4.2 招标文件(摘录) ………………………………………………………… 219
  10.4.3 报价文件编制 …………………………………………………………… 235
 思考题 ……………………………………………………………………………………… 249

参考文献 …………………………………………………………………………………… 250

第 1 章 公路工程造价基础知识

1.1 公路工程基本建设

1.1.1 基本建设的含义及内容

基本建设是新增固定资产的投资活动,包括固定资产的新建、扩建和改建等,属于对固定资产的扩大再生产。具体来讲,就是把一定的建筑材料、设备等,通过购置、建造和安装等活动,转化为固定资产的过程。

教学视频:
公路工程基本建设

公路基本建设活动应包括以下内容。

1. 建筑安装工程

建筑安装工程包含建筑工程和设备安装工程。建筑工程,包含路基、路面、桥梁、隧道、防护、交通安全设施、机电、房建工程等工程构造物的建设;设备安装工程,包含高速公路、大型桥梁所需的各种机械、设备、仪器的安装和调试等工作。

2. 设备、工具、器具的购置

设备、工具、器具的购置,即为满足公路的营运、管理及养护所必须购置的设备、工具和器具,如通信、照明、养护设备等。

3. 其他基本建设工作

其他基本建设工作主要有勘察、设计及与之有关的调查和技术研究工作,如征用土地、青苗补偿和安置补助等。

1.1.2 基本建设项目组成

每项基本建设工程,就其实物形态来说,都由许多部分组成。为了加强对基本建设工作的管理,便于编制施工组织设计文件和概(预)算文件、工程招投标工作和施工管理,必须对基本建设工程进行项目划分。基本建设工程可依次划分为建设项目、单项工程、单位工程、分部工程和分项工程。

1. 建设项目

建设项目又称基本建设项目,一般是指符合国家总体建设规划,能独立发挥生产功能或满足生活需要,其项目建议书经批准立项,可行性研究报告经过批准的建设任务。例如,一座工厂,一个矿山,一条公路,均可称为一个建设项目。

2. 单项工程

单项工程又称为工程项目,它是建设项目的组成部分,是具有独立的设计文件,在竣工后能独立发挥设计规定的生产能力或效益的工程。单项工程是建设项目的组成部分,一个建设项目有时可以仅包括一个单项工程,也可以包括多个单项工程,如高速公路的独立特大桥和特长隧道等。

3. 单位工程

单位工程是单项工程的组成部分,一般是指具有独立施工条件,可以单独作为成本核算对象的工程。根据《公路工程质量检验评定标准 第一册 土建工程》(JTG F80/1—2017)的规定,一般建设项目划分为路基工程(每10km或每标段)、路面工程(每10km或每标段)、桥梁工程(每座或每合同段)、隧道工程(每座或每合同段)、绿化工程(每合同段)、声屏障工程(每合同段)、交通安全设施(每20km或每标段)、交通机电工程和附属设施九个单位工程。

4. 分部工程

在单位工程中,按结构部位、路段长度及施工特点或施工任务划分为若干个分部工程。如在路基工程中,又划分为路基土石方工程(1~3km路段)、排水工程(1~3km路段)、小桥和符合小桥标准的通道、人行天桥及渡槽(每座)、涵洞、通道(1~3km路段)、防护支挡工程(1~3km路段)、大型挡土墙、组合挡土墙(每处)等分部工程。

5. 分项工程

分部工程中按不同结构、不同材料和不同施工方法等因素划分为若干个分项工程。如路基土石方工程又划分为土方路基、填石路基、软土地基处治、土工合成材料处治层等分项工程。在概预算编制中,分项工程是概、预算定额的基本计量单位,故又称为工程定额子目或称工程细目。

1.1.3 基本建设程序

基本建设程序是指基本建设项目从设想、选择、评估、决策、设计、施工到竣工投产交付使用的整个建设过程中各项工作必须遵循的先后顺序。它是基本建设全过程及其客观规律的反映,是建设项目科学决策和顺利实施的重要保证。按照建设项目发展的内在联系和发展过程,建设程序可分为若干阶段,这些发展阶段是有严格的先后次序,不能随意颠倒。

我国现行的基本建设程序可概括为四个阶段和八个程序,如图1-1所示。

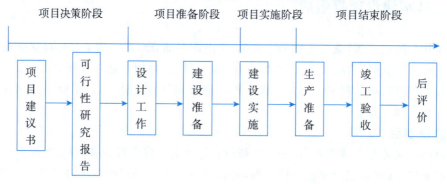

图1-1 我国现行基本建设程序示意图

公路基本建设应当按照国家规定的建设程序和有关规定进行。《公路建设监督管理办法》(交通部2006年第6号令)对政府投资的公路建设程序和企业投资的公路建设程序做出明确规定。

1. 我国政府投资的公路建设程序

(1) 根据规划,编制项目建议书。
(2) 根据批准的项目建议书,进行工程可行性研究,编制可行性研究报告。
(3) 根据批准的可行性研究报告,编制初步设计文件。
(4) 根据批准的初步设计文件,编制施工图设计文件。
(5) 根据批准的施工图设计文件,组织项目招标。
(6) 根据国家有关规定,进行征地拆迁等施工前准备工作,并向交通主管部门申报施工许可。
(7) 根据批准的项目施工许可,组织项目实施。
(8) 项目完工后,编制竣工图表、工程决算和竣工财务决算,办理项目交、竣工验收和财产移交手续。
(9) 竣工验收合格后,组织项目后评价。

2. 我国企业投资的公路建设程序

(1) 根据规划,编制工程可行性研究报告。
(2) 组织投资人招标工作,依法确定投资人。
(3) 投资人编制项目申请报告,按规定报项目审批部门核准。
(4) 根据核准的项目申请报告,编制初步设计文件,其中如有涉及公共利益、公众安全、工程建设强制性标准的内容,应当按项目隶属关系报交通主管部门审查。
(5) 根据初步设计文件编制施工图设计文件。
(6) 根据批准的施工图设计文件组织项目招标。
(7) 根据国家有关规定,进行征地拆迁等施工前准备工作,并向交通主管部门申报施工许可。
(8) 根据批准的项目施工许可,组织项目实施。
(9) 项目完工后,编制竣工图表、工程决算和竣工财务决算,办理项目交、竣工验收。
(10) 竣工验收合格后,组织项目后评价。

所有新建及改建的大、中型项目都必须严格按照上述程序进行。对于小型项目,可根据具体情况适当合并或删去部分程序。

1.1.4 公路基本建设项目设计文件

公路工程设计文件是安排建设项目、控制造价、编制招标文件、组织施工和竣工验收的重要依据。设计文件由封面、扉页、目录、工程说明书、设计图纸、工程数量表及其他成果表、基础资料等组成。设计图纸是计算工程量的主要依据。所谓计算工程量,就是指按照设计图纸上的尺寸计算实物工程数量,而所计算的工程量是编制工程造价的基础资料。设计图纸资料,除了表示各种构造、大小尺寸,作为计价的基础资料的各种工程量,基本都反映在图表中,而有些又隐含在图纸内,如混凝土和砂浆的强度等级、石砌工程的规格种类以及施工要求等,凡难以在图纸上表示的项目内容,往往多在文字说明处加以规定。通常用图形表现的设计图纸和用文字叙述的工程说明书确定工程的数量和施工方法。所以,深入熟悉设计文件中的设计图表和设计说明等设计图纸资料,做好工程量的核对工作,是准、快、全地编制工程造价的首要前提。

1. 设计阶段

公路工程基本建设项目一般采用两阶段设计,即初步设计和施工图设计。高速公路、一级公路必须采用两阶段设计;对于技术简单、方案明确的小型建设项目,可采用一阶段设计,即施工图设计;对于技术复杂、基础资料缺乏和不足的建设项目,或建设项目中的特大桥、长隧道、大型地质灾害治理等,必要时应采用三阶段设计,即初步设计、技术设计和施工图设计。

采用一阶段设计的建设项目,施工图设计应根据批复的可行性研究报告、测设合同和定测、详勘资料编制,且应编制施工图预算。

采用两阶段设计的建设项目,施工图设计应根据批复的初步设计、测设合同和定测、详勘(含补充定测、详勘)资料编制。初步设计编制设计概算;根据施工图设计编制施工图预算。

采用三阶段设计的建设项目,初步设计应根据批复的可行性研究报告、测设合同和初测、初勘资料编制;技术设计应根据批复的初步设计、测设合同和定测、详勘资料编制;施工图设计应根据批复的技术设计、测设合同和补充定测、补充详勘资料编制。初步设计编制设计概算;根据技术设计编制、修正概算;根据施工图设计编制施工图预算。

2. 施工图设计文件的组成

施工图设计文件由下列十二篇和附件组成。

```
第一篇    总体设计
第二篇    路线
第三篇    路基、路面
第四篇    桥梁、涵洞
第五篇    隧道
第六篇    路线交叉
第七篇    交通工程及沿线设施
第八篇    环境保护与景观设计
第九篇    其他工程
第十篇    筑路材料
第十一篇   施工组织计划
第十二篇   施工图预算
附件      基础资料
```

1.2 公路工程造价相关概念

1.2.1 工程造价的含义

1. 工程造价

工程造价是指工程的建设价格，是指为完成一个工程的建设，预期或实际所需的全部费用总和。

从业主（投资者）的角度来定义，工程造价是指工程的建设成本，即为建设一项工程预期支付或实际支付的全部固定资产投资费用。这些费用主要包括建筑安装工程费、土地使用及拆迁补偿费、工程建设其他费、预备费、建设期贷款利息五大部分，是完成固定资产所必需的费用。因此，从这个意义上讲，工程造价就是固定资产投资。

教学视频：
公路工程造价
相关概念

从承发包角度定义，工程造价是指工程价格，即为建成一项工程，预计或实际在土地、设备、技术劳务以及承包等市场上，通过招投标等交易方式所形成的建筑安装工程的价格和建设工程总价格。在这里，招投标的"标的"可以是一个建设项目，也可以是一个单项工程，还可以是整个建设工程中的某个阶段，如建设项目的可行性研究、设计和施工阶段等。

2. 公路工程造价

公路工程造价是指公路工程基本建设项目、养护项目从筹建到竣工验收交付使用所需的全部费用。

1.2.2 公路工程造价文件

公路工程造价文件是基本建设程序各阶段造价类文件的统称，包括投资估算、设计概算、施工图预算、工程量清单、工程量清单预算、招标控制价、投标报价、合同工程量清单、计量与支付、工程变更费用、造价管理台账、工程结算、工程竣工决算等文件。

公路工程各阶段造价文件构成框架见图1-2。

1. 投资估算

投资估算是指在公路工程项目建议、工程可行性研究阶段，按照规定的造价依据、方法和程序，以项目建议书、工程可行性研究报告、设计文件为依据，对工程建设所需的总投资及其构成进行预测和估计所确定的造价预估值。投资估算是公路工程项目决策的重要依据。

在项目建议书阶段，应编制预可行性研究投资估算；在工程可行性研究报告阶段，应编制工程可行性研究投资估算。投资估算文件是公路工程项目建议书、可行性研究报告的重要组成部分。

投资估算应依据现行《公路工程建设项目投资估算编制办法》（JTG 3820—2018）（以下简称《投资估算编制办法》（2018年版））、采用现行《公路工程估算指标》（JTG/T 3821—2018）（以下简称《估算指标》（2018年版））及相应的补充造价依据编制。

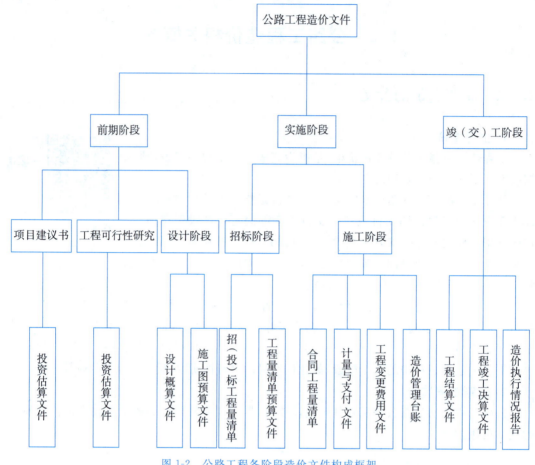

图 1-2 公路工程各阶段造价文件构成框架

2. 初步设计(修正)概算

初步设计(修正)概算是在公路工程初步设计阶段,按照规定的造价依据、方法和程序,以项目初步设计、技术设计为依据,对工程建设所需要的全部费用及其构成进行计算所确定的造价预计值。初步设计(修正)概算是公路工程项目建设管理重要的控制目标。

初步设计阶段应编制初步设计概算。对技术复杂的建设项目或技术复杂的特大桥、长隧道、大型地质灾害治理等工程,要进行技术设计的,应编制相应的修正概算。初步设计概算文件和修正概算文件分别是公路工程初步设计和技术设计文件的重要组成部分。

初步设计(修正)概算应依据《公路工程建设项目概算预算编制办法》(JTG 3830—2018)(以下简称《概算预算编制办法》(2018 年版)),采用《公路工程概算定额》(JTG/T 3831—2018)(以下简称《概算定额》(2018 年版))及相应的补充造价依据编制。

3. 施工图预算

施工图预算是在公路工程施工图设计阶段,按照规定的造价依据、方法和程序,以项目施工图设计为依据,对工程建设所需要的全部费用及其构成进行计算所确定的造价预计值。

施工图设计阶段应编制施工图预算。施工图预算是组织项目实施、评价施工图设计经济合理性的重要依据,是编制工程量清单预算、确定标底或最高投标限价以及分析衡量投标报价合理性的参考。工程实施中,如施工图设计发生重(较)大变化,应编制设计变更预算。施工图预算文件是公路工程施工图设计文件的重要组成部分。

施工图预算应依据《概算预算编制办法》(2018年版),采用《公路工程预算定额》(JTG/T 3832—2018)(以下简称《预算定额》(2018年版))及相应的补充造价依据编制。施工图预算不得超过经批准的初步设计(修正)概算。

4. 工程量清单

工程量清单是在工程实施阶段用于表述公路工程量及对应价款的组成和内容的明细清单,包括完成公路建设活动所需的实物工程、措施项目以及费用项目等。

招标人应在招标阶段编制工程量清单,作为招标文件的组成部分。招标工程量清单是投标人编制投标工程量清单、进行投标报价的依据。

投标工程量清单应依据招标文件约定的计量计价规则,根据市场价格和投标企业经营状况等因素编制。

5. 工程量清单预算

工程量清单预算是在公路工程施工招投标活动中,对采用工程量清单计价的工程,参照编制施工图预算的造价依据和方法,按规定程序,对招标工程建设所需的全部费用及其构成进行测算所确定的造价预计值。

招标阶段宜编制工程量清单预算。工程量清单预算是招标人确定招标控制价或最高投标限价和评判投标报价合理性的重要依据。

6. 招标控制价(最高投标限价)

招标控制价是招标人根据国家或省级、行业建设主管部门颁发的有关计价依据和办法,以及拟定的招标文件和招标工程量清单,编制的招标工程的最高限价,其作用是招标人用于对招标工程发包的最高限价,也称为最高投标限价。为体现招标的公平、公正,防止招标人有意抬高或压低工程造价,招标人应在招标文件中(或开标前在指定的媒体上)如实公布招标控制价。同时,招标人应将招标控制价报工程所在地的工程造价管理机构备案。

7. 投标报价

投标报价是在工程采用招标发包的过程中,由投标人按照招标文件的要求,根据工程特点,并结合自身的施工技术、装备和管理水平,依据有关计价规定自主确定的工程造价。投标报价是投标文件中最重要的组成部分和主要内容,是投标工作的关键和核心,也是决定能否中标的主要依据。

如投标人的投标报价高于招标控制价,应予以废标,投标报价不得低于工程成本。因此,可以得出以下结论:工程成本≤投标报价≤招标控制价(最高投标限价)。

8. 合同工程量清单

合同工程量清单是在公路工程发、承包活动中,发、承包双方根据民法典、招(投)标文件及有关规定,以约定的工程量清单计价方式,签订工程承包合同时确定的工程量清单。合同工程量清单包括拟建工程量、单价、合价及总额。合同工程量清单是发、承包双方进行工程计量与支付、工程变更费用、工程结算的依据。

9. 计量与支付文件

计量与支付文件是在公路工程实施阶段,对已完工程进行计量,并根据计量结果和合同约定对应付价款进行统计和确认,用于支付工程价款而编制的文件。计量与支付文件一般以规定格式的报表形式表现。

在工程施工阶段，应编制计量与支付文件。计量与支付文件是公路工程资金支付和工程结算的依据性文件，应依据合同文件、工程变更、签认的质量检验单和计量工程量等编制。

10. 工程变更费用

在公路工程实施过程中，工程设计、合同约定发生变化等因素会导致增加或减少的费用。

对于发生费用变化的工程变更，应编制工程变更费用文件，具体可根据工程管理实际采用工程量清单形式或施工图预算形式编制。工程变更费用文件是评价工程变更经济合理性的依据，是编制计量与支付文件、工程结算、工程竣工决算的基础性资料。

11. 造价管理台账

造价管理台账是在公路工程实施阶段，总体反映公路工程自初步设计至工程竣工过程中的造价变化、工程变更、合同支付以及预估决算等造价管理动态信息的台账式文件。

在工程实施阶段，建设单位应组织编制造价管理台账。造价管理台账是合理控制投资的有效手段，其内容应反映公路工程建设项目实施期工程投资动态变化的总体情况。造价管理台账应依据批准的初步设计概算、施工图预算、合同价、工程变更、投资进度及其他相关的造价管理信息等资料进行编制，并动态更新。

12. 工程结算

工程结算是在公路工程实施过程中或工程完工后，发、承包双方依据国家有关法律、法规，按合同约定计算确定的最终工程价款。

合同约定的工程、服务或采购完成后，应编制工程结算文件。工程结算文件是承包人向发包人申请办理最终工程价款清算的依据。工程结算文件应依据合同文件、计量与支付文件、工程变更费用文件等资料编制。

13. 工程竣工决算

工程竣工决算是公路工程经审定的从筹建到竣工验收、交付使用全过程中实际支出的全部工程建设费用。工程竣工决算是整个公路工程的最终造价，是建设单位财务部门汇总固定资产的主要依据。公路工程建设项目竣工验收前，应编制工程竣工决算文件。

公路工程各个阶段造价文件的编制是相互衔接、由粗到细、由浅到深、由预期到实际、前者制约后者、后者修正和补充前者的过程。

14. 造价执行情况报告

造价执行情况报告是指在公路工程竣工验收前，建设单位就本公路工程全过程造价管理和投资控制等情况编制的造价工作总结报告。造价执行情况报告主要包括概预算执行、合同管理、重（较）大设计变更、工程竣工决算、造价信息收集和报送等方面的情况。

1.2.3 工程造价计价

1. 工程造价计价的概念与基本原理

工程造价计价就是计算和确定建设工程项目的工程造价，简称工程计价，也称为工程估价。工程计价有不同的内容、方法及表现形式，业主或其委托的咨询单位编制的工程项目投资估算、设计概算、施工图预算，咨询单位编制的控制价，承包商提出的报价，都是工程计价的不同表现形式。

工程造价计价的基本原理就是确定"量"（基本构造要素的工程数量）和"价"（基本构造要素的工程单价）并通过一定的计算将"量""价"结合的过程，可以用式(1-1)表达：

$$工程造价 = \sum_{i=1}^{n}（基本构造要素工程量 \times 相应工程单价）_i \qquad (1-1)$$

式中 i——第 i 个基本构造要素；

n——工程结构分解得到的基本构造要素数目。

在计价时，基本构造要素的工程量和工程单价与项目分解的深度、粗细直接关联。一般来说，分解结构层次越多，基本子项越细，计算也更精确。一个建设项目往往含有多个单项工程，一个单项工程又由多个单位工程组成。单位工程可进一步分解为分部工程，分部工程进一步分解为分项工程。我国工程造价计价的主要思路是将建设项目细分至最基本的构成单位（基本构造要素，如分项工程），用其工程量与相应单价相乘后汇总，即为整个建设项目的工程造价。因此，工程造价计价的顺序是分项工程造价→分部工程造价→单位工程造价→单项工程造价→建设项目总造价。

2. 公路工程计价的方式

公路工程计价目前采用的计价方式有定额计价和工程量清单计价。

1) 定额计价

定额计价是以费用项目清单为表现形式，以定额为主要依据计算确定工程造价和技术经济指标的方式。

公路工程费用项目清单是针对公路工程造价的费用构成，综合费用来源和作用、工程管理和定额计价习惯等因素，结合长期工程设计和建设管理实践经验，按一定规则以工程或费用编码、名称、统计单位等因素划分，在公路工程计价各阶段以表列形式展现的一种相对稳定的工程或费用的明细清单。费用项目清单主要包括估算项目清单、概算项目清单、预算项目清单等。

定额计价是我国长期以来在工程价格形成中采用的计价模式，是国家通过颁布统一的估算指标、概算定额、预算定额和相应的费用定额，对建筑产品价格有计划管理的一种方式。公路工程估算和概算预算目前主要采用定额计价方式进行编制。

2) 工程量清单计价

工程量清单计价是以工程量清单为表现形式，以约定的计价规则计算确定单价、工程合价的方式。

公路工程工程量清单表中的单价是全费用单价或完全价格，是指完成本计价工程子目所需的全部工程内容和费用内容的费用，包括完成该子目下所有工程内容所需的成本、利润、税金和一般风险费。以清单子目所给的工程数量与该单价相乘，即可得到该子目的"合价"。工程量清单计价作为一种市场价格的形成机制，主要在工程招投标和结算阶段使用。

3. 公路工程造价计价的基本要素

公路工程造价计价包括以下五个要素。

1) 预算工程量

预算工程量包括两部分：①工程实体数量（设计文件中的设计工程量）；②施工措施工

程量,包括施工方案确定的辅助工程量(在设计图纸中不出现,取决于施工组织设计)和临时工程量。

2) 完成单位数量的分项工程消耗的工料机数量标准(定额水平)

在正常条件下,完成合格的单位数量分项工程消耗的工料机数量标准决定了消耗的资源实物量,是确定工程成本的重要因素。作为承包商投标估价用的定额必须以反映其个别成本的企业定额为基础,适当参考行业统一定额。业主编制招标控制价(标底)时,因为不是业主亲自施工,无法确定未来施工承包商的个别成本,只能以反映行业平均水平的部颁预算定额为基础,估测所需的工料机资源数量。

3) 工料机的预算价格

预算价格是用于计算工程的直接费,应具备以下两个条件:①尽可能反映工料机的市场供应价,要求做好充分的工料机市场价格调查;②预算价格中必须包括分摊至该工料机要素的全部成本或费用,如材料预算价格必须包括出厂价(原价)、自供应地到工地的运杂费、场外运输损耗费及材料仓储保管损耗费用。但工料机预算价格中不应包含需单列的综合取费和利润因素。

4) 综合费率

承包商在确定工程成本或投标报价时,对于除直接费、设备购置费、规费、专项费用之外的措施费、企业管理费、利润以本单位的费用定额为依据,确定竞争性的各项费率;对于税金的计算,则必须执行国家税法。业主确定招标控制价(最高投标限价)时,对于综合取费,一般执行交通运输部发布的《概算预算编制办法》(2018年版)或地方上的补充编制办法中规定的费率标准或略有降低。

5) 计价规则或计价程序

一般按照《概算预算编制办法》(2018年版)中规定的计价规则或计价程序计算建安工程造价,反映的是以上四种要素的整合方式。

1.2.4 工程造价管理

1. 工程造价管理的含义

工程造价有两种含义,相应地,工程造价管理也包括建设工程投资费用管理和工程价格管理两种含义。

建设工程投资费用管理是指为实现投资预期目标,在拟订的规划、设计方案条件下,预测、计算、确定和监控工程造价及其变动的系统活动。建设工程投资费用管理属于工程建设投资管理范畴,它既涵盖了微观层次的项目投资费用的管理,又涵盖了宏观层次的投资费用管理。

工程价格管理属于价格管理范畴。在社会主义市场经济条件下,价格管理分为两个层次。在微观层次上,价格管理是生产企业在掌握市场价格信息的基础上,为实现管理目标而进行的成本控制、计价、定价和竞价的系统活动。在宏观层次上,价格管理是政府根据社会经济发展的要求,利用法律手段、经济手段和行政手段对价格进行管理和调控,以及通过市场管理规范市场主体价格行为的系统活动。

2. 全面造价管理

全面造价管理就是有效地使用专业知识和专门技术去计划和控制资源、造价、盈利和风险。建设工程全面造价管理包括全寿命造价管理、全过程造价管理、全要素造价管理和全方位造价管理。

1) 全寿命造价管理

建设工程全寿命期造价是指建设工程初始建造成本和建成后的日常使用成本之和,它包括建设前期、建设期、使用期及拆除期各个阶段的成本。由于在工程建设及使用的不同阶段,工程造价存在诸多不确定性,使得工程造价管理者管理建设工程全寿命期造价比较困难,因此,全寿命造价管理至今只能作为一种实现建设工程全寿命周期造价最小化的指导思想,指导建设工程投资决策及设计方案的选择。

2) 全过程造价管理

建设工程造价管理覆盖建设工程前期决策及实施的各个阶段,包括前期决策阶段的项目策划、投资估算、项目经济评价、项目融资方案分析;设计阶段的限额设计、方案比选、概预算编制;招投标阶段的标段划分、承包发包模式以及合同形式的选择、招标控制价(标底)的编制;施工阶段的工程计量与结算、工程变更控制、索赔管理;竣工验收阶段的竣工结算与决算等。

3) 全要素造价管理

控制建设工程造价,不仅仅是控制建设工程的成本(即成本要素),还应考虑工期、质量、安全、环境等要素,从而实现工程造价、工期、质量、安全、环境的集成管理。

4) 全方位造价管理

建设工程造价管理不仅仅是业主或承包单位的任务,而应该是政府建设行政主管部门、行业协会、业主方、设计方、承包方以及有关咨询机构的共同任务。尽管各方的地位、利益、角度等有所不同,但必须建立完善的协同工作机制,才能实现建设工程造价的有效控制。

3. 工程造价管理的基本内容

工程造价管理的基本内容就是合理确定和有效控制工程造价。

工程造价的合理确定,就是在建设程序的各个阶段,合理确定投资估算、概算造价、预算造价、承包合同价、结算价、竣工决算价。

工程造价的有效控制,就是在优化建设方案、设计方案的基础上,在建设程序的各个阶段,采用一定的方法和措施,把建设项目投资的发生控制在合理的范围和核定的造价限额以内。具体来说,就是要用投资估算控制设计方案的选择和初步设计概算造价;用概算造价控制技术设计和修正概算造价;用概算造价或修正概算造价控制施工图设计和预算造价。有效地控制工程造价应体现以设计阶段为重点的建设全过程造价控制、主动控制和技术与经济相结合三项原则。

1.2.5 造价工程师执业资格制度及考试实施办法

为统一和规范造价工程师职业资格的设置和管理,提高工程造价专业人员素质,提升建设工程造价管理水平,住房和城乡建设部、交通运输部、水利部、人力资源社会保障部于2018年7月20日联合印发了《造价工程师职业资格制度规定》和《造价工程师职业资格考试实施办法》。

1. 造价工程师的基本规定

1）造价工程师的概念

造价工程师是指通过职业资格考试取得中华人民共和国造价工程师职业资格证书，并经注册后从事建设工程造价工作的专业技术人员。

2）造价工程师的级别划分

造价工程师分为一级造价工程师和二级造价工程师。一级造价工程师英文译为 Class 1 Cost Engineer，二级造价工程师英文译为 Class 2 Cost Engineer。

3）造价工程师的素质要求

造价工程师的素质包括思想品德、专业、身体等方面，这些只是造价工程师工作能力的基础。造价工程师在实际岗位上应能独立完成建设方案、设计方案的经济比较工作，完成项目可行性研究的投资估算、设计概算和施工图预算、招标标底和投标报价、补充定额和造价指数等编制与管理工作，进行合同价结算和竣工决算的管理，以及对造价变动规律和趋势具有分析预测能力。

4）造价工程师的权利和义务

造价工程师享有下列权利：①称谓权，即使用注册造价工程师名称；②执业权，即依法独立执行工程造价业务；③签章权，即在本人执业活动中形成的工程造价成果文件上签字，并加盖执业印章；④立业权，即申发起设立工程造价咨询企业；⑤保管和使用本人的注册证书和执业印章；⑥参加继续教育。

造价工程师应履行下列义务：①遵守法律、法规、有关管理规定，恪守职业道德；②保证执业活动成果的质量；③接受继续教育，提高执业水平；④执行工程造价计价标准和计价方法；⑤与当事人有利害关系的，应当主动回避；⑥保守在执业中知悉的国家秘密和他人的商业、技术秘密。

5）造价工程师不得有的行为

造价工程师不得有下列行为：①不履行注册造价工程师义务；②在执业过程中，索贿、受贿或者谋取合同约定费用外的其他利益；③在执业过程中实施商业贿赂；④签署有虚假记载、误导性陈述的工程造价成果文件；⑤以个人名义承接工程造价业务；⑥允许他人以自己的名义从事工程造价业务；⑦同时在两个或者两个以上单位执业；⑧涂改、倒卖、出租、出借或者以其他形式非法转让注册证书或者执业印章；⑨法律、法规、规章禁止的其他行为。

2. 造价工程师考试实施办法

1）考试组织办法

一级造价工程师职业资格考试的具体考务任务由人力资源社会保障部人事考试中心承担。各省、自治区、直辖市住房和城乡建设、交通运输、水利、人力资源社会保障行政主管部门共同负责本地区一级造价工程师执业资格考试组织工作，具体职责分工由各地协商确定。

一级造价工程师职业资格考试由全国统一大纲、统一命题、统一组织。二级造价工程师职业资格考试由全国统一大纲，各省、自治区、直辖市自主命题并组织实施。

造价工程师考点原则上设在直辖市、自治区首府和省会城市的大、中专院校或者高考定点学校。

2）一级造价工程师报考条件

凡遵守中华人民共和国宪法、法律法规，具有良好的业务素质和道德品行，具备下列条件之一者，可以申请一级造价工程师职业资格考试：

（1）具有工程造价专业大学专科（或高等职业教育）学历，从事工程造价业务工作满5年；具有土木建筑、水利、装备制造、交通运输、电子信息、财经商贸大类大学专科（或高等职业教育）学历，从事工程造价业务工作满6年。

（2）具有通过工程教育专业评估（认证）的工程管理、工程造价专业大学本科学历或学位，从事工程造价业务工作满4年；具有工学、管理学、经济学门类大学本科学历或学位，从事工程造价业务工作满5年。

（3）具有工学、管理学、经济学门类硕士学位或者第二学士学位，从事工程造价业务工作满3年。

（4）具有工学、管理学、经济学门类博士学位，从事工程造价业务工作满1年。

（5）具有其他专业相应学历或者学位的人员，从事工程造价业务工作年限相应增加1年。

3）二级造价工程师报考条件

凡遵守中华人民共和国宪法、法律法规，具有良好的业务素质和道德品行，具备下列条件之一者，可以申请二级造价工程师职业资格考试：

（1）具有工程造价专业大学专科（或高等职业教育）学历，从事工程造价业务工作满2年；具有土木建筑、水利、装备制造、交通运输、电子信息、财经商贸大类大学专科（或高等职业教育）学历，从事工程造价业务工作满3年。

（2）具有工程管理、工程造价专业大学本科及以上学历或学位，从事工程造价业务工作满1年；具有工学、管理学、经济学门类大学本科及以上学历或学位，从事工程造价业务工作满2年。

（3）具有其他专业相应学历或学位的人员，从事工程造价业务工作年限相应增加1年。

4）考试科目

一级造价工程师职业资格考试设建设工程造价管理、建设工程计价、建设工程技术与计量、建设工程造价案例分析四个科目。其中，建设工程造价管理和建设工程计价为基础科目，建设工程技术与计量和建设工程造价案例分析为专业科目。

二级造价工程师职业资格考试设建设工程造价管理基础知识与建设工程计量与计价实务两个科目。其中，建设工程造价管理基础知识为基础科目，建设工程计量与计价实务为专业科目。

5）造价工程师专业类别

造价工程师职业资格考试专业科目分为土木建筑工程、交通运输工程、水利工程和安装工程四个专业类别，考生在报名时，可根据实际工作需要选择一个类别。其中，土木建筑工程、安装工程专业由住房和城乡建设部负责；交通运输工程专业由交通运输部负责；水利工程专业由水利部负责。

6）考试时间安排

一级造价工程师职业资格考试每年举行一次，全国统一规定，一般安排在10月。考试分4个半天进行。建设工程造价管理、建设工程计价、建设工程技术与计量三个科目的考试时间均为2.5小时；建设工程造价案例分析科目的考试时间为4小时。

二级造价工程师职业资格考试每年不少于一次，具体考试日期由各地确定。二级造价工程师职业资格考试分2个半天进行。建设工程造价管理基础知识科目的考试时间为2.5小时，建设工程计量与计价实务科目的考试时间为3小时。

7) 考试周期

一级造价工程师职业资格考试成绩实行4年为一个周期的滚动管理办法，在连续的4个考试年度内通过全部考试科目，方可取得一级造价工程师职业资格证书。

二级造价工程师职业资格考试成绩实行2年为一个周期的滚动管理办法，参加全部2个科目考试的人员必须在连续的2个考试年度内通过全部科目，方可取得二级造价工程师职业资格证书。

8) 免考

具有以下条件之一的，参加一级造价工程师考试时，可免考基础科目：

(1) 已取得公路工程造价人员资格证书(甲级)；

(2) 已取得水运工程造价工程师资格证书；

(3) 已取得水利工程造价工程师资格证书。

申请免考部分科目的人员在报名时应提供相应材料。

具有以下条件之一的，参加二级造价工程师考试时，可免考基础科目：

(1) 已取得全国建设工程造价员资格证书；

(2) 已取得公路工程造价人员资格证书(乙级)；

(3) 具有经专业教育评估(认证)的工程管理、工程造价专业学士学位的大学本科毕业生。

3. 造价工程师的注册

国家对造价工程师职业资格实行执业注册管理制度。取得造价工程师职业资格证书且从事工程造价相关工作的人员，经注册方可以造价工程师名义执业。

住房和城乡建设部、交通运输部、水利部分别负责一级造价工程师的注册及相关工作。各省、自治区、直辖市住房和城乡建设、交通运输、水利行政主管部门按专业类别分别负责二级造价工程师的注册及相关工作。经批准注册的申请人，由住房和城乡建设部、交通运输部、水利部核发中华人民共和国一级造价工程师注册证或电子证书；或由各省、自治区、直辖市住房城乡建设、交通运输、水利行政主管部门核发中华人民共和国二级造价工程师注册证或电子证书。

造价工程师执业时，应持注册证书和执业印章。注册证书、执业印章样式以及注册证书编号规则由住房和城乡建设部会同交通运输部、水利部统一制定。执业印章由注册造价工程师按照统一规定自行制作。

造价工程师的注册分为初始注册、续期注册以及变更注册。

4. 造价工程师的执业规定

造价工程师不得同时受聘于两个或两个以上单位执业，不得允许他人以本人名义执业，严禁"证书挂靠"行为。造价工程师出租或出借注册证书的，相关部门可依据相关法律法规对其进行处罚；构成犯罪的，还应依法追究其刑事责任。

专业技术人员取得一级造价工程师、二级造价工程师职业资格,可认定其具备工程师、助理工程师职称,并可作为申报高一级职称的条件。

5. 造价工程师的执业范围

1）一级造价工程师

一级造价工程师的执业范围包括建设项目全过程的工程造价管理与咨询等,包括以下工作内容。

（1）项目建议书、可行性研究的投资估算与审核,项目评价造价分析；

（2）建设工程设计概算、施工预算的编制和审核；

（3）建设工程招标文件工程量和造价的编制与审核；

（4）建设工程合同价款、结算价款、竣工决算价款的编制与管理；

（5）建设工程审计、仲裁、诉讼、保险中的造价鉴定,工程造价纠纷调解；

（6）建设工程计价依据、造价指标的编制与管理；

（7）与工程造价管理有关的其他事项。

2）二级造价工程师

二级造价工程师主要协助一级造价工程师开展相关工作,可独立开展以下工作内容。

（1）建设工程工料分析、计划、组织与成本管理,施工图预算、设计概算的编制；

（2）建设工程量清单、最高投标限价、投标报价的编制；

（3）建设工程合同价款、结算价款和竣工决算价款的编制。

6. 造价工程师的继续教育

取得造价工程师注册证书的人员,应当按照国家专业技术人员继续教育的有关规定接受继续教育,更新专业知识,提高业务水平。造价工程师在每一注册期内应当达到注册机关规定的继续教育要求。注册造价工程师继续教育分为必修课和选修课,每一注册有效期各为 30 学时。经继续教育达到合格标准的,颁发继续教育合格证明。

1.3 公路工程造价计价依据与公路工程定额

1.3.1 工程造价计价依据的概念和种类

1. 工程造价计价依据的概念

工程造价计价依据是用以编制各阶段造价文件所依据的办法、规则、定额、费用标准、造价指标以及其他相关的计价标准。

2. 公路工程造价计价依据的种类

在公路基本建设程序的各个阶段,需要编制估算、概算、预算、招标控制价、投标报价、工程结算、竣工决算价等工程造价成果。不同造价编制阶段或不同成果要求的主要计价依据,如表 1-1 所示。

教学视频：
公路工程计价依据

表 1-1 公路工程造价计价依据一览表

序号	造价类型	主要计价依据
1	估算	《估算指标》(2018年版)、《投资估算编制办法》(2018年版)、建设项目初步方案和现场踏勘资料、基础单价(人工、材料、机械、设备等单位价格)
2	概算	《概算定额》(2018年版)、《机械台班费用定额》(2018年版)、《概算预算编制办法》(2018年版)、设计文件、基础单价
3	施工图预算	《预算定额》(2018年版)、《机械台班费用定额》(2018年版)、《概算预算编制办法》(2018年版)、设计文件、基础单价
4	招标控制价	项目招标文件、《预算定额》(2018年版)、《机械台班费用定额》(2018年版)、《概算预算编制办法》(2018年版)、设计文件、基础单价、施工组织方案
5	投标报价	项目招标文件、企业定额、项目有关调查资料(项目所在地的自然、社会、经济等情况的调查资料)、设计文件、施工组织设计
6	工程结算	合同文件、结算资料(工程量清单、监理工程师签署的各类证书、日常施工记录)、结算规定(时间、内容、程序)
7	竣工决算	设计文件、概(预)算文件、招标文件、招标控制价、合同文件、支付凭证、竣工图纸以及其他有关文件和资料

1.3.2 公路工程定额体系

1. 工程定额的概念

工程定额是在合理的劳动组织和合理地使用材料与机械的条件下,完成一定计量单位合格建筑产品所消耗的人工、材料、施工机械台班(时)等资源的数量标准。

在理解工程定额的概念时,应注意以下三点。

(1)定额中的人工、材料、施工机械消耗量系指在正常施工条件下的消耗量,即对施工对象进行合理的组织、合理拟定工作组成、合理拟定施工人员编制条件下的工、料、机等消耗量。

(2)定额中的人工、材料、施工机械消耗量系指符合国家技术标准、技术规范和质量检验评定标准等要求下的工、料、机等消耗量。

(3)定额中的人工、材料、施工机械消耗量系指在完成定额中规定的相应工作内容和要达到的质量标准以及安全要求下的工、料、机等消耗量。

2. 工程定额的分类

工程定额反映了工程建设与各种资源消耗之间的客观规律,它是一个综合的概念,是工程建设中各类定额的总称。工程建设定额包括许多种类,可以按照不同的原则和方法对它们进行分类。

1)按定额反映的生产要素内容分类

按定额反映的生产要素内容分类,工程定额可分为劳动消耗定额、机械消耗定额和材料消耗定额三种。

(1) 劳动消耗定额简称劳动定额(也称人工定额),是指在一定的生产(施工)组织和生产(施工)技术条件下,为完成单位合格产品所必需的劳动消耗标准。劳动定额的主要表现形式是时间定额,但同时也表现为产量定额。时间定额与产量定额互为倒数。

(2) 机械消耗定额是以一台机械、一个工作班为计量单位,所以又称为机械台班定额。机械消耗定额是指在合理使用机械和合理的施工组织条件下,生产工人使用机械完成单位合格产品所必须消耗的机械作业时间标准。机械消耗定额的主要表现形式是时间定额,但也以产量定额表现。

(3) 材料消耗定额简称材料定额,是指在节约与合理使用材料的条件下,规定生产单位合格产品所必须消耗的原材料、成品、半成品、构配件、燃料以及水、电等动力资源的数量标准。

2) 按定额的用途分类

按定额的用途分类,工程定额可分为施工定额、预算定额、概算定额、投资估算指标四种。

(1) 施工定额是施工企业(建工安装企业)组织生产和加强管理在企业内部使用的一种定额,属于企业定额的性质。施工定额是以同一性质的施工过程——工序作为对象编制,表示生产产品数量与生产要素消耗综合关系的定额。为了适应组织生产和管理的需要,施工定额的项目划分得很细,是工程定额中分项最细、定额子目最多的一种定额,也是工程定额中的基础性定额。

(2) 预算定额是在编制施工图预算阶段,以工程中的分项工程和结构构件为对象编制,用来计算工程造价和计算工程中的劳动、机械台班、材料需要量的定额。预算定额是一种计价性定额。从编制程序上看,预算定额是以施工定额为基础综合扩大编制的,同时,它也是编制概算定额的基础。

(3) 概算定额是以扩大分项工程或结构构件为对象编制的,计算和确定劳动、机械台班、材料消耗量所使用的定额,也是一种计价性定额。概算定额是编制扩大初步设计概算、确定建设项目投资额的依据。概算定额的项目划分粗细程度,应与扩大初步设计的深度相适应,一般是在预算定额的基础上综合扩大而成的,每一综合分项概算定额都包含数项预算定额。

(4) 投资估算指标是在项目建议书和可行性研究阶段编制投资估算、计算投资需要量时使用的一种定额。它非常概略,往往以独立的单项工程或完整的工程项目为计算对象,编制内容是所有项目费用之和。它的概略程度与可行性研究阶段相适应。投资估算指标往往根据历史的预、决算资料和价格变动等资料编制,但其编制基础仍然离不开预算定额和概算定额。

上述各种定额的相互联系可参见表1-2。

表1-2 各种定额间关系比较

项　目	施工定额	预算定额	概算定额	投资估算指标
对象	工序	分项工程	扩大的分项工程	独立的单项工程或完整的工程项目

续表

项　目	施工定额	预算定额	概算定额	投资估算指标
用途	编制施工预算	编制施工图预算	编制扩大初步设计概算	编制投资估算
项目划分	最细	细	较粗	很粗
定额水平	平均先进	平均	平均	平均
定额性质	生产性定额	计价性定额		

3) 按适用范围分类

按适用范围分类，工程定额可分为全国通用定额、行业通用定额和专业专用定额三种。全国通用定额是指在部门间和地区间都可以使用的定额；行业通用定额是指具有专业特点在行业部门内可以通用的定额；专业专用定额是特殊专业的定额，只能在指定的范围内使用。

4) 按主编单位和管理权限分类

按主编单位和管理权限，工程定额可分为全国统一定额、行业统一定额、地区统一定额、企业定额和补充定额五种。

虽然上述各种定额适用于不同的情况和用途，但它们是一个互相联系的、有机的整体，在实际工作中需要配合使用。

3. 公路工程定额

公路工程定额分为两大类：工程定额、指标和费用定额，如图 1-3 所示。

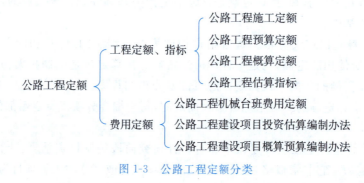

图 1-3　公路工程定额分类

思 考 题

1. 公路基本建设包括哪些内容？
2. 基本建设项目是如何划分的？
3. 简述公路工程施工图设计文件的文件组成。
4. 简述我国政府投资的公路建设程序。
5. 工程造价的含义是什么？什么是公路工程造价？

6. 公路基本建设程序的各阶段相应要编制哪些造价文件？

7. 公路工程有哪几种造价计价方式？各适用于什么情况？

8. 哪些基本要素影响公路工程造价计价？

9. 什么是工程造价管理？其基本内容是什么？

10. 如何有效控制工程造价？

11. 工程造价计价依据的含义是什么？公路工程施工图预算和施工投标报价主要有哪些计价依据？

12. 工程定额的含义是什么？

13. 按工程定额反映的生产要素内容和用途来分类，定额可分为哪几种？

14. 公路工程定额是如何分类的？

第2章 公路工程计量与工程量清单计价

2.1 公路工程计量概述

2.1.1 工程量的相关概念

1. 工程量

工程量是以物理计量单位或自然计量单位所表示的建筑安装工程各个分项工程或结构构件的实物数量。物理计量单位是指需要度量的具有物理性质的单位,如长度、面积、体积和质量的计量单位分别是米(m)、平方米(m^2)、立方米(m^3)、千克(kg)、吨(t);自然计量单位是指不需要度量的具有自然属性的单位,如建筑成品或结构构件在自然状态下所表示的个、条、块、座等单位,但需要明确该成品或结构构件的结构尺寸。

2. 设计工程量

设计工程量是在公路工程设计文件中列出的各分项工程的工程数量。各分项工程数量一般由列在设计图纸前面的工程数量表和设计图纸中的文字说明共同定义。

3. 定额工程量

定额工程量也可称为概(预)算工程量,是概、预算编制人员根据设计文件中的设计工程量、概(预)算工程量计算规则、施工组织方案确定的施工措施工程量(又称辅助工程量)及临时工程量和概(预)算定额的项目划分四个要素,以概(预)算定额子目为编制单元所确定的工程量。

4. 清单工程量

清单工程量是招标人编制工程量清单时,依据施工图纸、招标文件、技术规范确定的工程数量。

5. 计量工程量

计量工程量是在公路工程实施阶段,按照合同约定的招标文件及有关规定所确定的方法,对承包人符合上述要求的已完工程进行测量、计算、核查,并确认已完工程的实际数量。

2.1.2 工程量计算依据与原则

1. 工程量计算依据

工程量计算主要有下列依据。

(1)国家、行业和地方发布的各类消耗量定额、工程量清单计价规范及其对应工程量计算规则。

（2）设计图纸及说明。

（3）施工组织设计、施工技术方案和施工现场情况。

（4）其他有关技术经济文件及经济调查资料。

2. 工程量计算应遵循的原则

（1）工程量计算所用的原始数据必须以设计图纸为基础。

（2）计算口径（工程子目）所包括的工作内容必须与相关的工程量清单计量规则或相关定额一致。

（3）计算单位必须与工程量清单计量规则或相关定额一致。

（4）工程量计算规则必须与工程量清单计量规则或相关定额工程量计算规则一致。

2.1.3　定额工程量与清单工程量的区别

1. 两者的用途不同

定额工程量主要用于各阶段的工程计价（组价），就是计价过程中使用定额填写的工程数量，其数量需要根据相应阶段的定额工程量计算规则计算；而清单工程量主要用于工程量清单的编制，以及工程计量、支付等方面。

2. 两者参考的计算依据不同

计算定额工程量主要参考公路工程定额中的工程量计算规则，因此不同设计阶段所使用的计价定额不同，对应不同计价定额的定额工程量的计算规则也就不同。清单工程量的计算主要参考现行的《公路工程标准施工招标文件》（2018年版）中的"计量与支付"规则，或是根据公路建设项目的实际情况，以《公路工程标准施工招标文件》（2018年版）中技术规范为基础补充修改的"项目专用技术规范"中的计量与支付规则确定。

3. 两者项目划分和综合的工作内容不同

定额工程量的计算规则需要根据定额的项目划分和每个定额所包含的工作内容确定，以预算定额为例，定额的项目划分通常以结构构件或分项工程为基础，包括的工作内容相对单一；而清单工程量基于清单计量规则，按照"实体、净量"的原则进行划分，体现功能单元，所包含的工作内容较为综合，即一个清单项目的组价通常包括多个定额。清单工程量的计算范围通常为工程的实体，而定额工程量除了涉及实体工程数量的计算，还需计算为修建实体而必须消耗的辅助工程的工程数量。就综合程度而言，清单工程量通常大于或等于定额工程量。

4. 两者计算口径不同

定额工程量在计算过程中考虑了一定的施工方法、施工工艺和现场实际情况，而清单工程量在计算过程中主要计算工程实体的净量。如基坑开挖清单工程量的计算，取用原地面到基础底间的平均高度，并以超过基础底面周边0.5m的竖直面为界的棱柱体体积为计量规则计算基坑开挖的净量；而在定额工程量计算时，除基坑开挖的净量外，还需包括放坡及工作面等的开挖量，即包含为满足施工工艺要求而增加的加工余量。

5. 两者计量单位的选择不同

清单工程量的计量单位一般采用基本的物理计量单位或自然计量单位，如 m^2、m^3、kg、

t 等。定额工程量的计量单位一般为扩大的物理计量单位或自然计量单位，如 1000m²、1000m³、10m³ 等。

2.1.4 概预算工程量的计算与核对

1. 概预算工程量计算

概预算工程量计算是根据设计图纸、拟定的施工方案、定额工程量计算规则、预算定额划分的项目，列出分部分项工程名称和工程量计算式，然后计算其结果的过程。概预算工程量计算包括永久工程量(设计工程量)计算、施工措施工程量(辅助工程量)计算和临时工程量计算三个方面的内容。

2. 工程量的核对与摘取

永久工程量(设计工程量)的计算是指按照设计图纸上的尺寸计算实物工程数量的过程。在公路工程不同设计阶段的设计图表中，实际上已经由设计人员计算出了工程量(主要是设计工程量)，并用表格的形式在设计文件中给出；设计结构图中也给出了相应的工程数量。而施工措施工程量(辅助工程量)和临时工程量主要由施工组织设计或施工方案所确定。

所以，深入熟悉设计文件中的设计图表和设计说明等设计图纸资料，对工程项目进行分项，并做好工程量(主要是设计工程量)的核对工作，是准、快、全地编制工程概预算的必要前提。而如何正确地从设计图表中摘取作为概预算编制基础资料的工程量，是概预算编制人员必须具备的基本技能与业务知识之一。摘取计价工程量实际上是根据定额规定的工程量计算规则，将设计图表中提供的工程量进行分类、统计、汇总后，得出符合定额表要求的计价工程量。为了正确摘取工程量，做到不重不漏，编制人员必须明确定额规定的工程内容、适用范围，清楚定额的各章、节说明及定额表附注。

2.2 公路工程工程量清单计价

2.2.1 工程量清单计价相关概念

1. 工程量清单

工程量清单是招标单位按照招标文件中有关要求及技术规范的有关规定，将工程进行合理分解，据此明确工程内容和范围，并将有关工程内容数量化的一套工程数量表。

工程量清单是合同文件的重要组成部分，是一份与技术规范相对应的文件，它是单价合同的产物。其作用在于以下几点。

(1) 工程量清单可提供合同中关于工程量的足够信息，是所有投标人提供投标报价的共同基础，以使投标单位能统一、有效而准确地编写投标文件。

(2) 工程量清单是评标的基础。工程量清单由招标人提供，无论是标底(控制价)的编制还是企业投标报价，都必须在清单的基础上进行，也为评标奠定了基础。

(3) 在投标单位报价及签订合同后，标有单价的工程量清单是办理中期支付和结算以及处理工程变更计价的依据。

因此,工程量清单的编制质量直接关系到工程项目的报价以及招投标阶段和施工阶段的造价控制。《公路工程标准施工招标文件》(2018年版)第五章专门介绍了工程量清单,并给出了按章、节、目排列的工程子目表,以供招标单位制作工程量清单时参考。

2. 清单工程量

清单工程量是指工程量清单中所列的工程数量,它是由业主或其委托的造价工程师根据招标图纸设计工程量和工程量计算规则所确定的工程数量。由于招标图纸设计深度不够,或清单编制人产生工作疏漏等,清单工程量与实际工程数量常会有所偏差。在单价合同中,清单工程量仅作为投标报价的共同基础和评标的依据,不能作为最终结算与支付的依据。实际支付应按实际完成的工程量,由承包人按技术规范规定的计量方法,以监理人认可的尺寸、断面计量,按工程量清单的单价和总额价计算支付金额。尽管如此,在制作工程量清单时,应认真细致地计算工程量,力求准确,从而使清单所列工程量与实际工程量的差距尽可能小。

计算清单工程量时,一定要注意与技术规范和设计图纸的统一,也就是说工程量清单的工程量,其计算规则应与技术规范的计算规则完全一致。

3. 工程量清单计价

工程量清单计价是指招标标底(招标控制价)与投标报价的编制、合同价款确定与调整、工程结算以招标文件中的工程量清单为依据进行的工程造价的确定与控制的总称,工程量清单计价以清单中的计价工程子目作为基本单元。

在投标报价和合同实施过程中,应综合考虑招标文件中的各部分内容。招标文件中的各部分内容对于工程量清单计价有以下作用。

(1)投标须知:明确合同计价方式。

(2)合同条件:明确合同双方的风险责任和调价及变更的程序等。

(3)技术规范:明确清单项目计量计价的规则,以确定清单项目所含的工程内容和费用内容(内涵)。

(4)工程量清单:确定清单项目的数量范围(外延)。

(5)图纸:确定合同工程数量的依据(外延)。

4. 单价合同中"单价"的含义

施工承包合同按计价方式不同分为总价合同、单价合同、成本加酬金合同等形式。

单价合同是指承包人在投标时,按招标文件就分部分项工程所列出的工程量表确定各分部分项工程费用的合同类型,是总价招标、单价结算的计量型合同,分为固定单价和可调单价两种情况。固定单价的合同,是由承包人承担合同实施期间物资设备的价格风险;可调单价合同,则是由发包人承担合同实施期间物资设备的价格风险。对于工期两年以上的公路工程,多采用"估算工程量可调单价合同"。

每个计价工程子目的单价,应是"综合单价",有以下三层意思。

(1)包括完成该计价工程子目中所有工程内容的费用。该计价工程子目所包含的工程内容要根据招标文件中的技术标准和要求中所对应的该计价工程子目的"工程量清单计量规则"进行确定,不能根据经验随意列算。

(2)包括完成该计价工程子目中每项工程内容的所有费用,涵盖施工成本、利润、税金和一般风险费用。

（3）综合单价不一定是固定单价,当工期在两年以上,工程复杂,存在工料机价格上涨的风险时,一般还要按照合同专用条件规定的价格调整公式来调整价差;或者,当单项工程量增加或减少超过一定幅度时,要根据监理工程师指示对超出该幅度的变更工程重新估价。

2.2.2 工程量清单构成

在《公路工程标准施工招标文件》(2018年版)(以下简称《招标文件》)中,工程量清单由工程量清单说明、投标报价说明、计日工说明、工程量清单表、计日工表、暂估价表、暂列金额、投标报价汇总表、工程量清单单价分析表等组成。

1. 工程量清单说明

工程量清单说明主要包括下列内容。

（1）本工程量清单是根据招标文件中包括的有合同约束力的工程量清单计量规则、图纸以及有关工程量清单的国家标准、行业标准、合同条款中约定的其他规则编制。对于约定计量规则中没有的子目,其工程量按照有合同约束力的图纸所标示尺寸的理论净量计算,并采用中华人民共和国法定的计量单位进行计量。

（2）本工程量清单应与招标文件中的投标人须知、通用合同条款、专用合同条款、工程量清单计量规则、技术规范及图纸等一起阅读和理解。

（3）本工程量清单中所列工程数量是估算的或设计的预计数量,仅作为投标报价的共同基础,不能作为最终结算与支付的依据。实际支付应按实际完成的工程量,由承包人按工程量清单计量规则规定的计量方法,以监理人认可的尺寸、断面计量,按本工程量清单的单价和总额价计算支付金额;或根据具体情况,按合同条款第15.4款的规定,按监理人确定的单价或总额价计算支付金额。

（4）工程量清单各章是按《招标文件》第八章"工程量清单计量规则"、第七章"技术规范"的相应章次编号的,因此,工程量清单中各章的工程子目的范围与计量等应与"工程量清单计量规则""技术规范"相应章节的范围、计量与支付条款结合起来理解或解释。

（5）对作业和材料的一般说明或规定,未重复写入工程量清单内,在给工程量清单各子目标价前,应参阅第七章"技术规范"的有关内容进行编写。

（6）工程量清单中所列工程量的变动,丝毫不会降低或影响合同条款的效力,也不免除承包人按规定的标准进行施工和修复缺陷的责任。

（7）图纸中所列的工程数量表及数量汇总表仅是提供资料,不是工程量清单的外延。当图纸与工程量清单所列数量不一致时,应以工程量清单所列数量作为报价的依据。

2. 投标报价说明

投标报价说明主要包括下列内容。

（1）工程量清单中的每一子目须填入单价或价格,且只允许有一个报价。

（2）除非合同另有规定,工程量清单中有标价的单价和总额价均已包括为实施和完成合同工程所需的劳务、材料、机械、质检（自检）、安装、缺陷修复、管理、保险、税费、利润等费用,以及合同明示或暗示的所有责任、义务和一般风险。

（3）对于工程量清单中投标人没有填入单价或价格的子目,其费用视为已分摊在工程量清单中其他相关子目的单价或价格之中。承包人必须按监理人指令完成工程量清单中未填入单价或价格的子目,但不能得到结算与支付。

(4) 符合合同条款规定的全部费用应认为已被计入有标价的工程量清单所列各子目之中,对于未列子目不予计量的工作,其费用应视为已分摊在本合同工程的有关子目的单价或总额价之中。

(5) 承包人用于本合同工程的各类装备的提供、运输、维护、拆卸、拼装等支付的费用,已包括在工程量清单的单价与总额价之中。

3. 计日工说明

计日工说明主要包括下列内容。

(1) 未经监理人书面指令,任何工程不得按计日工施工;接到监理人按计日工施工的书面指令后,承包人也不得拒绝执行。

(2) 投标人应在计日工单价表中填列计日工子目的基本单价或租价,该基本单价或租价适用于监理人指令的任何数量的计日工的结算与支付。计日工的劳务、材料和施工机械由招标人(或发包人)列出正常的估计数量,投标人报出单价,计算出计日工总额后,列入工程量清单汇总表中,并进入评标价。

(3) 计日工劳务费用的支付,按承包人填报的"计日工劳务单价表"所列单价计算,该单价应包括基本单价及承包人的管理费、税费、利润等所有附加费。

工时应从工人到达施工现场并开始从事指定的工作算起,到返回原出发地点为止,并扣去用餐和休息的时间。只有直接从事指定的工作,且能胜任该工作的工人才能计工,随同工人一起做工的班长应计算在内,但不包括领工(工长)和其他质检管理人员。

(4) 计日工材料费用的支付,按承包人"计日工材料单价表"中所填报的单价计算,该单价应包括基本单价及承包人的管理费、税费、利润等所有附加费。

(5) 计日工作业的施工机械费用的支付,按承包人填报的"计日工施工机械单价表"中的租价计算。该租价应包括施工机械的折旧、利息、维修、保养、零配件、油燃料、保险和其他消耗品的费用以及与使用这些机械的管理费、税费、利润和司机与助手有关的劳务费等全部费用。

计算施工机械费用时,应按实际工作小时支付。只有经监理人同意后,计算的工作小时才能将施工机械从现场某处运到监理人指令的计日工作业的另一现场往返运送时间包括在内。

4. 工程量清单表

工程量清单表是在招标工程中按章的顺序排列的各个项目表,根据工程的不同部位和施工内容进行分类。表中有子目号、子目名称、单位、数量、单价及合价栏目。其中,单价或合价栏的数字一般由承包商投标时填写,而其他部分一般由业主或者招标单位在编制工程量清单时确定。

《公路工程标准施工招标文件》(2018 年版)工程量清单共分为七章:100 章　总则;200 章　路基;300 章　路面;400 章　桥梁、涵洞;500 章　隧道;600 章　安全设施及预埋管线;700 章　绿化及环境保护设施。

工程量清单分为两类:一类是开办项目的工程量清单,即工程施工开工前就要发生或一开工就要发生或大部分发生的项目,如工程保险、承包商的临时设施费等,在工程量清单及技术规范中,这些项目单独列项,通常放在清单第 100 章　总则中,特点是有关款项包干支付按总额结算;另一类是永久性工程项目的工程量清单,包括路基、路面、桥梁涵洞、隧道、安全设施及预埋管线、绿化及环境保护设施共六个项目,其工程量应根据图纸中的工程量并按技术规范的"计量与支付"条款规定处理后确定。该工程量是暂估数量,实际工程量要通过计量的方式来确定。

表 2-1 和表 2-2 分别为第 100 章和第 200 章的工程量清单。

表 2-1　第 100 章　总则

子目号	子目名称	单位	数量	单价	合价
101	通则				
101-1	保险费				
101-1-a	按合同条款规定,提供建筑工程一切险	总额			
101-1-b	按合同条款规定,提供第三方责任险	总额			
102	工程管理				
102-1	竣工文件	总额			
102-2	施工环保费	总额			
102-3	安全生产费	总额			
102-4	信息化系统(暂估价)	总额			
103	临时工程与设施				
103-1	临时道路修建、养护与拆除(包括原道路的养护费)	总额			
103-2	临时占地	总额			
103-3	临时供电设施架设、维护与拆除	总额			
103-4	电信设施的提供、维修与拆除	总额			
103-5	临时供水与排污设施	总额			
104	承包人驻地建设				
104-1	承包人驻地建设	总额			
105	施工标准化				
105-1	施工驻地	总额			
105-2	工地实验室	总额			
105-3	拌和站	总额			
105-4	钢筋加工场	总额			
105-5	预制场	总额			
105-6	仓储存放地	总额			
105-7	各场(厂)区、作业区连接道路及施工主便道	总额			

清单　第 100 章合计　　人民币　　　　元

表 2-2　第 200 章　路基(节选)

子目号	子目名称	单位	数量	单价	合价
202	场地清理				
202-1	清除与掘除				
202-1-a	清理现场	m^2			
202-1-b	砍伐树木	棵			
202-1-c	挖除树根	棵			
202-2	挖除旧路面				
202-2-a	水泥混凝土路面	m^2			
202-2-b	沥青混凝土路面	m^2			
202-2-c	碎石路面	m^2			
202-3	拆除结构物				
202-3-a	钢筋混凝土结构	m^3			
202-3-b	混凝土结构	m^3			
202-3-c	砖、石及其他砌体结构	m^3			
202-3-d	金属结构	kg			
203-1	路基挖方				
203-1-a	挖土方	m^3			
203-1-b	挖石方	m^3			
203-1-c	挖除非适用材料(不含淤泥)	m^3			
203-1-d	挖淤泥	m^3			
……	……				
清单　第 200 章合计　人民币＿＿＿＿＿＿元					

5. 计日工表

计日工也称为散工或点工,是指在工程施工过程中,发包人可能有一些临时性的或新增加的项目,而且这种临时新增项目的工程量在招投标阶段很难估计,希望通过招投标阶段事先定价,避免开工后可能有发生时出现的争端,故需要以计日工明细表的方法在工程量清单中予以明确。

计日工表由计日工劳务、计日工材料、计日工施工机械等方面的内容组成。在招标文件中一般列有劳务、材料、施工机机械和计日工汇总表。劳务表和计日工汇总表,其格式如表 2-3 和表 2-4 所示。

表 2-3　计日工劳务

编号	子目名称	单位	暂定数量	单价	合价
101	班长	h			
102	普通工	h			

续表

编号	子目名称	单位	暂定数量	单价	合价
103	焊工	h			
104	电工	h			
105	混凝土工	h			
106	木工	h			
107	钢筋工	h			
……	……				

劳务小计金额：_____
（计入"计日工汇总表"）

表 2-4　计日工汇总表

名　称	金额	备注
劳务		
材料		
施工机械		

计日工总计：
（计入"投标报价汇总表"）

6. 暂估价表

暂估价是指发包人在工程量清单中给定的用于支付必然发生但暂时不能确定价格的材料、工程设备或专业工程金额。在工程实施阶段,可根据不同类型的材料与专业工程重新定价。暂估价表由材料暂估价表、工程设备暂估价表、专业工程暂估价表组成。其格式如表 2-5 所示。

表 2-5　材料暂估价表

序号	名称	单位	数量	单价	合价	备注

小计：

7. 暂列金额

暂列金额是指招标人在工程量清单中暂定并包括在合同价款中的一笔款项,用于施工合同签订时尚未确定或不可预见的所需材料、设备、服务的采购,以及施工中可能发生的工程变更、合同约定调整因素出现时的工程价款调整以及发生的索赔等费用。

8. 投标报价汇总表

投标报价汇总表是将各章的工程量表及计日工表进行汇总,再加上一定比例或数量（按项目招标文件规定,一般不宜超过第 100～700 章合计金额的 3％)的暂列金额而得出该项目的总报价,该报价与投标书中填写的投标总价是一致的。其格式如表 2-6 所示。

表 2-6 投标报价汇总表

_____(项目名称) _____标段

序号	章次	科 目 名 称	金额/元
1	100	总则	
2	200	路基	
3	300	路面	
4	400	桥梁、涵洞	
5	500	隧道	
6	600	安全设施及预埋管线	
7	700	绿化及环境保护设施	
8	第 100～700 章清单合计		
9	已包含在清单合计中的材料、工程设备、专业工程暂估价合计		
10	清单合计减去材料、工程设备、专业工程暂估价合计(即 8－9＝10)		
11	计日工合计		
12	暂列金额(不含计日工总额)		总额
13	投标报价(8＋11＋12)＝13		

注:材料、工程设备、专业工程暂估价合计已包括在清单合计中,不应重复计入投标报价。

9. 工程量清单单价分析表

工程量清单单价分析表用来分析和体现清单各子目综合单价所包含的人工费、材料费、机械使用费、其他直接费、管理费、税费、利润等各项费用的构成。其格式如表 2-7 所示。

表 2-7 工程量清单单价分析表

序号	编码	子目名称	人工费			材料费					机械使用费	其他	管理费	税费	利润	综合单价
			工日	单价	金额	主材				辅材费						
						主材耗量	单位	单价	主材费							

2.2.3 工程量清单编制

工程量清单编制包括清单说明、清单子目划分、工程数量整理三项工作。

1. 工程量清单说明的编制

在某些合同文件中,工程量清单说明又被称为清单前言,它对工程量清单的性质、承包人填报工程量清单的单价和合同价格的要求等做出明确规定。因此,该说明在招投标期间对如何进行工程报价有实质性影响,在工程实施期间对工程是否进行计量与支付以及如何进行计量与支付有实质性影响。在进行工程变更及费用索赔时,它的参考作用更明显,直接影响到监理工程师对单价的确定。

工程量清单说明主要强调工程量清单与招标文件的关系、工程量清单中工程量的性质与作用、工程量计算规则、承包人填报工程量清单价格时的要求等方面的内容。

2. 清单子目划分

清单子目分列于分项清单表或工程量清单中,通常根据招标工程的不同性质分章按顺序排列。

清单子目分章排列有利于将不同性质、不同位置、不同的施工阶段或其他特性不同的工程区别开来,同时,也有利于将那些需要采用不同施工方法、不同施工阶段或成本不同的工程区别开来。工程子目可以反映施工项目中各分部分项工程及其数量,它是工程量清单的主体部分,其格式见表 2-2。

工程子目由招标人根据招标文件、招标项目具体特点和实际需要编制而成,并与"投标人须知""通用合同条款""专用合同条款""技术规范""图纸"相衔接。

1) 工程子目的内容划分

按内容不同可分为以下两部分。

(1) 工程量清单的"总则"部分:该部分说明合同需要发生的各种开办项目,其计价特点主要是采用总额包干,因此,其计量单位大部分为"总额"。其格式见表 2-1。

(2) 根据图纸需要发生的工程子目部分:该部分可以说明施工项目中各工程子目将要发生的工程量,计价特点是单价不变,实际工程量由计量确定。

2) 工程子目的划分原则

(1) 与技术规范保持一致性。工程量清单各工程子目在名称、单位等方面都应和技术规范相一致,以便承包人清楚各工程子目的内涵和准确地填写各子目的单价。因此,在编制招标文件时,其工程子目划分应尽量与技术规范相一致,如果根据实际需要对某些工程子目重新予以划分,则应注意修改技术规范的相应内容(包括相应的计量与支付方法)。

(2) 便于计量支付、合同管理以及处理工程变更。工程子目的大小要科学。工程子目可大可小,工程子目小,有利于处理工程变更的计价,但计量工作量和计量难度会因此增加;工程子目大时,可减少计量工作量,但太大难以发挥单价合同的优势,不便于变更工程的处理(计价);另外,工程子目大,也会使得支付周期延长,承包人的资金周转发生困难,最终影响合同的正常履行和合同的严肃性。

(3) 保持合同的公平性。为保持合同的公平性,应将开办项目作为独立的工程子目单列出来。开办项目往往是一些一开工就要全部或大部分发生甚至开工前就要发生的项目,如工程保险、承包人的驻地建设、临时工程等。如将这些项目包含在其他项目的单价中,则承包人开工时上述各种款项不能得到及时支付,这不仅影响合同的公平性和承包人的资金周转,而且会影响招标中预付款的数量(预付款的数量要增加),并且会加剧承包人的不平衡报价(承包人会将开工早的工程子目报价提高,以尽早收回成本),并因此影响变更工程的计价。

(4) 保持清单的灵活性。为了使清单在实施中具有一定的灵活性,工程量清单中应备有计日工清单。设立计日工清单的目的是用来处理一些小型变更工程(小到可以用日工的形式来计价)计价,使工程量清单在造价管理上的可操作性更强。为加强承包人的计日工报价的合理性,在编制工程量清单时,应事先假定各计日工的数量。

3. 工程数量整理

工程量清单的工程量是反映承包人义务的工作量大小及影响造价管理的重要数据。整理工程量的依据是设计图纸和技术规范,整理工程量的工作是一项技术工作,绝不是简单地罗列设计文件中的工程量。在整理工程量时,应根据设计图纸及调查所得的数据,在技术规范的计量与支付方法的基础上进行综合计算。同一工程子目,其计量方法不同,所整理出来的工程量相应地有所区别。设计文件中工程量所对应的计量方法与技术规范中的计量方法不一定一致,这就需要在整理工程量的过程中进行技术处理。在工程量的整理过程中,应认真、细致,以保证其准确性,做到不重不漏,不发生计算错误。否则,会带来下列问题。

(1) 工程量的错误一旦被承包人发现,承包人会利用不平衡报价给业主带来损失。
(2) 工程量的错误会引起合同总价的调整和索赔(或反索赔)。
(3) 工程量的错误还会增加变更工程和费用索赔的处理难度。
(4) 工程量的错误会造成投资控制和预算控制的困难。

2.2.4 工程量清单预算文件

公路工程工程量清单预算是在施工招投标活动中,对采用工程量清单计价的工程,参照编制施工图预算的造价依据和方法,按规定程序,对招标工程建设所需的全部费用及其构成进行测算所确定的造价预计值。

招标阶段宜编制工程量清单预算。工程量清单预算是招标人确定招标控制价或最高投标限价和评判投标报价合理性的重要依据。

1. 说明

工程量清单预算文件的编制说明应包括下列内容。
(1) 设计文件的批复情况、招标的主要工作内容及工程建设规模等。
(2) 采用的造价依据,人工、材料、设备、机械台班的单价依据或来源,其他费用标准或费用信息等。
(3) 工程招标的核备情况,与工程量清单预算编制有关的委托书、协议书、会议纪要等。
(4) 造价总金额,人工、钢材、水泥、木料、沥青等主要资源的总消耗量,以及其他需要说明的问题。
(5) 与批复设计概算(修正概算或施工图预算)对应部分的费用对比情况。
(6) 其他与造价有关但不能在表格中反映的事项。

2. 基本表格

单个合同段的工程量清单预算文件的基本表格包括主要技术经济指标表(招预总1表)、项目清单预算表(招预1表)、工程量清单预算表(招预2表、2-1表)、人工、材料、设备、机械的数量、单价表(招预4表)。表格样式见表2-8~表2-12。

表2-8 主要技术经济指标表

建设项目名称：　　　　编制范围：　　　　　　第　页　共　页　　招预总1表

指标编码	指标名称	单位	信息或工程量	费用/万元	技术经济指标表(单价)	各项费用比例/%	备注

编制：　　　　　　　　　　　　　　　　复核：

表2-9 项目清单预算表

建设项目名称：　　　合同段：　　　编制范围：　　　第　页　共　页　　招预1表

要素费用编码	清单子目编码	工程或费用名称	单位	数量1	数量2	单价1/元	单价2/元	合价/元	各项费用比例/%	备注

编制：　　　　　　　　　　　　　　　　复核：

表2-10 工程量清单预算表

建设项目名称：　　　合同段：　　　编制范围：　　　第　页　共　页　　招预2表

序号	清单子目编码	清单子目名称	金额/元
1	100	第100章　总则	
2	200	第200章　路基工程	
3	300	第300章　路面工程	
4	400	第400章　桥梁、涵洞工程	
5	500	第500章　隧道工程	
6	600	第600章　安全设施及预埋管线	
7	700	第700章　绿化及环境保护设施	
8	800	第800章　管理、养护设施	
9	900	第900章　管理、养护及服务房屋	
10	1000	第1000章　其他工程	
……	……	……	
001		各章合计	
002		计日工合计	
003		暂列金额	
004		总价004＝(001＋002＋003)	

编制：　　　　　　　　　　　　　　　　复核：

表 2-11 工程量清单预算表(节选)

建设项目名称：　　　合同段：　　　编制范围：　　　第　页　共　页　招预 2-1 表

第 200 章　路基工程

清单子目编码	清单子目名称	单位	数量	单价/元	合价/元
	第 200 章　小计				

编制：　　　　　　　　　　　复核：

表 2-12 人工、材料、设备、机械的数量、单价表

建设项目名称：　　　合同段：　　　编制范围：　　　第　页　共　页　招预 4 表

序号	编码	名称	单位	单价	总数量	分项统计							场外运输损耗		备注（规格）
						专项管理及临时工程	路基工程	路面工程	桥梁涵洞工程	隧道工程	交叉工程	……	%	数量	

编制：　　　　　　　　　　　复核：

2.3　公路工程工程量清单计量规则

2.3.1　工程量计算规则的概念

在工程计量中所涉及的工程量计算规则主要有两种，一是定额工程量计算规则；二是工程量清单计量规则。

1. 定额工程量计算规则

定额工程量计算规则是确定概、预算工程量的依据，其规则一般是推荐性的，而非强制性的。公路工程没有专门的概、预算工程量计算规则，计算规则分散在概、预算定额手册的章节说明中，它是在套用定额时确定概、预算工程量的依据。可以说，公路工程概、预算定额中的工程量计算规则，是指按分部分项工程界定的定额单位所包含的施工工艺内容，更确切地说，是从设计图表资料上去摘取工程量（设计工程量）的规则。

定额工程量计算规则主要适用于定额计价方式下的设计概算和施工图预算的编制，在清单计价方式中可作为分析工程量清单计价工程子目综合单价的参考。

2. 工程量清单计量规则

工程量清单计量规则是按照"净值、成品"的计算原则，根据设计图纸计算最终完成的工

程数量的一种方法。公路工程项目的工程量清单计量规则一般包括两个部分:一是现行《公路工程标准施工招标文件》(2018年版)中第八章"工程量清单计量规则",包括说明、总则和各分部分项工程量计量规则等;二是根据具体公路建设项目的实际情况,以现行《公路工程标准施工招标文件》(2018年版)中的技术规范和计量规则为基础补充修改的"项目专用技术规范"和"项目专用工程量清单计量规则"。在实际工作中,应将两者结合起来理解与使用。

工程量清单计量规则是招标人编制工程量清单时计算清单工程子目工程数量的依据,也是标底(招标控制价)或报价编制中分析清单计价子目综合单价和施工阶段对已完工程数量计量支付的依据。

工程量清单计量规则由子目号、子目名称、单位、工程量计量、工程内容组成。每个子目号与工程量清单子目号一一对应,每个子目由对应的工程内容、工艺流程、检评标准构成实施过程,是承包人报价、发包人支付的依据。

以下是对《公路工程标准施工招标文件》(2018年版)中第八章"工程量清单计量规则"的"说明""第100章 总则"的要点摘录。

2.3.2 工程量计量规则说明

1. 一般要求

(1) 本计量规则各章节是按《公路工程标准施工招标文件》(2018年版)中第七章"技术规范"的相应章节编号的,因此,各章节工程子目的工程量计量规则应与"技术规范"相应章节的施工规范结合起来理解、解释和应用。

(2) 本规则所有工程项目,除个别注明者外,均采用我国法定的计量单位,即国际单位及国际单位制导出的辅助单位进行计量。

(3) 本规则的计量与支付,应与合同条款、工程量清单以及图纸同时阅读,工程量清单中的支付项目号和本规则的章节编号是一致的。

(4) 任何工程项目的计量,均应按本规则规定或监理人书面指示进行。

(5) 按合同提供的材料数量和完成的工程数量所采用的测量与计算方法,应符合本规则的规定。所有方法均应经监理人批准或指示。承包人应提供一切计量设备和条件,并保证其设备精度符合要求。

(6) 除非监理人另有准许,一切计量工作都应在监理人在场的情况下,由承包人测量、记录。有承包人签名的计量记录原本,应提交给监理人审查和保存。

(7) 工程量应由承包人计算,由监理人审核。工程量计算的副本应提交给监理人并由监理人保存。

(8) 除合同特殊约定单独计量之外,工程必需的模板、脚手架、装备、机具、螺栓、垫圈和钢制件等其他材料,应包括在工程量清单中所列的有关支付项目中,均不单独计量。

(9) 除监理人另有批准外,凡超过图纸所示的面积或体积,都不予计量与支付。

(10) 承包人应严格按标准计量基础工作和材料采购检验工作。沥青混凝土、沥青碎石、水泥混凝土、高强度等级水泥砂浆的施工现场必须使用电子计量设备称重。如因不符合计量规定而引发质量问题,所发生的费用由承包人承担。

(11) 第104节"承包人驻地建设"与第105节"施工标准化"属于选择性工程子目,由发包人根据工程项目管理实际情况选择使用或同时使用。

2. 质量

(1) 凡以质量计量或以质量作为配合比设计的材料,都应在精确与批准的磅秤上,由称职合格的人员在监理人指定或批准的地点进行称重。

(2) 称重计量时应满足以下条件:监理人在场;称重记录;载明包装材料、支撑装置、垫块、捆束物等的质量说明书,应在称重前提交给监理人作为依据。

(3) 钢筋、钢板或型钢计量时,应按图纸或其他资料标示的尺寸和净长计算。搭接、接头套筒、焊接材料、下脚料和固定、定位架立钢筋等,则不予另行计量。钢筋、钢板或型钢应以千克计量,四舍五入,不计小数。钢筋、钢板或型钢由于理论单位质量与实际单位质量的差异而引起材料质量与数量不相匹配的情况,计量时不予考虑。

(4) 金属材料的质量不得包括施工需要加放或使用的灰浆、楔块、填缝料、垫衬物、油料、接缝料、焊条、涂敷料等质量。

(5) 承运按质量计量的材料的货车,应每天在监理人指定的时间和地点称出空车质量,每辆货车还应标示清晰易辨的标记。

(6) 对有规定标准的项目,例如钢筋、金属线、钢板、型钢、管材等,均有规定的规格、质量、截面尺寸等指标,这类指标应视为通常的质量或尺寸;除非引用规范中的允许偏差值加以控制,否则可用制造商的允许偏差。

3. 面积

除非另有规定,计算面积时,其长、宽应按图纸所示尺寸线或按监理人指示计量。对于面积在 $1m^2$ 以下的固定物(如检查井等),不予扣除。

4. 结构物

(1) 结构物应按图纸所示净尺寸线,或根据监理人指示修改的尺寸线计量。

(2) 水泥混凝土的计量应按监理人认可的并已完工工程的净尺寸计算,不扣除钢筋的体积,倒角不超过 $0.15m \times 0.15m$ 时,不扣除其体积;体积不超过 $0.03m^3$ 的开孔及开口,不扣除其体积;面积不超过 $0.15m \times 0.15m$ 的填角部分,也不增加其体积。

(3) 所有以米计量的结构物(如管涵等),除非图纸另有表示,应按平行于该结构物位置的基面或基础的中心方向计量。

5. 土方

(1) 土方体积可采用平均断面积法计算,但与似棱体公式计算结果比较,如果误差超过 $\pm 5\%$ 时,监理人可指示采用似棱体公式进行计算。

(2) 各种不同类别的挖方与填方计量,应以图纸所示界线为限,而且应在批准的横断面图上标明。

(3) 用于填方的土方量,应按压实后的纵断面高程和路床面为准来计量。承包人报价时,应考虑在挖方或运输过程中引起的体积差。

(4) 在现场钉桩后 56d 内,承包人应将设计和进场复测的土方横断面图连同土方的面积与体积计算表一并提交监理人批准。所有横断面图都应标有图题框,其大小由监理人指定。一旦横断面图得到最后批准,承包人应交给监理人原版图及三份复制图。

6. 运输车辆体积

(1) 用体积计量的材料,应以经监理人批准的车辆装运,并在运到地点进行计量。

（2）用于体积运输的车辆,其车厢的形状和尺寸应使其容量能够容易而准确地测定,并应保证精确度。每辆车都应有明显标记。每车所运材料的体积应于事前由监理人与承包人相互达成书面协议。

（3）所有车辆都应装载成水平容积高度,车辆到达送货点时,监理人可以要求将其装载物重新整平,对于超过定量运送的材料不予支付。运量达不到定量的车辆,应被拒绝或按监理人确定减少的体积接收。根据监理人的指示,承包人应在货物交付点,随机将一车材料刮平,在刮平后如发现货车运送的材料少于定量时,从前一车起所有运到的材料的计量都按同样比例减为目前的车载量。

7. 质量与体积换算

（1）如承包人提出要求,并得到监理人的书面批准,已规定要用立方米计量的材料可以称重,并将此质量换算为立方米计量。

（2）将质量计量换算为体积计量的换算系数应由监理人确定,并应在此种计量方法使用之前征得承包人的同意。

8. 沥青和水泥

（1）沥青和水泥应以千克为单位计量。

（2）如用货车或其他运输工具装运沥青材料,可以按经过检定的质量或体积计算沥青材料的数量,但要对漏失量或泡沫进行校正。

（3）水泥可以袋作为计量的依据,但一袋的标准应为50kg。散装水泥应称重计量。

9. 成套的结构单元

如规定的计量单位是一成套的结构物或结构单元（实际上就是按"总额"或称"一次支付"计的工程子目）,该单元应包括所有必需的设备、配件和附属物及相关作业。

10. 标准制品项目

（1）如规定采用标准制品（如护栏、钢丝、钢板、轧制型材、管子等）,而这类项目又是以标准规格（单位重、截面尺寸等）标识的,则这种标识可以作为计量的标准。

（2）除非所采用标准制品的允许误差比规范的允许误差要求更严格,否则,不予认可生产厂确立的制造允许误差。

2.3.3 工程量计量规则总则

"第100章 总则"属于开办项目,在清单中按照项目报价,大部分是总额价项目计算,即费用包干项目。以下表格引自《公路工程标准施工招标文件》(2018年版)第八章"工程量清单计量规则",其表名上的表号为规则中对应的表号。

1. 第101节 通则

本节工程量清单项目分项计量规则应按"表101 通则"（见表2-13）的规定执行。

表2-13 表101 通则

子目号	子目名称	单位	工程量计量	工程内容
101	通则			
101-1	保险费			

续表

子目号	子目名称	单位	工程量计量	工程内容
101-1-a	按合同条款规定,提供建筑工程一切险	总额	1. 承包人按照合同条款约定的保险费率及保费计算方法办理建筑工程一切险,根据保险公司的保单金额以总额为单位计量; 2. 保险期为合同约定的施工期及缺陷责任期; 3. 承包人施工机械设备保险和雇用人员工伤事故保险费、人身意外伤害保险费由承包人承担	根据合同条款办理建筑工程一切险
101-1-b	按合同条款规定,提供第三者责任险	总额	1. 承包人按照合同条款约定的保险费率及保费计算方法办理第三者责任险,根据保险公司的保单金额以总额为单位计量; 2. 保险期为合同约定的施工期及缺陷责任期	根据合同条款办理第三者责任险

2. 第102节 工程管理

本节工程量清单项目分项计量规则应按"表102 工程管理"(见表2-14)的规定执行。

表2-14 表102 工程管理

子目号	子目名称	单位	工程量计量	工程内容
102	工程管理			
102-1	竣工文件	总额	以总额为单位计量	按《公路工程竣(交)工验收办法》、《公路工程竣(交)工验收办法实施细则》及合同条款规定进行编制
102-2	施工环保费	总额	以总额为单位计量	按招标文件技术规范第102.11节及合同条款规定落实环境保护
102-3	安全生产费	总额	按投标价的1.5%(若招标人公布了最高投标限价时,按最高投标限价的1.5%)以总额为单位计量	按招标文件技术规范第102.13节及合同条款规定落实安全生产
102-4	信息化系统(暂估价)	总额	以暂估价的形式按总额计量	1. 工程信息化系统的配置、维护、备份管理及网络构筑; 2. 系统操作人员培训、劳务

3. 第103节　临时工程与设施

本节工程量清单项目分项计量规则应按"表103　临时工程与设施"(见表2-15)的规定执行。

表2-15　表103　临时工程与设施

子目号	子目名称	单位	工程量计量	工程内容
103	临时工程与设施			
103-1	临时道路修建、养护与拆除(包括原道路的养护)	总额	以总额为单位计量	按招标文件技术规范第103.03节及合同条款规定完成临时道路的修建、养护与拆除
103-2	临时占地	总额	1. 以总额为单位计量；2. 取、弃土(渣)场的绿化、结构防护及排水在相应章节计量	1. 按招标文件技术规范第103.04节及合同条款规定办理及使用临时占地,并进行复垦；2. 临时占地范围包括承包人驻地的办公室、食堂、宿舍、道路和机械设备停放场、材料堆放场地、弃土(渣)场、预制场、拌和场、仓库、进场临时道路、临时便道、便桥等
103-3	临时供电设施架设、维护与拆除	总额	以总额为单位计量	按招标文件技术规范第103.02节及合同条款规定完成临时供电设施的架设、维护与拆除
103-4	电信设施的提供、维修与拆除	总额	以总额为单位计量	按招标文件技术规范第103.02节及合同条款规定完成电信设施的提供、维修与拆除
103-5	临时供水与排污设施	总额	以总额为单位计量	按招标文件技术规范第103.02节及合同条款规定完成临时供水与排污设施的修建、维修与拆除

4. 第104节　承包人驻地建设

本节工程量清单项目分项计量规则应按"表104　承包人驻地建设"(见表2-16)的规定执行。

表2-16　表104　承包人驻地建设

子目号	子目名称	单位	工程量计量	工程内容
104	承包人驻地建设			

续表

子目号	子目名称	单位	工程量计量	工程内容
104-1	承包人驻地建设	总额	以总额为单位计量	1. 承包人驻地建设包括施工与管理所需的办公室、住房、工地试验室、车间、工作场地、预制场地、仓库与储料场、拌和场、医疗卫生与消防设施等； 2. 驻地的建设、管理与维护； 3. 工程交工时，应按照合同或协议要求将驻地移走、清除、恢复原貌

5. 第 105 节　施工标准化

本节工程量清单项目分项计量规则应按"表 105　施工标准化"（见表 2-17）的规定执行。

表 2-17　表 105　施工标准化

子目号	子目名称	单位	工程量计量	工程内容
105	施工标准化			
105-1	施工驻地	总额	以总额为单位计量	按招标文件技术规范第 105 节　施工标准化的内容和要求执行
105-2	工地实验室	总额		
105-3	拌和站	总额		
105-4	钢筋加工场	总额		
105-5	预制场	总额		
105-6	仓储存放地	总额		
105-7	各场（厂）区、作业区连接道路及施工主便道	总额		

思　考　题

1. 什么是设计工程量、概预算工程量、清单工程量？概预算工程量计算包括哪些内容？
2. 简述定额工程量与清单工程量的区别。
3. 什么是工程量清单？工程量清单有哪些作用？简述工程量清单的组成。
4. 在单价合同计价方式下，请分析计价工程子目综合单价的含义。

第3章 路基工程工程量清单组价

3.1 公路工程定额运用基础知识

3.1.1 公路工程预算定额的内容组成

现行《预算定额》(2018年版)共分为路基工程、路面工程、隧道工程、桥涵工程、交通工程及沿线设施、绿化及环境保护工程、临时工程、材料采集及加工、材料运输等九章及附录,分上、下两册。其主要内容有说明(含总说明、章说明、节说明)、定额表及附注和附录。

总说明是针对全套定额而言,其主要内容包括定额的使用范围、主要作用;定额的编制原则、主要依据;定额的编制顺序、定额内容;定额的结构形式、计算方法;定额的水平标准、资源消耗含义;定额的使用及抽换规定;定额包括的内容及未包括的内容需编制补充定额的规定等。

章说明是针对本章的规定及说明,其主要内容包括各章定额子目的划分依据;各章工程项综合的内容及抽换规定;各章定额的使用规定及工程量计算规则。

节说明是针对本节的工作内容、主要施工方法、施工工艺、施工机具、本节工程项目的工程量计算规则的简要说明。

附注是针对某一项定额的补充说明或规定,有些定额项目表下列有在章、节说明中没有包括的,仅供本定额项目使用的注释。附注一般在定额表的下方。

附录是配合定额使用不可缺少的一个重要组成部分,包括"路面材料计算基础数据表""基本定额""材料的周转及摊销""定额人工、料、设备单价表"四部分内容。定额附录的作用包括定额编制时采用的各种统一规定,如路面材料计算基础数据,预制构件混凝土与模板的接触面积,每 $10m^2$ 接触面积的模板所需的人工、机械及材料的周转使用量;供抽换定额中混凝土强度等级、砂浆标号时使用的混凝土、砂浆配合比表;编制补充预算定额所需的统一规定,如材料的周转次数、规格、单位重、代号、基价等。

1.《预算定额》(2018年版)总说明

《预算定额》(2018年版)的总说明是涉及定额使用方面的全面性的规定和解释。预算定额的总说明共有20条,现就其内容重点介绍如下。

(1) 在使用定额时,要注意总说明中第四条的规定,即"除定额中规定允许换算者外,均不得因具体工程的施工组织、操作方法和材料消耗与定额的规定不同而调整定额"。

(2) 定额中的工程内容均已包括定额项目的全部施工过程。定额内除扼要说明施工的主要操作工序外,均包括准备与结束、场内操作范围内的水平与垂直运输、材料工地小搬运、辅助和零星用工、工具及机械小修、场地清理等工程内容。

（3）编制预算时，不得另行增加材料及半成品等的场内运输损耗及操作损耗。其场外损耗、仓库保管损耗应在材料预算单价中考虑。

（4）对于工程中使用的周转性材料，允许根据具体情况（达不到周转次数者）进行换算并按规定计算回收的，只限于以下情况：①就地浇筑钢筋混凝土梁用的支架；②拱圈用的拱盔、支架。其余工程一般不予抽换，只能套用定额规定值。

（5）当设计采用的混凝土、砂浆强度等级或水泥强度等级与定额所列强度等级不同时，可按《预算定额》附录二中的"配合比表"进行换算，以替换定额表中相应的材料消耗定额值。但实际施工配合比材料用量与定额配合比表用量不同时，除配合比表说明中允许换算外，均不得调整。

（6）定额中各类混凝土均按施工现场拌和进行编制，当采用商品混凝土时，可将相关定额中的水泥、中（粗）砂、碎石的消耗量扣除，并按定额中所列的混凝土消耗量增加商品混凝土的消耗。

（7）《预算定额》（2018年版）中未包括机械台班单价，编制预算时应按《机械台班费用定额》（2018年版）分析计算机械台班单价。

（8）定额中只列工程所需的主要材料和主要机械台班数量。次要、零星材料和小型机具均未一一列出，分别列入"其他材料费"及"小型机具使用费"内，以元计，编制预算时即按此计算。

在编制预算时，除应特别注意上述各项，还必须注意全面阅读和遵循总说明的规定。

2. 预算定额项目表

定额表是定额手册的主要组成部分，它规定完成一定计量单位的某合格分项工程或结构构件所需的人工消耗量指标、各种原材料、半成品、构配件的消耗量指标、各种型号的机械台班消耗量指标，以及根据定额手册所取定的人工、材料、构配件、机械台班预算价计算的该定额单位分项工程或结构构件的基价。

《预算定额》（2018年版）以定额项目表的形式给出相应的工、料、机消耗的额定标准。

定额表是各类定额的最基本的组成部分，是定额指标数额的具体表示。概、预算定额的定额表格式基本相同。定额表由以下内容组成。

（1）表号及定额表名称：如"1-3-3　石砌边沟、排水沟、截水沟、急流槽"，如表3-1所示。

表3-1　1-3-3　石砌边沟、排水沟、截水沟、急流槽

顺序号	项目	单位	代号	边沟、排水沟		急流槽		截水沟	
				浆砌片石	浆砌块石	浆砌片石	浆砌块石	浆砌片石	浆砌块石
1	人工	工日	1001001	6.6	6.5	5.1	4.9	8.1	8.0
2	M7.5 水泥砂浆	m³	1501002	(3.50)	(2.70)	(3.50)	(2.70)	(3.50)	(2.70)
3	M10 水泥砂浆	m³	1501003	(0.33)	(0.20)	(0.33)	(0.14)	(0.33)	(0.20)
4	水	m³	3005004	18	18	18	18	18	18
5	中（粗）砂	m³	5503005	4.17	3.16	4.17	3.16	4.17	3.16

续表

顺序号	项目	单位	代号	边沟、排水沟		急流槽		截水沟	
				浆砌片石	浆砌块石	浆砌片石	浆砌块石	浆砌片石	浆砌块石
6	片石	m³	5505005	11.5	—	11.5	—	11.5	—
7	块石	m³	5505025	—	10.5	—	10.5	—	10.5
8	32.5级水泥	t	5509001	1.037	0.782	1.037	0.782	1.037	0.780
9	其他材料费	元	7801001	2.3	2.3	2.3	2.3	2.3	2.3
10	1.0m³以内轮胎式装载机	台班	8001045	0.08	0.08	0.08	0.08	0.10	0.10
11	400L以内灰浆搅拌机	台班	8005010	0.15	0.12	0.15	0.12	0.15	0.12
12	基价	元	999901	2229	2301	2070	2131	2401	2471

(2) 工程内容包括拌、运砂浆；选修石料；砌筑、勾缝、养护。

(3) 计量单位：完成一定计量单位的合格产品，如10m³实体、1000m³天然密实方。

(4) 项目：本定额表的工程所需工、料、机和费用的名称及规格。

(5) 代号：工、料、机、电算代号。

(6) 定额子目名称：如"浆砌片石边沟、排水沟"，基本上要达到分项工程的口径，即按照不同的施工方法、不同的工程部位、不同的材料、不同的质量要求和工作难易程度来划分的工作项目单元，是预算定额的基本计量对象。

(7) 栏号：即子目号，即子目在某个定额表中的顺序号。

(8) 定额值：各种资源的消耗量数值。

① 主要材料以实际使用量或周转使用量的消耗数量表示。如1-3-3-1浆砌片石边沟预算定额项目的片石消耗量为11.5m³，中（粗）砂消耗量为4.17m³，材料消耗量包括施工过程中的场内运输及操作损耗。

② 次要材料及消耗量很少的材料以其他材料费的形式表示。为避免材料项目过多引起的计算复杂、成果表量大，因此将占费用比重很少的材料列入其他材料费。如1-3-3-1浆砌片石边沟预算定额项目的其他材料费消耗量为2.3元。

③ 不以材料数量表示，而以使用时间来进行折旧的金属构件，以设备摊销费的形式表示。

④ 主要机械以实际使用台班数量表示。

⑤ 次要机械及消耗量很少的机械以小型机具使用费的形式表示，如手动葫芦、滑车、电钻等。

⑥ 其中括号内的数值，一般是指半成品的数量定额值。如1-3-3-1浆砌片石边沟预算定额项目中M7.5水泥砂浆(3.5m³)是指砌筑10m³浆砌片石边沟实体消耗3.5m³M7.5水泥砂浆。

(9) 基价（定额基价）：是指该工程子目的人工费、材料费、机械使用费的合计价值，其中人工费、材料费按附录四计算，机械使用费按《机械台班费用定额》(2018年版)计算。

(10) 附注：针对某一项定额的补充说明或规定，在章、节说明中没有包括的，仅供本定额项目使用的注释。附注一般在定额表的下方。使用时,应仔细阅读,以免发生错误。

3.1.2　查用公路工程概预算定额的基本方法

查用定额是根据编制概预算的具体条件和目的,查得所需要的、正确的定额的过程。公路工程概预算定额项目多,内容复杂,查用定额的工作不仅量大,而且要十分细致。为了能够正确地运用定额,首先必须反复学习并熟练地掌握定额。

1. 查用概预算定额的步骤

下面以《预算定额》为例说明其查用步骤。

1）确定定额种类

在查用定额时,应根据运用定额的目的,确定所用定额的种类。

2）确定定额表号(或称定额编号)

定额表号一般采用[章-节-表-栏]的编号方法。如《预算定额》中的[1-3-3-1],是指引用第一章路基工程第三节排水工程第3表中的第1栏,即浆砌片石边沟的预算定额。在编制预算时,必须保证定额表号的准确性。

确定定额表号,首先应根据概预算项目表依次按目、节确定欲查定额的项目名称。再据此在《预算定额》目录中找到其所在的页次,并找到所需的定额表,从而确定定额的表号。

3）查定额表

对照该分项工程实际工程内容(如土方运距、路面混合料运距、混凝土强度等级等)与定额工作内容判断:直接套用定额,或组合定额,或抽换定额,或补充定额,以确定该分项工程的预算定额工、料、机消耗量。

4）查另一项目的定额

该项目的该细目定额查完后,再查定该项目其他细目的定额,依次完成后,再查另一项目的定额。

2. 运用定额确定资源消耗量

当已知工程数量值,则可按式(3-1)计算定额所包含的各种资源(工、料、机、费用等)的数量:

$$M_i = Q \times S_i \tag{3-1}$$

式中　M_i——某种资源的数量,t、m³、…;

　　　Q——工程数量,m²、m³、…;

　　　S_i——项目定额中某种资源(工、料、机、费用等)数量,kg、m³、…。

【例3-1】　某预制圆管涵工程(管径1.5m),工程量25.5m³,试求所需的人工和32.5级水泥、中(粗)砂及碎石(2cm)的数量。

【解】　由预算定额表号4-7-4-2所示定额表的定额值和工程量求得。

人工:$M_人 = QS_人 = 25.5 \times 32.8 \div 10 = 83.64$(工日)

32.5级水泥:$M_泥 = QS_泥 = 25.5 \times 4.101 \div 10 = 10.46$(t)

中(粗)砂:$M_砂 = QS_砂 = 25.5 \times 4.65 \div 10 = 11.86$(m³)

碎石(2cm):$M_石 = QS_石 = 25.5 \times 7.98 \div 10 = 20.35$(m³)

3.1.3 定额抽换、基本定额、材料周转及摊销

1. 定额抽换(定额换算)

所谓定额抽换,就是当设计所规定的内容与定额中的工作内容、子目或表中某序号所列的规格(如混凝土强度等级)不符时,则应查用相应定额或基本定额予以替换。在抽换前,应仔细阅读定额的总说明和章节说明与注解,确定是否需要抽换,以及怎样抽换。

由于定额是按一般正常合理的施工组织和正常的施工条件编制的,定额中所采用的施工方法和工程质量标准,主要是根据国家现行公路工程施工技术及验收规范、质量评定标准及安全操作规程取定的,因此在使用时不得因具体工程的施工组织、操作方法和材料消耗与定额的规定不同而变更定额。允许对定额进行抽换主要包括以下情况。

(1)就地浇筑钢筋混凝土梁用的支架及拱圈用的拱盔、支架,如确因施工安排达不到规定的周转次数时,可根据具体情况进行换算并按规定计算回收。

(2)当设计采用的混凝土、砂浆强度等级或水泥强度等级与定额所列强度等级不同时,可按《预算定额》附录二基本定额中"混凝土、砂浆配合比表"(见《预算定额》(2018年版)的1213~1219页)进行换算,以替换定额表中相应的水泥、中(粗)砂、碎石等材料消耗定额值。

2. 基本定额

1)基本定额及其分类

在《预算定额》附录二中编有"基本定额",它是公路工程预算定额的组成部分。基本定额,是指在合理的条件下,为生产单位数量半成品、中间产品所规定的各种资源(工、料、机等)消耗量标准。其组成如下。

(1)砂浆及混凝土材料消耗:含砂浆配合比表、混凝土配合比表、泡沫轻质土配合比表、砌筑工程石料及砂浆消耗等内容。

(2)脚手架、踏步、井字架工料消耗:含轻型上下架材料消耗、门式钢支架材料消耗、钢管脚手架及井字架工料消耗、木脚手架及井字架工料消耗、踏步工料消耗、工作平台材料消耗、脚手架和轻型上下架的配备等内容。

(3)基本定额材料规格与质量。

2)基本定额的用途

(1)进行定额抽换:当定额需要抽换时,可利用基本定额表进行抽换计算。

(2)分析分项工程或半成品所需的人工、材料、机械消耗量:当设计中出现定额表中查不到的个别分项工程、工作时,应根据其具体工程数量通过基本定额表,分析计算所需的工、料、机等数量。

3. 材料周转及摊销

工程中使用的材料,按其使用次数可分为只能一次性使用的材料(如水泥、砂、石等)和能够多次使用的材料(如模板、支架、拱盔等)。能够多次使用的材料称为周转性材料。《公路工程预算定额》附录三中编有"材料的周转及摊销"定额。它的用途主要有以下情况。

(1)规定各种周转性材料的周转、摊销次数。

(2)对达不到规定周转次数的材料定额进行抽换。《预算定额》的总说明八指出:定额中的周转性材料、模板等的数量,已考虑了正常周转次数,计算在定额内,其中就地浇筑钢筋

混凝土梁用的支架及拱圈用的拱盔、支架,如确因施工安排达不到规定周转次数时,可根据具体情况进行换算,并按规定计算回收,其余工程一般不予抽换。按此规定,对于达不到周转次数的周转性材料定额(即按实际周转次数确定的备料定额),可按式(3-2)进行换算。

$$E' = Ek \tag{3-2}$$

式中 E'——实际周转次数的周转性材料定额;
　　　E——定额规定的周转性材料定额;
　　　k——换算系数,$k = n/n'$;
　　　n——定额规定的材料周转次数;
　　　n'——实际的材料周转次数。

3.2 路基工程预算定额应用基本规定

路基工程预算定额包括路基土、石方工程、特殊路基处理工程、排水工程和防护工程等项目。对于路基工程的土壤岩石类别,定额按开挖难易程度将其分为六类,即土壤分松土、普通土、硬土三类;岩石分为软石、次坚石、坚石三类。土石六类分类与十六级土、石分类的对照表见表 3-2。

教学视频:
路基构造与施工 1
路基的分类

表 3-2　土壤、岩石的分类

公路定额分类	松土	普通土	硬土	软石	次坚石	坚石
六级分类	Ⅰ	Ⅱ	Ⅲ	Ⅳ	Ⅴ	Ⅵ
十六级分类	Ⅰ～Ⅱ	Ⅲ	Ⅳ	Ⅴ～Ⅵ	Ⅶ～Ⅸ	Ⅹ～ⅩⅥ

3.2.1　路基土、石方工程

教学视频:
路基构造与施工 2
挖方路基构造

教学视频:
路基构造与施工 3
挖方路基施工

教学视频:
路基构造与施工 4
填方路基构造

教学视频:
路基构造与施工 5
填方路基施工

1. 基本规定

(1)开挖边沟的土、石方数量的计算。"人工挖运土方、装运石""人工开炸石方""机械打眼开炸石方""控制爆破石方""抛坍爆破石方""挖掘机带破碎锤破碎石方"等定额中,已包括开挖边沟消耗的人工、材料和机械台班消耗量。因此,开挖边沟的数量应合并在路基土、石方数量内计算。

(2) 各种开炸石方定额中,均已包括清理边坡工作。

(3) 对于机械施工土、石方,当挖方部分机械达不到时,需由人工完成的工程量由施工组织确定。其中,人工操作部分,按相应定额乘以1.15。

(4) 车辆运输土、石方的平均运距超过规定时的计算方法如下。自卸汽车运输路基土、石方定额项目和洒水汽车洒水定额项目,仅适用于平均运距在15km以内的土、石方或水的运输。当平均运距超过15km时,应按社会运输的有关规定计算其运输费用。当运距超过第一个定额运距单位时,其运距尾数不足一个增运定额单位的半数时不计;等于或超过半数时,按一个增运定额运距单位计算。

例如,平均运距为10.2km,套用第一个1km和运距15km以内的增运定额18个单位后尾数为0.2km,不足一个增运定额单位(0.5km)的半数(0.25km),因此不计;如平均运距为10.3km,套用第一个1km和运距15km以内的增运定额18个单位后尾数为0.3km,已超过一个增运定额单位(0.5km)的半数(0.25km),因此应计,增运单位则合计为19个。

(5) 对于路基加宽填筑部分,当需清除路基加宽填筑部分时,按刷坡定额中普通土子目计算;如需远运清除的土方,按土方运输定额计算。

2. 施工组织设计确定的工程量

下列数量应由施工组织设计提出,并入填方数量内计算。

(1) 清除表土或零填方地段的基底压实、耕地填前夯(压)实后,回填至原地面标高所需的土、石方数量。

(2) 因路基沉陷需增加填筑的土、石方数量。

(3) 为保证路基边缘的压实度须加宽填筑时,所需的土、石方数量。

清除表土或零填方地段的基底压实、耕地填前夯(压)实后,回填至原地面标高所需的土、石方数量和因路基沉陷需增加填筑的土、石方数量,由设计人员在设计时根据不同情况提出,这部分数量应计入计价方数量内。

为保证填方路基边缘的压实度,施工时一般采取填方区边缘处加宽填筑的方式,但这样就要增加土、石方用量。采用机械碾压时,其每边加宽的宽度通常在20～50cm之间,需由设计人员根据具体情况确定加宽宽度,计算加宽填筑数量。这部分数量不应计入计价方数量内,但其费用应摊入计价方的单价内。加宽填筑数量一般可用式(3-3)计算:

$$宽填土方量 = 填方区边缘全长 \times 边坡平均坡长 \times 宽填厚度 \quad (3-3)$$

3. 土石方工程量计算规则

(1) 土石方体积计算。天然密实方是指土体在自然状态下的体积。压实方是指将天然密实方压(夯)实之后的体积。在路基施工中,路基土、石方的开挖、装卸、运输是按天然密实方体积计算的,而填方是按压(夯)实以后的几何尺寸计算的,即填方是压实方。天然密实方与压实方必然存在一定的数量差。它直接影响到土石方数量计算、调配及土石方工程定额的确定(有的土石方调配表中已考虑了换算系数)。

因此,定额中明确规定:除定额中另有说明者外,土方挖方按天然密实体积计算,填方按压(夯)实后的体积计算;石方爆破按天然密实体积计算。当以填方压实体积为工程量,采用以天然密实方为计量单位的定额时,所采用的定额应乘以压实方与天然密实方的换算系数(见表3-3);如路基填方为借方,则应在表3-3系数基础上增加0.03的损耗。

表 3-3 压实方与天然密实方间的换算系数

公路级	土方			石方
	松土	普通土	硬土	
二级及二级以上公路	1.23	1.16	1.09	0.92
三、四级公路	1.11	1.05	1.00	0.84

【例 3-2】 某二级公路路基土、石方工程,计有挖土方 30 000 m³(其中,松土 5000 m³、普通土 15 000 m³、硬土 10 000 m³),开炸石方计 10 000 m³(挖方均为天然方)。本断面挖方可利用方量为 19 000 m³(松土 3000 m³、普通土 8000 m³、硬土 5000 m³、石方 3000 m³,均为天然方),远运利用方量为普通土 2000 m³(天然方)。需填方数量为 40 000 m³,不足部分借土填方。试计算:①路基设计断面方数量;②利用方数量(压实方);③借方数量(借硬土,压实方);④计价方数量;⑤弃方数量;⑥当计算借方的开挖费用和运输费用时,其工程数量应为多少?

【解】 ① 路基设计断面方数量。

设计断面方＝挖方(天然密实方)＋填方(压实方)
　　　　　＝30 000＋10 000＋40 000＝80 000(m³)

② 利用方数量。

利用方＝本桩利用方(压实方)＋远运利用(压实方)
　　　＝(3000÷1.23＋8000÷1.16＋5000÷1.09＋3000÷0.92)＋2000÷1.16＝18 908(m³)

③ 借方(压实方)数量。

借方＝填方(压实方)－利用方(压实方)＝40 000－18 908＝21 092(m³)

④ 计价方数量。

计价方＝挖方(天然密实方)＋借方(压实方)
　　　＝30 000＋10 000＋21 092＝61 092(m³)

⑤ 弃方数量。

弃方＝挖方(天然密实方)－利用方(天然密实方)
　　＝(30 000＋10 000)－(3000＋8000＋5000＋3000＋2000)＝19 000(m³)

⑥ 当计算借方的开挖费用和运输费用时的工程数量。

当计算借方的开挖费用和运输费用时,其工程数量应为 21 092×(1.09＋0.03)＝23 623(m³),或其定额应乘以 1.12 的系数。

上列的挖方、填方、本桩利用方、远运利用方、借方、弃方均引自施工图设计"路基土石方数量计算表"。

(2) 零填及挖方地段基底压实面积等于路槽底面的宽度(m)和长度(m)的乘积。

(3) 抛坍爆破的工程量,按设计的抛坍爆破石方体积计算。

(4) 整修边坡的工程量,按公路基长度计算。

4. 各种土石方量套用的定额、计量单位及计价内容

(1) 挖方:按土质分类分别套用相应的定额,定额单位为天然密实方。

(2) 填方:套用相应的压实定额,定额单位为压实方。

(3) 本桩利用：这一数量不参与费用的计算，其挖已在"挖方"内计算，其填已在"填方"内计算。

(4) 远运利用：只计算其调配运输费用。其挖已在其他断面的"挖方"内计算，其填已在"填方"内计算。

(5) 借方：计算其挖、装、运的费用，其填已在"填方"内计算。

(6) 弃方：只计算其运输费用，其挖已在"挖方"内计算。

套用定额时应注意：当以压实方量为工程数量，在采用以天然密实方为定额计量单位的定额表时，应将其定额值乘以表2.3的换算系数。如上例中的借方21 093m³，若套用预算定额表"1-1-10　装载机装土、石方"和"1-1-11　自卸汽车运土、石方"定额时，则应对定额表所列定额值乘以1.12(1.09+0.03)的系数(或其工程数量乘以1.12的系数)。此外，应注意施工图设计文件中的路基土石方数量计算表中的相关数量是否已考虑了表2.3的系数，如已考虑则套用预算定额时不再重复。

5. 定额表的附注及工程内容

选用定额时应注意定额有无附注，还要注意其工程内容，防止重复计算及漏项。在定额表中只有允许调整的部分方可调整，否则，不得任意调整与变更。

(1) "1-1-1　伐树、挖根、除草、清除表土"定额：清除表土和除草定额不同时套用。清除的表土如需远运，按土方运输定额另行计算。

(2) "1-1-5　填前夯(压)实及填前挖松"定额：二级及二级以上等级公路的填前压实应采用压路机压实。

(3) "1-1-8　机动翻斗车、手扶拖拉机配合人工运土、石方"定额：定额中不包括人工挖土、开炸石方及装、卸车的工料消耗，需要时按"人工挖运土方、装运石方定额"附注的有关规定计算；不适用运距超过1000m的情况。

(4) "1-1-9　挖掘机挖装土、石方"定额：土方不需装车时，应乘以0.87的系数。

(5) "1-1-10　装载机装土、石方"定额：装载机装土如需推土机配合推松、集土时，其人工、推土机台班的数量按"推土机推运土方"第一个20m定额乘以0.8的系数计算。

(6) "1-1-13　铲运机铲运土方"定额：定额是按拖式铲运机编制的，当采用自行式铲运机时，应按附注规定乘以0.7系数。

(7) "1-1-14　开炸石方""1-1-15　控制爆破石方""1-1-16　抛坍爆破石方"定额：仅包括爆破石方，如需清运，可按相关运输定额计算。

(8) "1-1-18　机械碾压路基Ⅱ零填及挖方路基"定额：定额按自行式平地机整平土方编列，如采用推土机整平土方时，可采用括号内数字并扣除定额中平地机的全部台班数量。

6. 施工方法的选择

路基工程中，土石方工程量很大，采用施工方法不同，人工、机械消耗数量差异很大。目前，高等级公路为了满足施工质量和工期要求一般都是采用机械施工，而低等级公路多采用人工机械组合施工。在机械施工中，主要是就作业种类和机械经济运距选择机械的问题。选择时可参考表3-4和表3-5进行。

表 3-4　作业类型与筑路机械选择表

作业种类	供选择的机械种类	作业种类	供选择的机械种类
伐树、挖根	推土机	运输	推土机、自卸汽车、手扶拖拉机、翻斗车
挖掘	挖掘机、推土机、松土机	摊铺	推土机、平地机
装载	挖掘机、装载机	压实	轮胎式压路机、振动压路机、推土机、羊足碾
挖掘、运输	推土机、铲运机	洒水	洒水汽车

表 3-5　根据运输距离选择机械表　　　　　　　　　　单位:m

机 械 类 型	经济运距	机 械 类 型	经济运距
推土机	0～60	自行式铲运机	70～500
拖式铲运机	80～400	手扶拖拉机、翻斗车	50～500
装载机+自卸汽车	500～15 000	社会运输	>15 000
挖掘机+自卸汽车	500～15 000		

此外,还应根据工程规模、土质条件及现场施工条件来选择施工机械;同时,还应注意机械间的相互配套,如装载机械的容量与自卸汽车的车厢容积(或吨位)相配套。大容量配大吨位,小容量配小吨位。

3.2.2　特殊路基处理工程

应用特殊路基处理工程定额时,应注意以下几点。

(1) 袋装砂井及塑料排水板处理软土地基时,工程量为设计深度,定额材料消耗中已包括砂袋或塑料排水板的预留长度。

(2) 振冲碎石桩定额中不包括污泥排放处理的费用,需要时另行计算。

(3) 挤密碎石桩、灰土桩、砂桩和石灰砂桩处理软土地基定额的工程量为设计桩断面积乘以设计桩长。

教学视频:
路基构造与施工 6
特殊路基施工

(4) 水泥搅拌桩和高压旋喷桩处理软土地基定额的工程量为设计桩长。

(5) 土工布的铺设面积为锚固沟外边缘所包围的面积,包括锚固沟的底面积和侧面积。定额中不包括排水内容,需要时另行计算。

3.2.3　排水工程

排水工程定额应用应注意以下几点。

(1) 边沟、排水沟、截水沟、盲沟的挖基费用按开挖沟槽定额计算,其他排水工程的挖基费用按第一节土、石方工程的相关定额计算。

(2) 边沟、排水沟、截水沟、急流槽定额均未包括垫层的费用,需要时按有关定额另行计算。

(3) 工程量计算规则如下。

① 预制混凝土构件的工程量为预制构件的实际体积,不包括预制构件中空心部分的体积。

② 挖截水沟、排水沟的工程量为设计水沟断面积乘以水沟长度与水沟圬工体积之和。

③ 路基盲沟、中央分隔带盲沟(纵向、横向)的工程量按设计的工程内容计算。

(4) 在使用"混凝土边沟、排水沟、急流槽"定额时,应注意混凝土预制块件(含水沟盖板)损耗引起的预制工程量与铺砌工程量的差异,即预制块件预制工程量＝铺砌工程量×(1＋预制块的铺砌操作损耗)。如:每安装 $10m^3$ 实体的水沟盖板(定额表号为[1-3-4-12]),预制构件的消耗量为 $10.10m^3$,其中的 $0.10m^3$ 即为每安装 $10m^3$ 实体的水沟盖板的操作损耗量。

3.2.4 防护工程

应用防护工程定额时,应注意以下几点。

(1) 定额未列出的其他结构形式的砌石防护工程,需要时按"桥涵工程"项目的有关定额计算。

(2) 定额除注明者外,均不包括挖基、基础垫层的工程内容,需要时按"桥涵工程"项目有关定额计算。

(3) 定额除注明者外,均已包括按设计要求设置的伸缩缝、沉降缝的费用。

(4) 定额除注明者外,均已包括水泥混凝土的拌和费用。

(5) 植草护坡定额中均已综合考虑胶粘剂、保水剂、营养土、肥料、覆盖薄膜等的费用,使用定额时不得另行计算。

(6) 预应力锚索护坡定额中的脚手架是按钢管脚手架编制的,脚手架宽度按 2.5m 考虑。

(7) 工程量计算规则。

① 铺草皮工程量按所铺边坡的坡面面积计算。

② 护坡定额中以 100m² 或 1000m² 为计量单位的子目的工程量,按设计需要防护的边坡坡面面积计算。

③ 本章定额预制混凝土构件的工程量为预制构件的实际体积,不包括预制构件中空心部分的体积。

④ 预应力锚索的工程量为锚索(钢绞线)长度与工作长度的质量之和。

【例 3-3】 某浆砌片石挡土墙工程,试确定该工程的基础和填片石垫层的人工、片石、基价预算定额。

【解】 (1)浆砌片石基础定额。

查预算定额[1-4-16-5]查得每 10m³ 消耗如下。

人工:5.6 工日;

材料:片石 11.50m³;

基价:2042 元。

(2)填片石垫层定额。

根据防护工程章说明 2,填片石垫层定额可采用桥梁工程有关定额。该挡土墙基础垫层定额,采用"4-11-5 基础垫层"定额代替,定额编号为 4-11-5-3。每 10m³ 消耗如下。

人工:4.1 工日;

材料:片石 12.5m³;

基价:1225 元。

3.3 路基工程工程量计量规则

路基工程包括"第 201 节 通则""第 202 节 场地清理""第 203 节 挖方路基""第 204 节 填方路基""第 205 节 特殊地区路基处理""第 206 节 路基整修""第 207 节 坡面排水""第 208 节 护坡、护面墙""第 209 节 挡土墙""第 210 节 锚杆、锚定板挡土墙""第 211 节 加筋土挡土墙""第 212 节 喷射混凝土和喷浆边坡防护""第 213 节 预应力锚索边坡加固""第 214 节 抗滑桩""第 215 节 河道防护"共 15 节的内容。

1. 第 201 节 通则

本节包括材料标准、路基施工的一般要求。本节工作内容均不做计量,其所涉及的作业应包含在与其相关工程子目之中。

2. 第 202 节 场地清理

本节工程量清单项目分项计量规则应按"表 202 场地清理"(见表 3-6)的规定执行。

表 3-6 表 202 场地清理

子目号	子目名称	单位	工程量计量	工程内容
202	场地清理			
202-1	清理与掘除			

续表

子目号	子目名称	单位	工程量计量	工程内容
202-1-a	清理现场	m²	依据图纸所示位置及范围（路基范围以外临时工程用地清场等除外），按路基开挖线或填筑边线之间的水平投影面积以平方米为单位计量	1. 灌木、竹林、胸径小于10cm树木的砍伐及挖根； 2. 清除场地表面0～30cm范围内的垃圾、废料、表土（腐殖土）、石头、草皮； 3. 与清理现场有关的一切挖方、坑穴的回填、整平、压实； 4. 适用于材料的装卸、移运、堆放及非适用材料的移运处理； 5. 现场清理
202-1-b	砍伐树木	棵	依据图纸所示路基范围内胸径10cm以上（含10cm）的树木，按实际砍伐数量以棵为单位计量	1. 砍伐； 2. 截锯； 3. 装卸、移运至指定地点堆放； 4. 现场清理
202-1-c	挖除树根	棵	依据图纸所示路基范围内胸径10cm以上（含10cm）树木的树根，按实际挖除数量以棵为单位计量	1. 挖除树根； 2. 装卸、移运至指定地点堆放； 3. 现场清理
202-2	挖除旧路面	m³	依据图纸所示位置，挖除路基范围内原有的旧路面，按不同的路面结构类型以立方米为单位计量	1. 挖除； 2. 装卸、移运处理； 3. 场地清理、平整
……	……	……	……	……

3. 第203节　挖方路基

本节工程量清单项目分项计量规则应按"表203　挖方路基"（见表3-7）的规定执行。

表3-7　表203　挖方路基

子目号	子目名称	单位	工程量计量	工程内容
203	挖方路基			
203-1	路基挖方			
203-1-a	挖土方	m³	1. 依据图纸所示地面线、路基设计横断面图、路基土石比例，采用平均断面面积法计算，包括边沟、排水沟、截水沟的土方，按照天然密实体积以立方米为单位计量； 2. 路床顶面以下挖松深300mm，再压实作为挖土方的附属工作，不另行计量； 3. 取、弃土场的绿化、防护工程、排水设施在相应章节内计量	1. 挖、装、运输、卸车； 2. 填料分理，弃土整型、压实； 3. 施工排水处理； 4. 边坡整修、路床顶面以下挖松深300mm，再压实、路床清理

续表

子目号	子目名称	单位	工程量计量	工程内容
203-1-b	挖石方	m³	1. 依据图纸所示地面线、路基设计横断面图、路基土石比例,按平均断面积法计算,包括边沟、排水沟、截水沟的石方,按照天然体积以立方米为单位计量; 2. 弃土场绿化、防护工程、排水设施在相应章节内计量	1. 石方爆破; 2. 挖、装、运输、卸车; 3. 填料分理、弃土整型、压实; 4. 施工排水处理; 5. 边坡整修、路床顶面凿平或填平压实、路床清理
203-1-c	挖除非适用材料（不含淤泥、岩盐、冻土）	m³	1. 依据图纸所示位置,挖除路基范围内非适用材料（不含淤泥、岩盐、冻土）以立方米为单位计量; 2. 弃土场绿化、防护工程、排水设施在相应章节内计量	1. 施工排水处理; 2. 挖除、装载、运输、卸车、堆放; 3. 现场清理
203-1-d	挖淤泥	m³	1. 依据图纸所示位置,挖除路基范围内淤泥以立方米为单位计量; 2. 弃土场绿化、防护工程、排水设施在相应章节内计量	1. 施工排水处理; 2. 挖除、装载、运输、卸车、堆放; 3. 现场清理
……	……	……	……	……

4. 第204节 填方路基

本节工程量清单项目分项计量规则应按"表204 填方路基"（见表3-8）的规定执行。

表3-8 表204 填方路基

子目号	子目名称	单位	工程量计量	工程内容
204	填方路基			
204-1	路基填筑（包括填前压实）			
204-1-a	利用土方	m³	1. 依据图纸所示地面线、路基设计横断面图,按平均断面面积法计算压实的体积,以立方米为单位计量; 2. 当填料中石料含量小于30%时,适用于本条; 3. 为满足施工需要,预留路基宽度宽填的填方量作为路基填筑的附属工作,不另行计量; 4. 填前压实、地面下沉增加的填方量按填料来源参照本条计量	1. 基底翻松、压实、挖台阶; 2. 临时排水、翻晒; 3. 分层摊铺; 4. 洒水、压实、刷坡; 5. 整型

续表

子目号	子目名称	单位	工程量计量	工程内容
204-1-b	利用石方	m³	1. 依据图纸所示地面线、路基设计横断面图,按平均断面面积法计算压实的体积,以立方米为单位计量; 2. 当填料中石料含量大于70%时,适用于本条; 3. 地面下沉增加的填方量按填料来源参照本条计量	1. 基底翻松、压实、挖台阶; 2. 临时排水、翻晒; 3. 边坡码砌; 4. 分层摊铺; 5. 小石块(或石屑)填缝、找补; 6. 洒水、压实; 7. 整型
204-1-c	利用土石混填	m³	1. 依据图纸所示地面线、路基设计横断面图,按平均断面面积法计算压实的体积,以立方米为单位计量; 2. 当填料中石料含量大于30%,小于70%时,适用于本条; 3. 为满足施工需要,预留路基宽度宽填的填方量作为路基填筑的附属工作,不另行计量; 4. 地面下沉增加的填方量按填料来源参照本条计量	1. 基底翻松、压实、挖台阶; 2. 临时排水、翻晒; 3. 边坡码砌; 4. 分层摊铺; 5. 洒水、压实、刷坡; 6. 整型
204-1-d	借土填方	m³	1. 依据图纸所示地面线、路基设计横断面图,按平均断面面积法计算压实的体积,以立方米为单位计量; 2. 借土场绿化、防护工程、排水设施、临时用地在相应章节内计量; 3. 为满足施工需要,预留路基宽度宽填的填方量作为路基填筑的附属工作,不另行计量; 4. 地面下沉增加的填方量按填料来源参照本条计量	1. 借土场场地清理、清除不适用材料; 2. 简易便道、基底翻松、压实、挖台阶; 3. 挖除、装载、运输、卸车; 4. 分层摊铺; 5. 洒水、压实、刷坡; 6. 施工排水处理; 7. 整型
……	……	……	……	……

5. 第205节 特殊地区路基处理

本节工程量清单项目分项计量规则应按"表205 特殊地区路基处理"(见表3-9)的规定执行。

表3-9　表205　特殊地区路基处理

子目号	子目名称	单位	工程量计量	工程内容
205	特殊地区路基处理			
205-1	软土路基处理			
205-1-a	抛石挤淤	m³	依据图纸所示位置和范围,按照抛石体积的片石数量,以立方米为单位计量	1. 临时排水; 2. 抛填片石; 3. 小石块、石屑填塞垫平; 4. 重型压路机压实
205-1-b	爆炸挤淤	m³	依据图纸所示位置和范围,按照设计的爆炸挤淤的淤泥体积,以立方米为单位计量	1. 超高填石; 2. 爆炸设计; 3. 布置炸药; 4. 爆破; 5. 填石; 6. 钻探(或物探)检查
205-1-c	垫层			
205-1-c-1	砂垫层	m³	1. 依据图纸所示位置和断面尺寸,按图示砂垫层密实体积以立方米为单位计量; 2. 因换填而挖除的非适用材料列入203-1相关子目计量	1. 基底清理; 2. 临时排水; 3. 分层铺筑; 4. 分层碾压
205-1-c-2	砂砾垫层	m³	1. 依据图纸所示位置和断面尺寸,按图示砂砾垫层密实体积以立方米为单位计量; 2. 因换填而挖除的非适用材料列入203-1相关子目计量	1. 基底清理; 2. 临时排水; 3. 分层铺筑; 4. 分层碾压
205-1-c-3	碎石垫层	m³	1. 依据图纸所示位置和断面尺寸,按图示碎石垫层密实体积以立方米为单位计量; 2. 因换填而挖除的非适用材料列入203-1相关子目计量	1. 基底清理; 2. 临时排水; 3. 分层铺筑; 4. 路基边部片石砌护; 5. 分层碾压
……	……	……	……	……
205-1-d	土工合成材料			
205-1-d-1	反滤土工布	m²	1. 依据图纸所示位置和规格,按土层中分层铺设反滤土工布的累计净面积以平方米为单位计量; 2. 接缝的重叠面积和边缘的包裹面积不予计量	1. 清理下承层; 2. 铺设及固定; 3. 接缝处理(搭接、缝接、粘接); 4. 边缘处理

续表

子目号	子目名称	单位	工程量计量	工程内容
……	……	……	……	……
205-1-e	预压与超载预压			
205-1-e-1	真空预压	m²	1. 依据图纸所示的沿密封沟内缘线密封膜覆盖的路基面积以平方米为单位计量； 2. 真空联合堆载预压的堆载土方在 205-1-e-2 子目计量； 3. 砂垫层作为真空预压的附属工作不另行计量	1. 场地清理及埋设沉降观测设施； 2. 铺设砂垫层及密封薄膜； 3. 施工密封沟； 4. 安装真空设备； 5. 抽真空、沉降观测； 6. 拆除、清理场地； 7. 围堰与临时排水
205-1-e-2	超载预压	m³	依据图纸所示预压范围（宽度、高度、长度），预压后体积以立方米为单位计量	1. 场地清理及埋设沉降观测设施； 2. 指标试验； 3. 围堰及临时排水； 4. 挖运、堆载、整型及碾压； 5. 沉降观测； 6. 卸载
205-1-f	袋装砂井	m	依据图纸所示位置和断面尺寸，按不同直径袋装砂井的长度以米为单位计量	1. 场地清理； 2. (轨道铺、拆)装砂袋； 3. 桩机定位； 4. 打钢管； 5. 下砂袋； 6. 拔钢管； 7. 起重机(门架)、桩机移位
205-1-g	塑料排水板	m	1. 依据图纸所示位置和断面尺寸，按图示不同类型的塑料排水板长度以米为单位计量； 2. 不计伸入垫层内的塑料排水板长度	1. 场地清理； 2. (轨道铺、拆)桩机定位； 3. 穿塑料排水板； 4. 安桩靴； 5. 打拔钢管； 6. 剪断排水板； 7. 起重机(门架)、桩机移位
205-1-h	粒料桩			
205-1-h-1	砂桩	m	依据图纸所示位置和断面尺寸，按图示不同桩径的砂桩长度以米为单位计量	1. 场地清理； 2. 成桩设备安装与就位； 3. 成孔； 4. 灌砂； 5. 桩机移位
……	……	……	……	……

6. 第 206 节　路基整修

本节包括路堤整修和路堑边坡的修整,达到符合图纸所示的线形、纵坡、边坡、边沟和路基断面的作业。本节工作内容均不作计量。

7. 第 207 节　坡面排水

本节工程量清单项目分项计量规则应按"表 207　坡面排水"(见表 3-10)的规定执行。"207-2　排水沟""207-3　截水沟"所包含的具体子目及其子目名称、单位、"工程量计量、工程内容"与"207-1　边沟"相同。

表 3-10　表 207　坡面排水

子目号	子目名称	单位	工程量计量	工程内容
207	坡面排水			
207-1	边沟			
207-1-a	浆砌片石	m³	依据图纸所示位置及断面尺寸,按浆砌片石的体积以立方米为单位计量	1. 场地清理; 2. 地基平整夯实,断面补挖; 3. 铺设垫层; 4. 砂浆拌制; 5. 浆砌片石、勾缝、抹面、养护; 6. 回填
207-1-b	浆砌块石	m³	依据图纸所示位置及断面尺寸,按照不同强度等级浆砌块石的体积以立方米为单位计量	1. 场地清理; 2. 地基平整夯实,断面补挖; 3. 铺设垫层; 4. 砂浆拌制; 5. 浆砌块石、勾缝、抹面、养护; 6. 回填
207-1-c	现浇混凝土	m³	依据图纸所示位置及断面尺寸,按照不同强度等级混凝土浇筑的边沟体积以立方米为单位计量	1. 场地清理; 2. 地基平整夯实,断面补挖; 3. 铺设垫层; 4. 模板制作、安装、拆除; 5. 钢筋制作与安装; 6. 混凝土拌和、运输、浇筑、养护; 7. 回填
207-1-d	预制安装混凝土	m³	依据图纸所示位置及断面尺寸,按照不同强度等级混凝土预制的边沟体积以立方米为单位计量	1. 场地清理; 2. 地基平整夯实,断面补挖; 3. 铺设垫层; 4. 模板制作、安装、拆除; 5. 预制件预制、运输、装卸; 6. 预制件安装; 7. 回填

子目号	子目名称	单位	工程量计量	工程内容
207-1-e	预制安装混凝土盖板	m³	依据图纸所示位置及断面尺寸,按照不同强度等级混凝土预制的盖板体积以立方米为单位计量	1. 场地清理; 2. 模板制作、安装、拆除; 3. 钢筋制作与安装; 4. 预制件预制、运输、装卸; 5. 预制件安装
207-1-f	干砌片石	m³	依据图纸所示位置及断面尺寸,按干砌片石的体积以立方米为单位计量	1. 场地清理; 2. 地基平整夯实,断面补挖; 3. 铺设垫层; 4. 铺砌片石; 5. 回填
……	……	……	……	……
207-4	跌水与急流槽			
……	……	……	……	……

8. 第 208 节　护坡、护面墙

本节工程量清单项目分项计量规则应按"表 208　护坡、护面墙"(见表 3-11)的规定执行。

表 3-11　表 208　护坡、护面墙

子目号	子目名称	单位	工程量计量	工程内容
208	护坡、护面墙			
……	……	……	……	……
208-3	浆砌片石护坡			
208-3-a	满铺浆砌片石护坡	m³	1. 依据图纸所示位置和铺砌厚度、水泥砂浆强度,按照铺砌体积以立方米为单位计量; 2. 含碎落台、护坡平台满铺浆砌片石数量; 3. 扣除急流槽所占体积	1. 清理边坡,坡面夯实,基础开挖; 2. 浆砌片石; 3. 勾缝、抹面、养护; 4. 回填; 5. 清理现场
208-3-b	浆砌骨架护坡	m³	1. 依据图纸所示位置和铺砌厚度、骨架形式、水泥砂浆强度,按照护坡体体积以立方米为单位计量; 2. 含碎落台、护坡平台浆砌骨架数量; 3. 扣除急流槽所占体积	1. 清理边坡,坡面夯实,基础开挖; 2. 浆砌片石; 3. 勾缝、抹面、养护; 4. 回填; 5. 清理现场

续表

子目号	子目名称	单位	工程量计量	工程内容
208-3-c	现浇混凝土	m³	依据图纸所示位置及断面尺寸,按照不同强度等级混凝土浇筑的现浇混凝土体积以立方米为单位计量	1. 清理边坡,坡面夯实,基坑开挖; 2. 模板制作、安装、拆除; 3. 混凝土拌和、运输、浇筑、养护; 4. 回填; 5. 清理现场
208-4	混凝土护坡	m³		
208-4-a	现浇混凝土满铺护坡	m³	1. 依据图纸所示位置及断面尺寸,按照不同强度等级混凝土浇筑的实体体积以立方米为单位计量; 2. 含碎落台、护坡平台满铺混凝土数量; 3. 扣除急流槽所占体积	1. 清理边坡,坡面夯实,基坑开挖; 2. 模板制作、安装、拆除; 3. 混凝土拌和、运输、浇筑、养护; 4. 回填; 5. 清理现场
208-4-b	混凝土预制件满铺护坡	m³	1. 依据图纸所示位置和构造尺寸,按照不同强度等级混凝土预制件铺砌坡面的实体体积以立方米为单位计量; 2. 含碎落台、护坡平台满铺混凝土数量; 3. 扣除急流槽所占体积	1. 清理边坡,坡面夯实,基坑开挖; 2. 预制场建设; 3. 预制件预制、运输、装卸; 4. 预制件安装; 5. 回填; 6. 清理现场
208-4-c	现浇混凝土骨架护坡	m³	依据图纸所示位置及断面尺寸,按照不同强度等级混凝土浇筑的骨架护坡体积以立方米为单位计量	1. 清理边坡,坡面夯实,基坑开挖; 2. 模板制作、安装、拆除; 3. 混凝土拌和、运输、浇筑、养护; 4. 回填; 5. 清理现场
208-4-d	混凝土预制件骨架护坡	m³	依据图纸所示位置和构造尺寸,按照不同强度等级混凝土预制件骨架护坡的体积以立方米为单位计量	1. 清理边坡,坡面夯实,基坑开挖; 2. 预制场建设; 3. 预制件预制、运输、装卸; 4. 预制件安装; 5. 回填; 6. 清理现场

续表

子目号	子目名称	单位	工程量计量	工 程 内 容
208-4-e	浆砌片石	m³	依据图纸所示位置和铺砌厚度,按照不同强度等级水泥砂浆砌筑的浆砌片石护坡体积以立方米为单位计量	1. 清理边坡,坡面夯实,基础开挖; 2. 浆砌片石; 3. 勾缝、抹面、养护; 4. 回填; 5. 清理现场
208-5	护面墙			
208-5-a	浆砌片(块)石护面墙	m³	1. 依据图纸所示位置和断面尺寸,按图示不同强度等级水泥砂浆砌片(块)石的体积以立方米为单位计量; 2. 不扣除沉降缝、泄水孔、预埋件所占体积	1. 基坑开挖、地基平整夯实、废方弃运; 2. 边坡清理夯实; 3. 浆砌片石,设泄水孔及其滤水层; 4. 接缝处理; 5. 勾缝、抹面、墙背排水设施设置、填料分层填筑; 6. 清理现场
208-5-b	现浇混凝土护面墙	m³	1. 依据图纸所示位置和断面尺寸,按图示不同强度等级混凝土体积以立方米为单位计量; 2. 不扣除沉降缝、泄水孔、预埋件所占体积	1. 场地清理; 2. 基坑开挖,地基平整夯实,废方弃运; 3. 边坡清理夯实; 4. 模板制作、安装、拆除; 5. 混凝土拌和、运输、浇筑、养护; 6. 泄水孔及其滤水层、沉降缝设置; 7. 墙背排水设施设置、填料分层填筑; 8. 清理现场
……	……	……	……	……

9. 第209节 挡土墙

本节工程量清单项目分项计量规则应按"表209 挡土墙"(见表3-12)的规定执行。

表3-12 表209 挡土墙

子目号	子目名称	单位	工程量计量	工 程 内 容
209	挡土墙			
209-1	垫层	m³	依据图纸所示位置及垫层密实厚度,按照不同材料的垫层体积以立方米为单位计量	1. 基底清理; 2. 临时排水; 3. 铺筑垫层; 4. 夯实

续表

子目号	子目名称	单位	工程量计量	工 程 内 容
209-2	基础			
209-2-a	浆砌片（块）石基础	m³	依据图纸所示位置和断面尺寸，按图示不同强度等级水泥砂浆砌石体积以立方米为单位计量	1. 基坑开挖、清理、平整、夯实，废方弃运； 2. 拌、运砂浆； 3. 砌筑、养护； 4. 回填
209-2-b	混凝土基础	m³	依据图纸所示位置和断面尺寸，按图示不同强度等级混凝土体积以立方米为单位计量	1. 基坑开挖、清理、平整、夯实； 2. 混凝土制作、运输； 3. 浇筑、振捣； 4. 养护； 5. 回填； 6. 清理现场
209-3	砌体挡土墙			
209-3-a	浆砌片（块）石	m³	1. 依据图纸所示位置和断面尺寸，按图示不同强度等级水泥砂浆砌石体积以立方米为单位计量； 2. 不扣除沉降缝、泄水孔、预埋件所占体积	1. 基坑开挖、清理、平整、夯实； 2. 浆砌片（块）石，设泄水孔及其滤水层； 3. 接缝处理； 4. 勾缝、抹面、墙背排水设施设置、墙背填料分层填筑； 5. 清理、废方弃运
……	……	……	……	……
209-5	混凝土挡土墙	m³		
209-5-a	混凝土	m³	1. 依据图纸所示位置和断面尺寸，按图示不同强度等级混凝土体积以立方米为单位计量； 2. 不扣除沉降缝、泄水孔、预埋件所占体积	1. 基坑开挖、清理、平整、夯实； 2. 模板制作、安装、拆除； 3. 混凝土拌和、运输、浇筑、养护； 4. 泄水孔及其滤水层、沉降缝设置； 5. 墙背填料分层填筑； 6. 清理、弃方处理
209-5-b	钢筋	kg	1. 依据图纸所示及钢筋表所列钢筋质量以千克为单位计量； 2. 固定钢筋的材料、定位架立钢筋、钢筋接头、吊装钢筋、钢板、铁丝作为钢筋作业的附属工作，不另行计量	1. 钢筋的保护、储存及除锈； 2. 钢筋整直、接头； 3. 钢筋截断、弯曲； 4. 钢筋安设、支承及固定

10. 第 210～215 节 （略）

3.4　路基工程案例分析

【案例 3-1】

背景材料：某三级公路路基长 35km，路基宽 8.5m，其路基土石方设计资料见表 3-13。

表 3-13　路基土石方数量

项目名称	单位	数量	附注
本桩利用土方	m³	24 000	普通土
远运利用土方	m³	56 000	普通土，运距 1500m
借土方	m³	680 000	普通土，运距 3000m
填土方	m³	760 000	

问题：

（1）根据上述资料，计算路基设计断面方、计价方数量。

（2）列出编制本项目土石方工程施工图预算所需的全部工程细目名称、单位、定额代号及数量等内容，并填入表格中，需要时应列式计算。

分析要点：

本案例除考核关于土石方的概念及相互之间的关系外，还应注意，由于案例给定的已知条件中，均未明确土石方数量是天然密实方还是压实方，因此，解题时需进行必要的分析判断。

根据给定的工程量，分析发现：

填土方（760 000m³）＝利用方（24 000m³＋56 000m³）＋借方（680 000m³），说明土方是平衡的，也就是说已知条件给定的工程量均为压实方。

答案：

（1）设计断面方数量＝挖方数量＋填方数量

挖方数量：(24 000＋56 000)×1.05＝84 000(m³)

填方数量：760 000m³

断面方数量：760 000＋84 000＝844 000(m³)。

计价方数量＝挖方（天然密实方）＋借方（压实方）

　　　　　　＝84 000＋680 000＝764 000(m³)

（2）路拱数量＝35 000×8.5＝297 500(m²)

预算定额子目名称、工程量、定额表号及定额调整情况见表 3-14。

表 3-14 预算定额子目表

序号	定额子目名称		单位	定额表号	工程量	定额调整情况	备注
1	90kW 以内推土机推普通土第一个 20m		1000m³	1-1-12-16	24.0	定额×1.05	挖土(本桩利用)
2	0.6m³ 以内挖掘机挖装普通土		1000m³	1-1-9-2	56.0	定额×1.05	挖土(远运利用)
3	8t 以内自卸汽车运土方	第一个 1km	1000m³	1-1-11-3	56.0	定额×1.05	
		每增运 0.5km	1000m³	1-1-11-4	56.0	定额×1.05	
4	0.6m³ 以内挖掘机挖装普通土		1000m³	1-1-9-2	680.0	定额×1.08	借方
5	8t 以内自卸汽车运土方	第一个 1km	1000m³	1-1-11-3	680.0	定额×1.08	
		每增运 0.5km	1000m³	1-1-11-4	680.0	定额×1.08×4	
6	三、四级公路填方路基 10t 以内振动压路机碾压土方		1000m³	1-1-18-11	760.0		
7	机械整修路拱		1000m²	1-1-20-1	297.5		
8	三、四级公路整修边坡		km	1-1-20-6	35.0		

【案例 3-2】

背景材料:某高速公路第二合同段共长 16.76km,路基宽度为 26m,两端分别为 2.46km 和 3.40km,穿越丘陵地带,土壤为普通土;中间长 10.90km,穿越农田、果林,绝大部分为填方地段。

(1) 路基土、石方工程量。

挖方(天然密实方):开挖土方(普通土)262 826m³;开炸石方(次坚石)1 444 300m³;石方弃方计 400 000m³(远运 3km)。

填方(压实方):利用土填方 226 574m³(远运 4.0km);利用石填方 1 135 109m³(远运 4.5km);借土填方 210 576m³(普通土远运 5km)。

(2) 其他零星工程的工程量。

整修路拱 435 760m²;整修边坡 16.76km。

问题:

(1) 简要叙述该段路基土、石方工程的施工方法。

(2) 列出上列项目的预算定额子目名称、工程量、定额代号及调整系数。

答案:

(1) 施工方法的选用。

该高速公路路基土、石方工程,挖方和填方都比较集中,利用方和借方运距达 4~5km,因此,施工方法采用大型土、石方机械施工较为合适;路基土、石方挖运宜采用 165kW 以内推土机推运和集料,3m³ 装载机装料,15t 自卸汽车运输。填方选用平地机平整、重型振动压路机碾压,符合高速公路施工进度和质量要求。

(2) 预算定额子目名称、工程量、定额表号及定额调整情况见表 3-15。

表 3-15 预算定额子目表

序号	定额子目名称		单位	定额表号	工程量	定额调整情况	备注
1	165kW 以内推土机推普通土第一个 20m		1000m³	1-1-12-18	262.826	定额×0.8	开挖路基土方
2	3m³ 装载机装土(利用方)		1000m³	1-1-10-3	226.574	定额×1.16	
3	20t 以内自卸汽车运土方	第一个 1km	1000m³	1-1-11-11	226.574	定额×1.16	
		每增运 0.5km	1000m³	1-1-11-12	226.574	定额×6×1.16	
4	机械打眼开炸次坚石		1000m³	1-1-14-5	1444.300		开挖路基石方
5	3m³ 装载机装次坚石、坚石(利用方)		1000m³	1-1-10-9	1135.109	定额×0.92	
6	20t 以内自卸汽车运石方	第一个 1km	1000m³	1-1-11-25	1135.109	定额×0.92	
		每增运 0.5km	1000m³	1-1-11-26	1135.109	定额×7×0.92	
7	3m³ 装载机装次坚石、坚石(弃方)		1000m³	1-1-10-9	400		
8	20t 以内自卸汽车运石方	第一个 1km	1000m³	1-1-11-25	400		
		每增运 0.5km	1000m³	1-1-11-26	400	定额×4	
9	高速、一级公路填方路基 20t 以内振动压路机碾压土方		1000m³	1-1-18-5	226.574		利用土方填方
10	高速、一级公路填方路基 20t 以内振动压路机碾压石方		1000m³	1-1-18-13	1135.109		利用石方填方
11	165kW 以内推土机推集土方		1000m³	1-1-12-18	210.576	定额×(1.16+0.03)×0.8	借土方填方
12	3m³ 装载机装土		1000m³	1-1-10-3	210.576	定额×1.19	
13	20t 以内自卸汽车运土方	第一个 1km	1000m³	1-1-11-11	210.576	定额×1.19	
		每增运 0.5km	1000m³	1-1-11-12	210.576	定额×8×1.19	
14	高速、一级公路填方路基 20t 以内振动压路机碾压土方		1000m³	1-1-18-5	210.576		
15	机械整修二级及以上边坡		km	1-1-20-4	16.76		路基整修
16	机械整修路拱		1000m²	1-1-20-1	435.76		

【案例 3-3】

背景材料: 某高速公路第××合同长 15km,路基宽度 26m,其中挖方路段长 4.5km,填方路段长 10.5km。招标文件图纸提供的路基土石方表如表 3-16 所示。

表 3-16　路基土石方表　　　　　　　　　　　　　　　　　　　　　　　单位:m³

挖　　方				本桩利用			远运利用			借方
普通土	硬土	软石	次坚石	普通土	硬土	石方	普通土	硬土	石方	普通土
265 000	220 000	404 000	340 000	50 000	35 000	105 000	200 000	185 000	450 000	600 000

注:表中挖方、利用方均指天然密实方,借方指压实方。

已知:远运利用土、石方的平均运距为400m,借方、弃方的平均运距为3km。

根据招标文件技术规范规定:路基挖方包括土石方的开挖和运输,路基填筑包括土石方的压实,借土填方包括土方的开挖、运输和压实费用。

问题:

(1) 请根据上述资料和《公路工程标准施工招标文件》(2018年版)编制工程量清单。

(2) 请计算各子目应分摊的整修路拱和整修边坡的工程数量。

(3) 根据上述资料分解工程量清单及套用定额。

答案:

(1) 工程量清单及计量工程数量。

考虑到实际计量支付以断面进行计量。故挖方数量为天然密实方,填方数量为压实方,并据此计算清单计量工程数量。

203-1-a 挖土方:265 000＋220 000＝485 000(m³)

203-1-b 挖石方:404 000＋340 000＝744 000(m³)

弃石方:744 000－105 000－450 000＝189 000(m³)

204-1-b 利用土方:(50 000＋200 000)÷1.16＋(35 000＋185 000)÷1.09＝417 352(m³)

204-1-c 利用石方:(105 000＋450 000)÷0.92＝603 261(m³)

204-1-e 借土填方:600 000m³

完成的工程量清单如表 3-17 所示。

表 3-17　第 200 章　路基

子目号	子目名称	单位	数　量	单价	合价
203-1-a	挖土方	m³	485 000		
203-1-b	挖石方	m³	744 000		
204-1-a	利用土方	m³	417 352		
204-1-b	利用石方	m³	603 261		
204-1-d	借土填方	m³	600 000		
清单　第200章合计		人民币_____元			

(2) 各支付子目应分摊的整修路拱的工程数量计算。

挖方总量:485 000＋744 000＝1 229 000(m³)

填方总量:417 352＋603 261＋600 000＝1 620 613(m³)

203-1-a 挖土方:4500×26×(485 000÷1 229 000)＝46 172(m²)

203-1-b 挖石方：4500×26×(744 000÷1 229 000)＝70 828(m²)
204-1-a 利用土方：10 500×26×(417 352÷1 620 613)＝70 305(m²)
204-1-b 利用石方：10 500×26×(603 261÷1 620 613)＝101 622(m²)
204-1-d 借土填方：10 500×26×(600 000÷1 620 613)＝101 073(m²)

(3) 各支付子目应分摊的整修边坡的工程数量计算。
203-1-a 挖土方：4.5×(485 000÷1 229 000)＝1.776(km)
203-1-b 挖石方：4.5×(744 000÷1 229 000)＝2.724(km)
204-1-a 利用土方：10.5×(417 352÷1 620 613)＝2.704(km)
204-1-b 利用石方：10.5×(603 261÷1 620 613)＝3.909(km)
204-1-d 借土填方：10.5×(600 000÷1 620 613)＝3.887(km)

(4) 分解工程量清单及套用定额。

由于工程量清单的每一个子目包含定额中的若干细目,因此在套用定额前,应根据清单项目划分和实际工作内容进行工程量清单分解。本项目的工程量清单分解表(或报价原始数据表)见表3-18。

表3-18 工程量清单分解表(报价原始数据表)

原工程量清单				分解子目(选定额用)				
子目号	子目名称	单位	清单数量	定额表号	分解定额子目名称	定额单位	工程数量	定额调整
203-1-a	挖土方	m³	485 000	1-1-12-18	165kW 以内推土机推普通土第一个 20m	1000m³	50	
				1-1-12-19	165kW 以内推土机推硬土第一个 20m	1000m³	35	
				1-1-13-10	12m³ 以内铲运机铲运普通土第一个 100m	1000m³	200	
				1-1-13-11	12m³ 以内铲运机铲运硬土第一个 100m	1000m³	185	
				1-1-13-12	12m³ 以内铲运机铲运土方每增运 50m	1000m³	385	×6
				1-1-9-8	2m³ 以内挖掘机挖装普通土	1000m³	15	
				1-1-11-11	20t 以内自卸汽车运土方第一个 1km	1000m³	15	
				1-1-11-6	10t 以内自卸汽车运土方每增运 0.5km	1000m³	15	×4
				1-1-20-1	机械整修路拱	1000m²	46.172	
				1-1-20-4	机械整修二级及以上等级公路边坡	1km	1.776	

续表

原工程量清单				分解子目(选定额用)				
子目号	子目名称	单位	清单数量	定额表号	分解定额子目名称	定额单位	工程数量	定额调整
203-1-b	挖石方	m³	744 000	1-1-14-4	开炸软石(机械打眼)	1000m³	404	
				1-1-14-5	开炸次坚石(机械打眼)	1000m³	340	
				1-1-12-37	165kW 以内推土机推软石第一个 20m	1000m³	56.7	
				1-1-12-38	165kW 以内推土机推次坚石第一个 20m	1000m³	48.3	
				1-1-9-13	2m³ 以内挖掘机装软石	1000m³	345.06	
				1-1-9-14	2m³ 以内挖掘机装次坚石	1000m³	293.94	
				1-1-11-25	20t 自卸汽车运石方第一个 1km	1000m³	639	
				1-1-11-26	20t 自卸汽车运石方增运 0.5km	1000m³	189	×4
				1-1-20-1	机械整修路拱	1000m²	70.828	
				1-1-20-4	整修边坡	1km	2.724	
204-1-a	利用土方	m³	417 352	1-1-18-5	20t 以内压路机碾压土方	1000m³	417.352	
				1-1-20-1	机械整修路拱	1000m²	70.305	
				1-1-20-4	机械整修二级及以上等级公路边坡	1km	2.704	
204-1-b	利用石方	m³	603 261	1-1-18-13	20t 以内压路机碾压石方	1000m³	603.261	
				1-1-20-1	机械整修路拱	1000m²	101.622	
				1-1-20-4	机械整修二级及以上等级公路边坡	1km	3.909	
204-1-d	借土填方	m³	600 000	1-1-9-8	2m³ 以内挖掘机挖装普通土	1000m³	600	×1.19
				1-1-11-11	20t 以内自卸汽车运土方第一个 1km	1000m³	600	×1.19
				1-1-11-12	20t 以内自卸汽车运土方每增运 0.5km	1000m³	600	×4 ×1.19
				1-1-18-5	20t 以内压路机碾压土方	1000m³	600	
				1-1-20-1	机械整修路拱	1000m²	101.073	
				1-1-20-4	机械整修二级及以上等级公路边坡	1km	3.887	

注:利用石方中按 404 000/744 000≈54%的比例计算软石数量。

教学视频:
案例分析 3-4
路基土石方计价

教学视频:
案例分析 3-4 路基
土石方计价软件操作

【案例 3-4】

背景材料：某高速公路路基宽 24.5m，该合同段路基长度为 4km，挖方路段长度 1.2km，填方路段长度 2.8km，土石方数量如表 3-19 所示。

表 3-19 土石方数量

起讫桩号	挖方/m³		填方/m³		本桩利用/m³		远运利用/m³		远运利用平均运距/km	
	硬土	次坚石	土方	石方	土方	石方	土方	石方	土方	石方
K5+000—K6+000	12 000	48 000	41 010	123 696	8 400	24 000	3 600	24 000	0.32	1.1
K6+000—K7+000	1 400	5 600	1 284	96 848	980	2 800	420	2 800	1.35	1.4
K7+000—K8+000	10 000	40 000	9 174	78 913	7 000	20 000	3 000	20 000	1.20	0.9
K8+000—K9+000	24 000	96 000	32 018	122 391	16 800	48 000	7 200	48 000	1.80	1.6
合　计	47 400	189 600	83 486	421 848	33 180	94 800	14 220	94 800		

注：
（1）借方全部来自 1#取土场，土石类别与挖方一致，借方的加权平均运距按 5.2km 计算。
（2）挖方路段 K6+000—K7+000 路段位于村庄附近，挖方断面边缘距离民居约 20m。
（3）填方段需清除表面土和填前压实，处理总面积为 95 000m²，清除表面土厚度为 30cm，填前压实沉降按 10cm 计算，考虑回填硬土。
（4）全线挖台阶数量 10 000m²（不计弃运）。
（5）表中除填方为压实方，其余均为天然密实方。

问题：
（1）招标文件工程量清单格式如表 3-20 所示。

表 3-20 第 200 章 路基

细目编号	细目名称	单位	数量	单价/元	合计/元
202-1-a-1	清除表土	m²			
203-1-a	挖土方	m³			
203-1-b	挖石方	m³			
204-1-a	利用土方	m³			
204-1-b	利用石方	m³			
204-1-d	借土填方	m³			
204-1-j	借石填方	m³			

请计算各清单子目工程数量，计算结果保留整数。
（2）填写 203-1-a、203-1-b、204-1-a、204-1-b 和 204-1-c 清单细目工程数量及清单预算所涉及的定额代号、定额子目名称、单位、数量及定额调整情况。

答案：
（1）招标文件工程量清单工程量计算

利用土方填方＝(33 180＋14 200)÷1.09＝43 486(m³ 压实方)
利用石方填方＝(94 800＋94 800)÷0.92＝206 087(m³ 压实方)
借土填方＝83 486－43 486＋95 000×0.30＋95 000×0.10＝78 000(m³ 压实方)
借石填方＝421 848－206 087＝215 761(m³ 压实方)
完成的工程量清单如表3-21所示。

表3-21　第200章　路基

细目编号	细目名称	单位	数　量	单价/元	合计/元
202-1-a-1	清除表土	m²	95 000		
203-1-a	挖土方	m³	47 400		
203-1-b	挖石方	m³	189 600		
204-1-a	利用土方	m³	43 486		
204-1-b	利用石方	m³	206 087		
204-1-d	借土填方	m³	78 000		
204-1-j	借石填方	m³	215 761		

(2) 工程量清单组价

① 远运利用平均运距

远运运土：(3600×0.32＋420×1.35＋3000×1.2＋7200×1.8)÷14 220＝1.29(km)

远运运土：(24 000×1.1＋2800×1.4＋20 000×0.9＋48 000×1.6)÷94 800＝1.32(km)

② 分摊

挖方总量：47 400＋189 600＝237 000(m³)

填方总量：43 486＋206 087＋78 000＋215 761＝543 334(m³)

③ 各支付细目分摊的整修路拱的工程数量计算

203-1-a 挖土方：1200×24.5×(47 400÷237 000)＝5880(m²)

203-1-b 挖石方：1200×24.5×(189 600÷237 000)＝23 520(m²)

204-1-a 利用土方：2800×24.5×(43 486÷543 334)＝5490.43(m²)

204-1-b 利用石方：2800×24.5×(206 087÷543 334)＝26 020.03(m²)

204-1-d 借土填方：2800×24.5×(78 000÷543 334)＝9848.09(m²)

204-1-j 借石填方：2800×24.5×(215 761÷543 334)＝27 241.45(m²)

④ 各支付细目分摊的整修边坡的工程数量计算

203-1-a 挖土方：1.2×(47 400÷237 000)＝0.24(km)

203-1-b 挖石方：1.2×(189 600÷237 000)＝0.96(km)

204-1-a 利用土方：2.8×(43 486÷543 334)＝0.224(km)

204-1-b 利用石方：2.8×(206 087÷543 334)＝1.062(km)

204-1-d 借土填方：2.8×(78 000÷543 334)＝0.402(km)

204-1-j 借石填方：2.8×(215 761÷543 334)＝1.112(km)

⑤ 各支付细目分摊的填前压实的工程数量计算

204-1-a 利用土方：95 000×(43 486÷543 334)＝7603.37(m²)

204-1-b 利用石方：95 000×(206 087÷543 334)＝36 033.57(m²)

204-1-d 借土填方：95 000×(78 000÷543 334)＝13 638.02(m²)

204-1-j 借石填方：95 000×(215 761÷543 334)＝37 725.04(m²)

⑥ 各支付细目分摊的挖台阶的工程数量计算

204-1-a 利用土方：10 000×(43 486÷543 334)＝800.35(m²)

204-1-b 利用石方：10 000×(206 087÷543 334)＝3793.01(m²)

204-1-d 借土填方：10 000×(78 000÷543 334)＝1435.58(m²)

204-1-j 借石填方：10 000×(215 761÷543 334)＝3971.06(m²)

本项目的工程量清单分解表（或报价原始数据表）见表3-22。

表3-22　工程量清单分解表（或报价原始数据表）

分项编号/定额代号	项目、定额的名称	单 位	数量	定额调整
202-1-a-1	清除表土	m²	95 000	
1-1-1-12	135kW 以内推土机清除表土	100m³	285	
1-1-10-3	斗容量 3m³ 以内装载机装土方	1000m³ 天然密实方	28.5	
1-1-11-11	20t 以内自卸汽车运土方,第一个1km	1000m³ 天然密实方	28.5	
1-1-11-12	20t 以内自卸汽车运土方,每增运 0.5km	1000m³ 天然密实方	28.5	
203-1-a	挖土方	m³	47 400	
1-1-12-19	165kW 以内推土机推硬土,第一个 20m	1000m³ 天然密实方	33.18	
1-1-9-9	2m³ 以内挖掘机挖装硬土	1000m³ 天然密实方	14.22	
1-1-11-11	20t 以内自卸汽车运土方,第一个 1km	1000m³ 天然密实方	14.22	
1-1-11-12	20t 以内自卸汽车运土方,每增运 0.5km	1000m³ 天然密实方	14.22	
1-1-20-1	机械整修路拱	1000m²	5.88	
1-1-20-4	机械整修二级及二级以上公路边坡	1km	0.24	
204-1-b	挖石方	m³	189 600	
1-1-14-5	机械打眼,开炸次坚石	1000m³ 天然密实方	184	

续表

分项编号/定额代号	项目、定额的名称	单位	数量	定额调整
1-1-17-2	挖掘机带破碎锤破碎次坚石	1000m³ 天然密实方	56	
1-1-12-38	165kW 以内推土机推次坚石，第一个 20m	1000m³ 天然密实方	94.8	
1-1-10-9	斗容量 3m³ 以内装载机装次坚石、坚石	1000m³ 天然密实方	94.8	
1-1-11-25	20t 以内自卸汽车运石方，第一个 1km	1000m³ 天然密实方	94.8	
1-1-11-26	20t 以内自卸汽车运石方，每增运 0.5km	1000m³ 天然密实方	94.8	
1-1-20-1	机械整修路拱	1000m²	23.52	
1-1-20-4	机械整修二级及二级以上公路边坡	1km	0.96	
204-1-a	利用土方	m³	43 486	
1-1-18-5	高速、一级公路填方路基，20t 以内振动压路机碾压土方	1000m³ 压实方	43.486	
1-1-5-4	12～15t 光轮压路机填前压实	1000m²	7.603	
1-1-4-6	挖掘机挖台阶，硬土	1000m²	0.8	
1-1-20-1	机械整修路拱	1000m²	5.49	
1-1-20-4	机械整修二级及二级以上公路边坡	1km	0.224	
204-1-b	利用石方	m³	206 087	
1-1-18-13	高速、一级公路填方路基，20t 以内振动压路机碾压石方	1000m³ 压实方	206.087	
1-1-5-4	12～15t 光轮压路机填前压实	1000m²	36.034	
1-1-4-6	挖掘机挖台阶，硬土	1000m²	3.793	
1-1-20-1	机械整修路拱	1000m²	26.020	
1-1-20-4	机械整修二级及二级以上公路边坡	1km	1.062	
204-1-c	借土填方	m³	78 000	
1-1-9-9	2.0m³ 以内挖掘机挖装硬土	1000m³ 天然密实方	78	×1.12
1-1-11-11	20t 以内自卸汽车运土方，第一个 1km	1000m³ 天然密实方	78	×1.12
1-1-11-12	20t 以内自卸汽车运土方，每增运 0.5km	1000m³ 天然密实方	78	×1.12×8

续表

分项编号/定额代号	项目、定额的名称	单 位	数量	定额调整
1-1-18-5	高速、一级公路填方路基，20t 以内振动压路机碾压土方	1000m³ 压实方	78	
1-1-5-4	12～15t 光轮压路机填前压实	1000m²	13.638	
1-1-4-6	挖掘机挖台阶，硬土	1000m²	1.436	
1-1-20-1	机械整修路拱	1000m²	9.848	
1-1-20-4	机械整修二级及二级以上公路边坡	1km	0.402	
204-1-j	借石填方	m³	215 761	
1-1-14-5	机械打眼，开炸次坚石	1000m³ 天然密实方	215.761	×0.95
1-1-10-9	斗容量 3m³ 以内装载机装次坚石、坚石	1000m³ 天然密实方	215.761	×0.95
1-1-11-25	20t 以内自卸汽车运石方，第一个 1km	1000m³ 天然密实方	215.761	×0.95
1-1-11-26	20t 以内自卸汽车运石方，每增运 0.5km	1000m³ 天然密实方	215.761	×0.95×8
1-1-18-13	高速、一级公路填方路基，20t 以内振动压路机碾压石方	1000m³ 压实方	215.761	
1-1-5-4	12～15t 光轮压路机填前压实	1000m²	37.725	
1-1-4-6	挖掘机挖台阶，硬土	1000m²	3.971	
1-1-20-1	机械整修路拱	1000m²	27.241	
1-1-20-4	机械整修二级及二级以上公路边坡	1km	1.112	

思 考 题

1. 说明查用概(预)算定额的步骤。
2. 什么是定额抽换？什么情况下应进行定额抽换？
3. 什么叫基本定额？其用途是什么？
4. 路基土石方体积计算时，对于天然密实方和压实方是如何考虑的？对土石方运距是如何考虑的？
5. 在路基工程中，应根据施工组织设计的要求予以取定，并计入路基填方数量内的几种土石方数量是什么？
6. 举例说明运输机械的经济运距。

习 题

1. 某高速公路建设项目路基土石方的工程量见表3-23。

表3-23 路基土石方工程量

挖方/m³		利用方填方/m³		借方填方/m³	
普通土	次坚石	土方	石方	普通土	次坚石
470 700	1 045 000	382 400	1 033 700	200 000	11 500

问题：

(1) 本项目土石方的计价方数量、断面方数量、利用方数量(天然密实方)、借方数量(天然密实方)和弃方数量各是多少？

(2) 假设填方路段路线长10km，路基宽度28m，大部分均为农田。平均填土高度为4m，边坡坡率为1∶1.25，问耕地填前压实的工程量应是多少？

2. 某高速公路一合同段的路基工程填方集中，填方需借土210 000m³（普通土，远运平均运距5km），试确定其工、料、机的消耗量。

案例练习题

背景：某二级公路第××合同段长15km，路基宽度12m，其中挖方路段长4.5km，填方路段长10.5km，施工图设计图纸提供的路基土石方见表3-24。

表3-24 路基土石方表

挖方/m³		本桩利用/m³		远运利用/m³		填方/m³
普通土	软石	土方	石方	土方	石方	
150 000	75 000	35 000	15 000	115 000	50 000	550 000

注：表中挖方、利用方均指天然密实方，填方指压实方，借方为普通土。

已知：远运利用土、石方的平均运距为400m，借方、弃方的平均运距为3km。

问题：请根据上述资料列出该土石方工程造价所涉及定额的名称、单位、定额表号、数量等内容，并填入表3-25中，需要对应列式计算或文字说明。

表 3-25 预算定额子目表

序号	定额子目名称	单位	定额表号	数量	定额调整情况	备注

第 4 章 路面工程工程量清单组价

4.1 路面工程定额应用基本规定

教学视频：
路面构造与施工 1
路面的组成及分类

教学视频：
路面构造与施工 2
路面的结构层

教学视频：
路面构造与施工 3
路面排水设施

1. 路面工程章说明

《预算定额》(2018 年版)"路面工程"章说明共七条，要正确使用路面工程预算定额，应注意以下各点。

(1) 路面实体计算单位。对于各种类型路面以及路槽、路肩、垫层、基层等，除沥青混合料路面、厂拌基层稳定土混合料运输、自卸汽车运输水泥混凝土以 1000 m^3 路面实体为计算单位外，其余路面均以 1000 m^2 为计算单位。

(2) 路面、路肩厚度。路面项目中的厚度均为压实厚度，培路肩厚度为净培路肩的夯实厚度。

(3) 本章定额中的水泥混凝土除摊铺机铺筑水泥混凝土及碾压混凝土路面外，均已包括其拌和费用，使用定额时不得再另行计算。

(4) 在进行单车道路面施工时，由于路面宽度的限制，压路机不能按施工规范要求进行错轮碾压，导致效率降低，因此，当设计为单车道路面宽度时，两轮光轮压路机乘以系数 1.14，三轮光轮压路机乘以系数 1.33，轮胎式压路机和振动压路机乘以系数 1.29。

(5) 自卸汽车运输稳定土混合料、沥青混合料和水泥混凝土定额项目，仅适用于平均运距在 15km 以内的混合料运输，当平均运距超过 15km 时，应按市场运价计算其运输费用。当运距超过第一个定额运距单位时，其运距尾数不足一个增运定额单位的半数时不计，超过半数时按一个增运定额运距单位计算。例如，运距为 2.2km 时，应按 2km 计算，即增运按两个 0.5km 计算；运距为 2.3km 时，应按 2.5km 计算，即增运按三个 0.5km 计算。

此外，路面工程章定额中工程量以 1000 m^2 为计算单位的，其计价工程量一般按设计需要铺设的路面各层的顶面面积进行计算。

2. 路面基层及垫层

教学视频：
路面构造与施工 4
路面基层施工 1

教学视频：
路面构造与施工 5
路面基层施工 2

(1) 压实厚度及分层铺筑时压实机械的计算规定如下：各类垫层、级配碎石、级配砾石基层的压实厚度在 15cm 以内；填隙碎石基层的压实厚度在 12cm 以内；各类稳定土基层、其他种类的基层和底基层的压实厚度在 20cm 以内。当压实厚度超过上述规定厚度进行分层拌和、摊铺、碾压时，拖拉机、平地机、摊铺机和压路机的台班消耗应按定额数量加倍，且每 1000m² 增加 1.5 工日。

(2) 当各类稳定土基层定额中的材料消耗是按一定配合比编制的，当设计配合比与定额标明的配合比不同时，有关材料应进行换算。

(3) 路面用土的预算价格的计算规定。定额中土的预算价格，按材料采集及加工和材料运输定额中的有关项目计算。

(4) 路面底基层采用基层定额时，压路机消耗量的计算规定如下：各类稳定土底基层采用稳定土基层定额时，每 1000m² 路面减少 12~15t 光轮压路机 0.18 台班。

3. 路面面层

教学视频：
路面构造与施工 6
水泥混凝土路面构造

教学视频：
路面构造与施工 7
水泥混凝土路面面层施工

教学视频：
路面构造与施工 8
沥青路面面层施工

(1) 压实厚度及分层铺筑时压实机械的计算规定如下：泥结碎石、级配碎石、级配砾石、天然砂砾、粒料改善土壤路面面层的压实厚度应控制在 15cm 以内。当压实厚度超过上述规定厚度进行分层拌和、碾压时，拖拉机、平地机和压路机台班消耗应按定额数量加倍，且每 1000m² 增加 1.5 工日。

(2) 有关透层、黏层和封层的计算规定如下：沥青路面未包括透层、黏层和封层，需要时可按有关定额另行计算。

(3) 乳化沥青和改性沥青材料的计算规定如下：沥青路面定额中的乳化沥青和改性沥青材料，如在现场自行配制时，其配制费用应包含在材料预算价格中。

(4) 沥青玛蹄脂碎石混合料中有关纤维填加料的计算规定如下：纤维稳定剂的掺加比例与定额不同时，可根据设计用量调整纤维稳定剂的消耗。

(5) 在冬五区、冬六区的沥青路面采用层铺法施工时，定额中沥青用量调整系数的计算规定如下：在冬五区、冬六区的沥青路面采用层铺法施工时，其用油量可按定额用油量乘以下列系数:沥青表面处治 1.05;沥青贯入式基层 1.02;面层 1.028;沥青上拌下贯式下贯部分 1.043。

(6) 当设计油石比与定额采用的油石比不同时的计算规定如下:当设计采用的油石比与定额不同时,可按设计油石比调整定额中的沥青用量。

(7) "2-2-9　沥青上拌下贯式路面"定额附注:定额中的压实厚度系指上拌下贯式路面的贯入层的压实厚度;定额中仅包括沥青上拌下贯式路面的下贯部分消耗量,其上拌部分实际用量可按压实厚度范围 2~4cm 计算工程量,按有关定额另行计算;当拌和层与贯入部分不能连续施工,又要在短期内通行施工车辆时,每 1000m² 路面增加人工 1.5 工日、石屑 2.5m³、15t 以内振动压路机(双钢轮)0.14 台班。

(8) "2-2-16　透层、黏层、封层"定额附注:粒料基层浇洒沥青后,不能及时铺筑面层并需要开放施工车辆通行时,每 1000m² 路面增加粗砂 0.83m³、6~8t 光轮压路机 0.13 台班,沥青用乘以 1.1 的系数。

(9) "2-2-17　水泥混凝土路面"定额附注:定额未包括混凝土拌和站的安、拆费用,需要时按有关定额另行计算;人工铺筑定额包括混凝土拌和,仅适用于一般数量不大的水泥钢筋混凝土路面。二级及二级以上的水泥混凝土路面应套用摊铺机铺筑定额。摊铺机铺筑定额中不包括水泥混凝土的拌和、运输,需要时按有关定额另行增加。

(10) "2-2-19　自卸汽车运输水泥混凝土"定额附注:本定额适用于碾压混凝土路面的混凝土运输,其他混凝土应按要求套用混凝土搅拌车运输(4-11-11　混凝土拌和及运输)。

4. 路面附属工程

(1) 硬路肩的计算规定如下:硬路肩工程项目,根据其不同设计层次结构,分别采用不同的路面定额项目进行计算。

(2) 各类铺砌水泥混凝土预制块定额的计算规定如下:铺砌水泥混凝土预制块人行道、路缘石、沥青路面镶边和土硬路肩加固定额中,均已包括水泥混凝土预制块的预制,使用定额时不得另行计算。

(3) "2-3-1　全部挖除旧路面"定额附注:如需远运挖除的废渣时,另按路基土方运输定额计算;混凝土废渣按路基石方运输定额计算。清除废渣后,如需碾压底层,每 1000m² 可增加 15t 以内振动压路机 0.18 台班。

(4) "2-3-2　挖路槽、培路肩、修筑泄水槽"定额中挖路槽按全挖路槽断面编制,当设计为半填半挖路槽时,人工工日乘以系数 0.8。挖除的土、石需远运时,另按路基土、石方运输定额计算。培路肩的填方数量已在路基填方内计算,在使用本定额时,不应再另行计算培路肩土方的开挖、运输等费用。

定额表中的培路肩只包含培筑、压实、修整路槽等工作内容。

4.2　路面工程工程量计量规则

路面工程包括"第 301 节　通则""第 302 节　垫层""第 303 节　石灰稳定土底基层、基层""第 304 节　水泥稳定土底基层、基层""第 305 节　石灰粉煤灰稳定土底基层、基层""第 306 节　级配碎(砾)石底基层、基层""第 307 节　沥青稳定碎石基层(ATB)""第 308 节透层和黏层""第309节 热拌沥青混合料面层""第310节 沥青表面处置与封层""第311节 改性沥青及改性沥青混合料""第312节 水泥混凝土面板""第313节 路肩培土、中央分隔带回填土、土路肩加固及路缘石""第314节 路面及中央分隔带排水",共14节。

1. 第301节 通则

本节包括材料标准、路面施工的一般要求、材料取样与试验、试验路段、料场作业、拌和场场地硬化及遮雨棚、雨季施工。本节工作内容均不作计量,其所涉及的作业应包含在与其相关工程子目之中。

2. 第302节 垫层

本节的工程量清单项目分项计量规则应按"表302 垫层"(见表4-1)的规定执行。

表4-1 表302 垫层

子目号	子目名称	单位	工程量计量	工程内容
302	垫层			
302-3	水泥稳定土垫层	m²	依据图纸所示压实厚度,按照铺筑的顶面面积以平方米为单位计量	1. 检查、清除路基上的浮土、杂物,并洒水湿润; 2. 拌和、运输、摊铺; 3. 整平、整型; 4. 洒水、碾压、整修、初期养护
302-4	石灰稳定土垫层	m²		
303	石灰稳定土底基层、基层(第303节)			

3. 第303节 石灰稳定土底基层、基层(略)

4. 第304节 水泥稳定土底基层、基层

本节的工程量清单项目分项计量规则应按"表304 水泥稳定土底基层、基层"(见表4-2)的规定执行。

表4-2 表304 水泥稳定土底基层、基层

子目号	子目名称	单位	工程量计量	工程内容
304	水泥稳定土底基层、基层			
304-1	水泥稳定土底基层	m²	依据图纸所示压实厚度,按照铺筑的顶面面积以平方米为单位计量	1. 检查、清理下承层、洒水; 2. 拌和、运输、摊铺; 3. 整平、整型; 4. 洒水、碾压、初期养护
304-3	水泥稳定土基层	m²		
304-2	搭板、埋板下水泥稳定土底基层	m³	依据图纸所示尺寸、范围,按照铺筑体积以立方米为单位计量	1. 检查、清理下承层、洒水; 2. 拌和、运输、摊铺; 3. 整平、整型; 4. 洒水、碾压、初期养护

5. 第305节 石灰粉煤灰稳定土底基层、基层(略)

6. 第306节 级配碎(砾)石底基层、基层

本节的工程量清单项目分项计量规则应按"表306 级配碎(砾)石底基层、基层"(见表4-3)的规定执行。

表4-3 表306 级配碎(砾)石底基层、基层

子目号	子目名称	单位	工程量计量	工程内容
306	级配碎(砾)石底基层、基层			
306-1	级配碎石底基层	m^2	依据图纸所示压实厚度,按照铺筑的顶面面积以平方米为单位计量	1. 检查、清理下承层、洒水; 2. 铺筑材料拌和、运输、摊铺; 3. 整平、整型; 4. 洒水、碾压
306-3	级配碎石基层	m^2		

7. 第307节 沥青稳定碎石基层(ATB)

本节的工程量清单项目分项计量规则应按"表307 沥青稳定碎石基层(ATB)"(见表4-4)的规定执行。

表4-4 表307 沥青稳定碎石基层(ATB)

子目号	子目名称	单位	工程量计量	工程内容
307	沥青稳定碎石基层(ATB)			
307-1	沥青稳定碎石基层(ATB)	m^2	依据图纸所示级配类型、铺筑压实厚度,按照铺筑的顶面面积以平方米为单位计量	1. 检查和清理下承层; 2. 拌和设备安装、调试、拆除; 3. 沥青铺筑材料加热、保温、输送,配运料,矿料加热烘干,拌和、出料; 4. 运输、摊铺、压实、成型; 5. 接缝; 6. 初期养护

8. 第308节 透层和黏层

本节的工程量清单项目分项计量规则应按"表308 透层和黏层"(见表4-5)的规定执行。

表4-5 表308 透层和黏层

子目号	子目名称	单位	工程量计量	工程内容
308	透层和黏层			
308-1	透层	m^2	依据图纸所示沥青品种、规格、喷油量,按照洒布面积以平方米为单位计量	1. 检查和清扫下承层; 2. 材料制备、运输; 3. 试洒; 4. 沥青洒布车均匀喷洒并检测洒布用量; 5. 初期养护
308-2	黏层	m^2		

9. 第309节 热拌沥青混合料面层

本节的工程量清单项目分项计量规则应按"表309 热拌沥青混合料面层"（见表4-6）的规定执行。

表4-6 表309 热拌沥青混合料面层

子目号	子目名称	单位	工程量计量	工程内容
309	垫层热拌沥青混合料面层			
309-1	细粒式沥青混凝土	m²	依据图纸所示级配类型及铺筑压实厚度，按照铺筑的顶面面积以平方米为单位计量	1. 检查和清理下承层； 2. 拌和设备安装、调试、拆除； 3. 沥青加热、保温、输送、配运料，矿料加热烘干、拌和、出料； 4. 运输、摊铺、碾压、成型； 5. 接缝； 6. 初期养护
309-2	中粒式沥青混凝土	m²		
309-3	粗粒式沥青混凝土	m²		

10. 第310节 沥青表面处置与封层

本节的工程量清单项目分项计量规则应按"表310 沥青表面处置与封层"（见表4-7）的规定执行。

表4-7 表310 沥青表面处置与封层

子目号	子目名称	单位	工程量计量	工程内容
310	沥青表面处置与封层			
310-1	沥青表面处置	m²	依据图纸所示沥青种类、厚度、喷油量，按照沥青表面处置面积以平方米为单位计量	1. 检查和清理下承层； 2. 安装、拆除熬油设备； 3. 熬油、运油； 4. 沥青洒布车洒油； 5. 整型、碾压、找补； 6. 初期养护
310-2	封层	m²	依据图纸所示沥青种类、厚度，按照封层面积以平方米为单位计量	1. 检查和清扫下承层； 2. 试验段施工； 3. 专用设备洒布或施工封层； 4. 整型、碾压、找补； 5. 初期养护

11. 第311节 改性沥青及改性沥青混合料

本节的工程量清单项目分项计量规则应按"表311 改性沥青及改性沥青混合料"（见表4-8）的规定执行。

表 4-8　表 311　改性沥青及改性沥青混合料

子目号	子目名称	单位	工程量计量	工程内容
311	改性沥青及改性沥青混合料			
311-1	细粒式改性沥青混合料路面	m²	依据图纸所示级配类型及铺筑压实厚度,按照铺筑的顶面面积以平方米为单位计量	1. 检查和清理下承层; 2. 拌和设备安装、调试、拆除; 3. 沥青加热、保温、输送,配运料,矿料加热烘干,拌和、出料; 4. 运输、摊铺、碾压、成型; 5. 接缝; 6. 初期养护
311-2	中粒式改性沥青混合料路面	m²		
311-3	SMA 路面	m²		

12. 第 312 节　水泥混凝土面板

本节的工程量清单项目分项计量规则应按"表 312　水泥混凝土面板"(见表 4-9)的规定执行。

表 4-9　表 312　水泥混凝土面板

子目号	子目名称	单位	工程量计量	工程内容
312	水泥混凝土面板			
312-1	水泥混凝土面板	m³	依据图纸所示厚度和混凝土强度等级,按照铺筑体积以立方米为单位计量	1. 检查和清理下承层、洒水湿润; 2. 模板制作、架设、安装、修理、拆除; 3. 混凝土拌和物配合比设计、配料、拌和、运输、浇筑、振捣、真空吸水、抹平、压(刻)纹、养护; 4. 切缝、灌缝; 5. 初期养护
312-2	钢筋	kg	1. 依据图纸所示水泥混凝土路面钢筋按图示质量以千克为单位计量; 2. 因搭接而增加的钢筋作为附属工作,不另行计量	1. 钢筋的保护、储存及除锈; 2. 钢筋整直、连接; 3. 钢筋截断、弯曲; 4. 钢筋安设、支承及固定

13. 第 313 节　路肩培土、中央分隔带回填土、土路肩加固及路缘石

本节的工程量清单项目分项计量规则应按"表 313　路肩培土、中央分隔带回填土、土路肩加固及路缘石"(见表 4-10)的规定执行。

表 4-10　表 313　路肩培土、中央分隔带回填土、土路肩加固及路缘石

子目号	子目名称	单位	工程量计量	工程内容
313	路肩培土、中央分隔带回填土、土路肩加固及路缘石			
313-2	中央分隔带回填土	m³	依据图纸所示断面尺寸,按照压实体积以立方米为单位计量	1.挖运土; 2.路基整修、培土、整型; 3.分层填筑、压实
313-3	现浇混凝土加固土路肩	m³	依据图纸所示断面尺寸和混凝土强度等级,按照浇筑体积以立方米为单位计量	1.路基整修; 2.模板制作、安装、拆除、修理、涂脱模剂; 3.混凝土拌和、制备、运输、摊铺、振捣、养护
313-4	混凝土预制块加固土路肩	m³	依据图纸所示断面尺寸和混凝土强度等级,按照预制安装体积以立方米为单位计量	1.预制场地平整,硬化处理; 2.预制块预制、装运; 3.路基整修; 4.预制块铺砌、勾缝
313-5	混凝土预制块路缘石	m³		1.预制场地平整,硬化处理; 2.路缘石预制、装运; 3.路基整修、基槽开挖与回填,废方弃运; 4.基槽夯实; 5.路缘石铺砌、勾缝; 6.路缘石后背回填夯实

14. 第 314 节　路面及中央分隔带排水

本节的工程量清单项目分项计量规则应按"表 314　路面及中央分隔带排水"(见表 4-11)的规定执行。

表 4-11　表 314　路面及中央分隔带排水

子目号	子目名称	单位	工程量计量	工程内容
314	路面及中央分隔带排水			
314-1	排水管	m	依据图纸所示位置,分不同类型及规格,按埋设管长以米为单位计量	1.基槽开挖填筑、废方弃运; 2.垫层(基础)铺筑; 3.排水管制作; 4.安放排水管; 5.接头处理; 6.回填、压实; 7.出水口处理

续表

子目号	子目名称	单位	工程量计量	工程内容
314-2	纵向雨水沟(管)	m	依据图纸所示位置,分不同类型及规格,按埋设管长以米为单位计量	1. 基槽开挖、废方弃运; 2. 垫层(基础)铺筑; 3. 模板制作、安装、拆除、修理; 4. 钢筋制作与安装; 5. 盖板预制及安装; 6. 混凝土拌和、运输、浇筑; 7. 养护; 8. 安放排水管; 9. 接头处理; 10. 回填、压实; 11. 出水口处理
314-3	集水井	座	依据图纸所示位置,分为不同类型及规格,按设置的集水井数量,以座为单位计量	1. 基坑开挖及废方弃运; 2. 地基平整夯实,垫层及基础施工; 3. 模板制作、安装、拆除、修理; 4. 钢筋制作与安装; 5. 混凝土拌和、运输、浇筑、养护; 6. 井壁外围回填,夯实
314-4	中央分隔带渗沟	m	依据图纸所示位置,分不同类型,按埋设长度以米为单位计量	1. 基槽开挖、废方弃运; 2. 垫层(基础)铺筑; 3. 制管、打孔; 4. 安放排水管; 5. 接头处理; 6. 填碎石、铺设土工布; 7. 回填、压实
314-5	沥青油毡防水层	m²	依据图纸所示位置,按铺设的防水层面积以平方米为单位计量	1. 下承层清理; 2. 喷涂黏结层; 3. 铺油毡; 4. 接缝处理
314-6	路肩排水沟	m	依据图纸所示位置及断面尺寸,按照不同类型的路肩排水沟的长度,以米为单位计量	1. 场地清理; 2. 地基平整夯实,排水沟断面补挖; 3. 铺设垫层; 4. 模板制作、安装、拆除; 5. 钢筋制作、安装; 6. 混凝土拌和、运输、浇筑、养护; 7. 预制件预制(现浇)、运输、装卸、安装; 8. 回填、清理

4.3 路面工程案例分析

教学视频：
案例分析 4-1
路面工程计量计价

教学视频：
案例分析 4-1　路面
工程计量计价软件操作

【案例 4-1】

背景材料：某三级公路沥青混凝土路面项目，路基段长 35km，路基宽 8.5m，行车道宽 7m。路面结构中，上面层为 4cm 中粒式沥青混凝土，下面层为 5cm 粗粒式沥青混凝土，基层为 20cm 水泥稳定砂砾（外购商品水稳料），垫层为 25cm 砂砾（基层、垫层宽度 7.5m），透层、黏层采用乳化沥青。沥青混合料拌和站（平丘区）设在路线中点，上路距离 600m。路面工期 6 个月。施工单位自有的沥青混合料拌和设备拌和能力为 160t/h，每天施工按 8h 计算，设备利用率为 0.8，每月有效工作天数为 22d。

问题：请根据上述材料列出本标段中路面工程工程量清单组价所涉及定额子目名称、单位、定额表号、数量等内容，并填入表格，需要时应列式计算或文字说明。

答案：

(1) 路面工程数量的计算。

基层、垫层、透层数量：$35\,000 \times 7.5 = 262\,500(m^2)$

黏层数量：$35\,000 \times 7.0 = 245\,000(m^2)$

面层沥青混合料数量。

粗粒式：$35\,000 \times 7.0 \times 0.05 = 12\,250(m^3)$

中粒式：$35\,000 \times 7.0 \times 0.04 = 9800(m^3)$

合计：$12\,250 + 9800 = 22\,050(m^3)$

合计质量：
$12\,250 \times 2.377 \times 1.02 + 9800 \times 2.37 \times 1.02 = 53\,391.41(t)$

(2) 混合料拌和设备设置数量的计算。

根据题目中给定的条件，路面基层采用路拌法施工，不需要设置集中拌和设备，因此，仅需要设置面层沥青混合料拌和设备。

拌和设备安拆可在基层施工期间提前安排，不占关键线路工期，则

$53\,391.41 \div (160 \times 8 \times 0.8 \times 22) = 2.37$，设置 1 处拌和站，路面面层可以在 3 个月内完成施工。

根据路面合理标段划分的要求，本项目设置 1 台拌和设备是合适的。

(3) 混合料综合平均运距

本项目设置拌和站 1 处,假定设置在路线的中点,其混合料综合平均运距如下。

$35 \div 2 \div 2 + 0.6 = 9.35 (km)$,按 9.5km 考虑。

(4) 清单组价子目名称、工程量、定额表号及调整情况见表 4-12。

表 4-12　工程量清单分解表(报价原始数据表)

清单/定额代号	定 额 名 称	单　位	数量	定 额 调 整
302-2	砂砾垫层			
302-2-a	20cm 厚砂砾垫层	m²	262 500	
2-1-1-12	机械铺料,砂砾路面垫层,压实厚度 15cm	1000m²	262.5	分层拌和、调整人工和设备消耗量
2-1-1-17	机械铺料,砂砾路面垫层,每增减 1cm	1000m²	262.5	×5
304-3	水泥稳定土基层			
304-3-a	25cm 厚水泥稳定砂砾	m²	262 500	
2-1-9-7	7.5m 以内摊铺机铺筑基层	1000m²	262.5	
1515003	水泥砂砾(商)	1000m²	52 500	×1.01
308-1	透层	m²	262 500	
2-2-16-4	半刚性基层透层,乳化沥青	1000m²	262.5	
308-2	黏层	m²	245 000	
2-2-16-6	沥青层黏层,乳化沥青	1000m²	245	
309-2	中粒式沥青混凝土			
309-2-a	4cm	m²	245 000	
2-2-11-11	160t/h 沥青混合料拌和设备拌和,中粒式	1000m³ 路面实体	9.8	
2-1-13-7	15t 以内自卸汽车运输沥青混凝土,第一个 1km	1000m³	9.8	
2-1-13-8	15t 以内自卸汽车运输沥青混凝土,每增运 0.5km	1000m³	9.8	×17
2-1-14-43	机械摊铺沥青混凝土混合料,160t/h 以内拌和设备,中粒式	1000m³ 路面实体	9.8	
309-3	粗粒式沥青混凝土			
309-3-a	5cm	m²	245 000	
2-2-11-4	160t/h 沥青混合料拌和设备拌和,粗粒式	1000m³ 路面实体	12.25	

续表

清单/定额代号	定额名称	单位	数量	定额调整
2-1-13-7	15t以内自卸汽车运输沥青混凝土,第一个1km	1000m³	12.25	
2-1-13-8	15t以内自卸汽车运输沥青混凝土,每增运0.5km	1000m³	12.25	×17
2-1-14-42	机械摊铺沥青混凝土混合料,160t/h以内拌和设备,粗粒式	1000m³ 路面实体	12.25	
315-1	沥青混凝土拌和站(分摊项)	总额	1	
2-2-15-4	生产能力160t/h以内沥青混合料拌和设备安装、拆除	1座	1	

【案例4-2】

背景材料:某高速公路沥青混凝土路面,其面层设计为上面层:5cm厚细粒式;中面层:6cm厚中粒式;下面层:7cm厚粗粒式。某标段路线长24km(起点桩号K32+000),上、中、下面层数量均为624 000m²。在该标段K40+000处有一块比较平坦的场地,且与路线相邻,可设置拌和站。施工工期为6个月,采用集中拌和自卸汽车运输、机械摊铺,不考虑拌和站场地建设。

问题:请根据上述材料列出本标段中路面工程造价所涉及的定额子目名称、单位、定额表号、数量等内容,并填入表格,需要时应列式计算或文字说明。

答案:

(1) 工程数量的计算。

各面层体积计算。

下层(粗粒式):624 000×0.07=43 680(m³)

中层(中粒式):624 000×0.06=37 440(m³)

上层(细粒式):624 000×0.05=31 200(m³)

合计:43 680+37 440+31 200=112 320(m³)

沥青混合料质量:43 680×2.377×1.02+37 440×2.370×1.02+31 200×2.363×1.02=271 611.48(t)

(2) 面层混合料拌和设备数量计算。

假定设置的拌和设备型号为380t/h,设备利用率为0.85,每天施工8h。考虑到拌和设备安拆等因素,工作时间按5个月考虑。则混合料拌和设备的需要量为

271 611.48÷(380×22×5×8×0.85)=0.96(台)

应设置一台拌和设备。

(3) 面层混合料综合平均运距。

设每千米沥青混合料为y,其混合料综合平均运距为

$L=[8×y×4+16×y×8]÷(24×y)=6.7$(km)。根据定额中关于运距的规定,本项目应按6.5km计算。

(4) 预算定额子目名称、工程量、定额表号及调整情况见表4-13。

表 4-13 预算定额子目表

序号	定额子目名称		单位	定额表号	数量	定额调整情况
1	透层沥青		1000m²	2-2-16-3	624	定额×1.03
2	黏层沥青		1000m²	2-2-16-5	1 248	
3	沥青混凝土拌和（380t/h 以内设备）	粗粒式	1000m³	2-2-11-7	43.680	
4		中粒式	1000m³	2-2-11-14	37.440	
5		细粒式	1000m³	2-2-11-21	31.200	
6	20t 自卸汽车运混合料	第一个 1km	1000m³	2-2-13-9	112.320	
7		每增运 0.5km	1000m³	2-2-13-10	112.320	定额×11
8	沥青混合料铺筑（380t/h 以内设备）	粗粒式	1000m³	2-2-14-54	43.680	
9		中粒式	1000m³	2-2-14-55	37.440	
10		细粒式	1000m³	2-2-14-56	31.200	
11	沥青混合料拌和设备安拆（380t/h）		1座	2-2-15-7	1	

注：透层沥青数量按面层数量增加 5% 以内均为正确。

【案例 4-3】

背景材料：某一级公路，路面结构形式及数量见表 4-14。稳定土混合料采用 300t/h 拌和设备，运距为 2km，水泥混凝土采用商品混凝土并由供应单位运至施工现场。

表 4-14 路面结构形式及数量

路面结构形式	单位	数量
4% 水泥稳定碎石底基层 20cm 厚	m²	13 200
5% 水泥稳定碎石基层 22cm 厚	m²	12 977
C30 水泥混凝土面层 25cm 厚	m²	12 977

问题：分别列出路面工程造价所涉及定额子目名称、单位、定额表号及数量等内容，并填入表格中。

答案：预算定额子目名称、工程量、定额表号及调整情况见表 4-15。

表 4-15 预算定额子目表

序号	定额子目名称			单位	定额表号	数量	定额调整情况
1	4% 水泥稳定碎石底基层(20cm 厚)	厂拌水泥碎石稳定土基础层	压实厚度 20cm	1000m²	2-1-7-5	13.200	换算水泥碎石比例为 4：96
2		20t 以内自卸汽车运 2km	第一个 1km	1000m³	2-1-8-9	2.640	
3			每增运 0.5km	1000m³	2-1-8-10	2.640	定额×2
4		宽度 9.5m 以内摊铺机铺筑底基层		1000m²	2-1-9-10	13.200	

续表

序号	定额子目名称		单位	定额表号	数量	定额调整情况
5	5%水泥稳定碎石基层（22cm厚）	厂拌水泥碎石稳定土基层 压实厚度20cm	1000m²	2-1-7-5	12.977	
6		厂拌水泥碎石稳定土基层 每增减1cm	1000m²	2-1-7-6	12.977	定额×2
7		20t以内自卸汽车运2km 第一个1km	1000m³	2-1-8-8	2.855	
		20t以内自卸汽车运2km 每增运0.5km	1000m³	2-1-8-10	2.855	定额×2
8		宽度9.5m摊铺机铺筑基层	1000m²	2-1-9-9	12.977	分层碾压,调整人工和机械消耗量
9	基层稳定土厂拌设备安装、拆除(300t/h以内)		1座	2-1-10-4	1	
10	轨道式摊铺机铺筑混凝土路面(25cm厚)		1000m²	2-2-17-3	12.977	实际厚度(cm)：+[2-2-17-4]×5；普C30-32.5-4换成普C30-42.5-4(商)，取费类别调整为构造物Ⅲ

【案例4-4】

背景材料：某高速公路项目主线为双向四车道,路基宽度26m,采用沥青混凝土路面结构形式,具体工程数量见表4-16和表4-17。

表4-16 路面工程部分数量表 单位：m²

起止桩号	面 层			基 层			底基层
	4cm厚SMA-13的上面层	8cm厚粗粒式沥青混凝土下面层	SBS改性乳化沥青黏层	20cm厚沥青稳定碎石	乳化沥青透层	乳化沥青下封层	25cm厚3%水泥稳定碎石
第1合同段合计	98 900	98 900	98 900	106 902	106 902	106 902	110 352

表4-17 中央分隔带纵向排水管工程数量

起止桩号	长度/m	现浇C25沟身/m³	预制C30盖板/m³	沥青麻絮沉降缝/m²	盖板钢筋/kg	砂砾垫层/m³
第1合同段合计	4 612	553.43	221.37	84.55	51 192.2	507.31

施工组织拟采用集中拌和,稳定土采用300t/h稳定土拌和设备拌和,沥青混凝土采用240t/h沥青混合料拌和设备拌和,摊铺机铺筑,混合料综合平均运距为5km,小型预制构件的预制场设在拌和站,拌和设备安装拆除及拌和站场地建设费用不计。招标文件提供的工程量清单如表4-18所示。

第4章 路面工程工程量清单组价

表 4-18 工程量清单

子目号	子 目 名 称	单位	数 量
304-1	水泥稳定土底基层		
304-1-a	3%水泥稳定碎石底基层(厚250mm)	m²	110 352
307-1	沥青稳定碎石基层(ATB-25)		
307-1-a	厚200mm	m²	106 902
308-1	透层	m²	106 902
308-2	黏层		
308-1-a	SBS 改性乳化沥青	m²	98 900
309-3	粗粒式沥青混凝土下面层		
309-3-a	厚80mm	m²	98 900
310-2	封层		
310-2-a	乳化沥青下浆封层	m²	106 902
311-3	SMA 路面		
311-3-a	厚40mm	m²	98 900
314-2	纵向排水沟(管)		
314-2-a	纵向排水沟	m	4 612

问题：试对其工程量清单进行分解，并列出各清单子目工程造价所涉及的定额子目名称、定额表号、单位及工程量，需要时应列式计算或文字说明。

答案：本项目的工程量清单分解表(报价原始数据表)见表 4-19。

表 4-19 工程量清单分解表(报价原始数据表)

原工程量清单				分解子目(选定额用)				
子目号	定额子目名称	单位	清单数量	定额表号	分解定额子目名称	定额单位	工程数量	定额调整
304-1	水泥稳定土底基层							
304-1-a	3%水稳碎石基层(厚250mm)	m²	110 352	2-1-7-5	厂拌水泥碎石稳定土(5%)压实厚度20cm	1000m²	110.352	实际厚25cm，水泥剂量3%
				2-1-8-7	15t 以自卸汽车运稳定土,运 5km	1000m³	27.588	实际运距5km：+[2-1-8-8]×8
				2-1-9-12	12.5m 以内摊铺机铺筑底基层混合料	1000m²	110.352	分2层碾压,调整人工和机械消耗量
307-1	沥青稳定碎石基层(ATB-25)							

续表

原工程量清单				分解子目(选定额用)				定额调整
子目号	定额子目名称	单位	清单数量	定额表号	分解定额子目名称	定额单位	工程数量	
307-1-a	厚200mm	m²	106 902	2-2-10-11	粗粒式沥青碎石拌和(240t/h以内)	1000m³	21.380	
				2-2-13-7	15t以内自卸汽车运沥青混合料,运5km	1000m³	21.380	实际运距5km:+[2-2-13-8]×8
				2-2-14-23	机械摊铺粗粒式沥青碎石混合料(240t/h以内)	1000m³	21.380	
308-1	透层	m²	106 902	2-2-16-4	半刚性基层乳化沥青	1000m²	106.902	
308-2	黏层							
308-2-a	SBS改性乳化沥青	m²	98 900	2-2-16-6	改性乳化沥青黏层	1000m²	98.9	
309-3	粗粒式沥青混凝土下面层							
309-3-a	厚80mm	m²	98 900	2-2-11-5	沥青混合料拌和(240t/h以内)	1000m³	7.912	
				2-2-13-7	15t以内自卸汽车运沥青混合料,运5km	1000m³	7.912	实际运距5km:+[2-2-13-8]×8
				2-2-14-46	机械摊铺粗料式沥青混合料(240t/h以内)	1000m³	7.912	
310-2	封层							
310-2-b	乳化沥青下封层	m²	106 902	2-2-16-14	乳化沥青下封层	1000m²	106.902	
311-3	SMA路面							
311-3-a	厚40mm	m²	98 900	2-2-12-3	沥青玛蹄脂碎石混合料拌和(240t/h以内)	1000m³	3.956	
				2-2-13-7	15t以内自卸汽车运沥青混合料,运5km	1000m³	3.956	实际运距5km:+[2-2-13-8]×8

续表

原工程量清单				分解子目(选定额用)				
子目号	定额子目名称	单位	清单数量	定额表号	分解定额子目名称	定额单位	工程数量	定额调整
311-3-a	厚40mm	m²	98 900	2-2-14-60	机械摊铺橡胶沥青混凝土及沥青玛蹄脂碎石混合料(240t/h以内)	1000m³	3.956	
314-2	纵向排水沟(管)							
314-2-a	纵向排水沟	m	4612	1-3-4-5	现浇C25沟身混凝土	10m³	55.353	C20调整为C25
				1-3-4-10	C30盖板预制	10m³	22.137	C20调整为C30,定额×1.01
				4-8-3-10	10t以内载重汽车第一个1km(汽车式起重机装卸)	10m³	22.137	实际运距5km,定额×1.01
				1-3-4-11	盖板钢筋	1t	51.192	定额×1.01
				1-3-4-12	盖板安装	10m³	22.137	
				4-11-1-1	沥青麻絮沉降缝	m²	84.55	
				4-11-5-1	砂砾垫层	10m³	50.731	

思 考 题

1. 路面实体的计算单位是什么?
2. 自卸汽车运输稳定土混合料、沥青混合料和水泥混凝土定额项目的适用范围和运距是如何规定的?
3. 公路工程预算定额中,对路面压实厚度及分层铺筑时,压实机械的计算是如何规定的?
4. 当各类稳定土基层材料消耗的设计配合比与定额标明的配合比不同时,有关材料如何换算?

案例练习题

背景:某公路工程采用沥青混凝土路面。施工图设计的路面基层为20cm厚的(5%)水泥稳定碎石,底基层为20cm厚的(5∶15∶80)石灰粉煤灰砂砾。其中某标段路线长30km,

基层为 771 780m², 底基层数量均为 789 780m², 要求采用集中拌和施工, 根据施工组织设计资料, 在距路线两端 1/3 处各有一块比较平坦的场地, 且与路线紧邻。路面施工期为 6 个月。不考虑拌和站场地处理。

问题: 请按不同结构分别列出本标段路面工程造价所涉及定额子目名称、单位、定额表号、数量等内容, 并填入表 4-20 中, 需要时应列式计算。

表 4-20 预算定额子目表

序号	定额子目名称	单位	定额表号	数量	定额调整情况	备注

第5章 桥涵工程工程量清单组价

教学视频：
桥涵构造与施工1
桥梁的分类

教学视频：
桥涵构造与施工2
桥梁的五大部件

教学视频：
桥涵构造与施工3
桥梁的五小部件

教学视频：
桥涵构造与施工4
桥梁常用施工设备

5.1 桥涵工程定额应用基本规定

1. 桥涵工程章说明

桥涵工程预算定额包括开挖基坑，筑岛、围堰及沉井工程，打桩工程，灌注桩工程，砌筑工程，现浇混凝土及钢筋混凝土，预制、安装混凝土及钢筋混凝土构件，构件运输，拱盔、支架工程、钢结构工程和杂项工程等项目。由于内容很多，受篇幅限制，此处不能进行全面介绍，只能重点介绍说明主要内容和工程量的计算规则与方法。为了正确地使用桥涵工程各节的定额，建议耐心、反复地阅读并理解其全部的内容。

1）混凝土工程

（1）定额中混凝土强度等级的确定原则和混凝土的施工方法如下：混凝土强度等级均按一般图纸选用，其施工方法除小型构件采用人拌人捣外，其他均按机拌机捣计算。

（2）混凝土拌和费用的计算规定如下：定额中混凝土工程除大型预制构件底座、混凝土搅拌站安拆和钢桁架桥式码头项目中已考虑混凝土的拌和费用外，其他混凝土项目中均未考虑混凝土的拌和费用，应按有关规定另行计算。

（3）泵送混凝土水平泵送运距离超过定额中综合范围时的计算规定如下：定额中采用泵送混凝土的项目，均已包括水平和向上垂直泵送所消耗的人工、机械，当水平泵送距离超过定额综合范围时，可按表5-1增列人工及机械消耗量。向上垂直泵送不得调整。

表5-1 水平泵送距离超过定额时的人工及机械消耗增加量

项 目		定额综合的水平泵送距离/m	每100m³混凝土每增加水平距离50m增列数量	
			人工/工日	混凝土输送泵（台）班
基础工程	灌注桩	100	1.08	0.24
	其他	100	0.89	0.16
上、下构造		50	1.97	0.32
桥面铺装		250	1.97	0.32

【例 5-1】 某灌注桩工程(桩径 250cm 的回旋钻),施工组织设计的混凝土水平泵送距离为 200m,套用灌注桩混凝土定额时,如何调整其人工和混凝土输送泵的消耗量?

【解】 查定额编号 4-4-8-15,每 $10m^3$ 混凝土实体人工和混凝土输送泵消耗量为人工 6.5 工日,混凝土输送泵 0.1 台班(定额综合的水平泵送运距离为 100m)。

当水平泵送运距离为 200m 时,其人工和混凝土输送泵的消耗量应作如下调整。

人工:$6.5+1.08÷10×(200-100)÷50=6.716(工日/10m^3)$

混凝土输送泵:$0.1+0.24÷10×(200-100)÷50=0.148(台班/10m^3)$

2) 钢筋工程

(1) 钢筋种类的规定如下:定额中的钢筋按选用图纸分为 HRB300、HRB400,如设计中采用 HRB500 时,可将定额中的 HRB400 抽换为 HRB500。当设计图纸的钢筋比例与定额有出入时,可调整钢筋品种的比例。

(2) 定额中机械连接接头钢套筒消耗的调整规定如下:定额中的钢筋是按一般定尺长度计算的,如设计提供的钢筋连接用钢套筒数量与定额有出入时,可按设计数量调整定额中钢套筒消耗,其他消耗不调整。

3) 模板工程

(1) 混凝土模板费用的计算规定如下:模板不单列项目,在混凝土工程中所需的模板包括钢模板、组合钢模板、木模板,均按其周转摊销量计入混凝土定额中。

(2) 混凝土结构的外观有特殊要求时模板费用的计算规定如下:定额中的模板均为常规模板,当设计或施工对混凝土结构的外观有特殊要求时,可根据定额中所列的混凝土模板接触面积增列相应的特殊模板材料的费用。

(3) 定额中均已包括各种模板的维修、保养所需的工、料及费用。

4) 设备摊销费

定额中设备摊销费的设备指属于固定资产的金属设备,包括万能杆件、装配式钢桥桁架及有关配件拼装的金属架桥设备。挂篮、移动模架设备摊销费按设备质量每吨每月 180 元计算,其他设备摊销费按设备质量每吨每月 140 元(除设备本身折旧费用,还包括设备的维修、保养等费用)。各项目中凡注明允许调整的,可按计划使用时间调整。

5) 工程量计算一般规则

(1) 混凝土圬工的工程量计算规定如下:现浇混凝土、预制混凝土、构件安装的工程量为构筑物或预制构件的实际体积,不包括其中空心部分的体积,钢筋混凝土项目的工程量不扣除钢筋(钢丝、钢绞线)、预埋件和预留孔道所占的体积。

(2) 构件安装定额中预制构件用量的规定如下:构件安装定额中在括号内所列的构件体积数量,表示安装时需要备制的构件数量。

(3) 钢筋工程量的计算规定如下:钢筋工程量为钢筋的设计质量,定额中已计入施工操作损耗,一般钢筋因接长所需增加的钢筋质量已包括在定额中,不得将这部分质量计入钢筋设计质量内。但对于某些特殊的工程,必须在施工现场分段施工采用搭接接长时,其搭接长度的钢筋质量未包括在定额中,应在钢筋的设计质量内计算。

例如,钻孔灌注桩的钢筋笼需在现场搭接接长,其接长的长度应含在设计提供的数量内。

2. 开挖基坑

开挖基坑主要有以下规定。

（1）开挖基坑土、石方运输，如坑上水平运距超过10m时，另按路基土、石方增运定额计算。

（2）基坑深度为坑的顶面中心高程至底面的数值。在同一基坑内，不论开挖哪一深度，均应执行该基坑的全深度定额。

（3）开挖基坑定额中已综合了基底夯实、基坑回填及检平石质基底用工，湿处挖基还包括挖边沟、挖集水井及排水作业用工，使用定额时，不得另行计算。

（4）开挖基坑定额中不包括挡土板，需要时，应据实按有关定额另行计算。

（5）机械挖基定额中已综合了基底高程以上20cm范围内采用人工开挖和基底修整用工。

（6）基坑开挖定额均按原土回填考虑，当采用取土回填时，应按路基工程有关定额另计取土费用。

（7）挖基及基础、墩台砌筑所需的水泵台班，按《预算定额》（2018年版）中的"基坑水泵台班消耗表"的规定计算，并计入挖基项目中。

3. 筑岛、围堰工程

筑岛、围堰工程主要有以下规定。

（1）围堰定额中"土"的消耗量作用：草土、塑料编织袋、竹笼、木笼铁丝围堰定额中已包括50m以内人工挖运土方的工日数量，定额中括号内所列"土"的数量不计价，仅限于取土运距超过50m时，按人工挖运土方的增运定额，增加运输用工。

（2）草土、塑料编织袋、竹笼围堰长度按围堰中心长度计算，高度按施工水深加0.5m计算。木笼铁丝围堰实体为木笼所包围的体积。

（3）套箱围堰的工程量为套箱金属结构的质量。套箱整体下沉时，悬吊平台的钢结构及套箱内支撑的钢结构均已综合在定额中，不得作为套箱工程量进行计算。

4. 灌注桩工程

教学视频：
桥涵构造与施工5
钻孔灌注桩的施工（上）

教学视频：
桥涵构造与施工6
钻孔灌注桩的施工（下）

灌注桩工程主要有以下规定。

（1）灌注桩造孔根据造孔的难易程度，将土质分为砂土、黏土、砂砾、砾石、卵石、软石、次坚石、坚石八种。

（2）灌注桩成孔定额分为人工挖孔、卷扬机带冲击锥冲孔、冲击钻机冲孔、回旋钻机冲孔、潜水钻机冲孔、旋挖钻机冲孔、全套筒钻机冲孔七种。

（3）在河滩、水中采用围堰筑岛方法施工，或搭设的便桥与工作平台相连时，应采用陆地上成孔定额计算。

（4）当设计桩径与定额采用桩径不同时，不同设计桩径成孔定额的调整系数如表 5-2 所示。

表 5-2 桩径调整系数

设计桩径/cm		120	130	140	160	170	180	190	210	220	230	240	260	270	280	290	310	320	330	340
调整系数	冲击锥、冲击钻	0.85	0.90	0.95	0.80	0.85	0.90	0.95	0.88	0.91	0.94	0.97	0.72	0.78	0.85	0.92	0.70	0.78	0.85	0.93
	回旋钻	—	0.94	0.97	0.75	0.82	0.87	0.92	0.88	0.91	0.94	0.96	0.72	0.78	0.85	0.92	0.70	0.78	0.85	0.93
定额桩径		桩径 150cm 以内			桩径 200cm 以内				桩径 250cm 以内				桩径 300cm 以内				桩径 350cm 以内			

（5）灌注桩成孔工程量：按设计入土深度计算。定额中的孔深指护筒顶至桩底（设计标高）的深度。造孔定额中同一孔内的不同土质，不论其所在的深度如何，均采用总孔深定额。

（6）人工挖孔的工程量：按护筒（护壁）外缘包围的面积乘以设计孔深计算。

（7）浇筑水下混凝土的工程量：按设计桩径断面积乘以设计桩长计算，不得将扩孔因素计入工程量。

（8）灌注桩工作平台工程量：按施工组织设计需要的面积计算。

（9）钢护筒的工程量应按护筒的设计质量计算。设计质量为加工后的成品质量，包括加劲肋及连接用法兰盘等全部钢材质量。当设计提供不出钢护筒的质量时，可按表 5-3 中的质量计算，桩径不同时，可以内插计算。

表 5-3 每米护筒参考质量表

桩径/cm	100	120	150	200	250	300	350
护筒单位质量/(kg/m)	267	390	568	919	1504	1961	2576

另外，应注意以下几点。

（1）钢护筒定额中，干处埋设按护筒设计质量的周转摊销量计入定额中，使用定额时，不得另行计算。在水中埋设时，则按全部设计质量计入定额中，可根据设计确定的回收量按规定计算回收金额。所以必须根据实地调查的水位，计算出钢护筒在干处和水中的数量及质量。

（2）护筒的内径一般比桩的设计直径稍大，可参照桥梁施工规范的有关规定确定。

（3）护筒顶面应高于地下水位或施工最高水位 1.5～2.0m，在旱地时应高出地面 0.3m。护筒底面应低于施工最低水位，且应下沉至稳定土层中一定深度：黏性土应达到 0.5～1.0m，砂性土应达到 3～4.0m。护筒的长度应按实际情况计算。

5. 砌筑工程

（1）砌筑工程定额中不同强度等级砂浆的用途如下：定额中的 M7.5 水泥砂浆为砌筑用砂浆，M10 水泥砂浆为勾缝用砂浆。套用砌筑工程定额后不得再套用砌体勾缝的工程内容。

（2）脚手架、踏步和井字架的计算规定如下：定额中已按砌体的总高度配置了脚手架、踏步和井字架，并计入搭拆用工，其材料用量均以摊销方式计入定额中。

（3）砌筑混凝土预制块时预制块预制费用的计算规定如下：浆砌混凝土预制块定额中，

未包括预制块的预制,应按定额中括号内所列预制块数量,另按预制混凝土构件的有关定额计算。

(4)砌筑工程有镶面时其内部砌体的计算规定如下:浆砌料石或混凝土预制块作镶面时,其内部应按填腹石定额计算。

(5)桥涵拱圈定额中,未包括拱盔和支架,需要时应按第九节拱盔、支架工程中有关定额另行计算。

6. 现浇混凝土及钢筋混凝土

(1)现浇混凝土及钢筋混凝土上部构造所需的拱盔、支架的计算规定如下:定额中未包括所需的拱盔、支架,需要时,按有关规定另行计算。

(2)定额中片石混凝土中片石含量均按15%计算。

(3)有底模承台定额适用于高桩承台施工。

教学视频:
桥涵构造与施工7
桥梁现浇施工方法

(4)套箱围堰定额与承台定额配合使用的计算规定如下:使用套箱围堰浇筑承台混凝土时,应采用无底模承台的定额。

(5)定额中均未包括提升模架、拐角门架、悬浇挂篮、移动模架等金属设备,需要时,应按有关定额另行计算。

(6)墩台高度的计算规定:墩台高度为基础顶、承台顶或系梁底到盖梁顶、墩台帽顶或0号块件底的高度。

7. 预制、安装混凝土及钢筋混凝土构件

教学视频:
桥涵构造与施工8
桥梁预制安装方法

教学视频:
桥涵构造与施工9
全跨预制逐跨吊装
架桥机施工方法

1)定额主要内容

(1)构件安装的含义及预制安装工程中现浇混凝土的计算规定如下:构件安装系指从架设孔起吊至安装就位,整体化完成的全部施工工序。本节定额中除安装矩形板、空心板及连续板等项目的现浇混凝土可套用桥面铺装定额计算外,其他安装上部构造定额中均单独列有现浇混凝土子目。

(2)本节定额中凡采用金属结构吊装设备和缆索吊装设备安装的项目,均未包括吊装设备的费用,应按有关定额另行计算。

(3)预应力钢筋、钢绞线定额的抽换规定和定额中束长的含义如下:制作、张拉预应力钢筋、钢绞线定额是按不同的锚头形式分别编制的,当每吨钢绞线的束数或每吨钢筋的根数有变化时,可根据定额进行抽换。

(4)预应力钢筋、钢丝束、钢绞线定额中均已计入预应力管道及压浆的消耗量,使用定额时,不得另行计算。定额中不含铁皮管及波纹管的定位钢筋,需要时,应另行计算。定额

中的束长为一次张拉的长度。

(5) 当工程项目钢绞线锚具型号与定额中锚具型号不同时,可按表 5-4 的规定进行抽换。

表 5-4 锚具型号不同时定额抽换规定表

设计采用型号/孔	1	4	5	6	8	9	10	14	15	16	17	24
套用定额型号/孔	3		7				12			19		22

(6) 预制场用龙门架、悬浇箱梁用的墩顶拐脚门架的计算规定如下:预制场用龙门架、悬浇箱梁用的墩顶拐脚门架的计算规定,可套用高度 9m 以内的跨墩门架定额,但质量应根据实际计算。

(7) 工程量计算规则如下。

① 预制构件的工程量为构件的实际数量(不包括空心部分),但是预应力构件的工程量为构件预制体积与构件端头封锚混凝土的数量之和。预制空心板的空心堵头混凝土工程量已综合在预制定额内,在计算工程量时,不应再计入这部分混凝土的工程量。

② 使用定额时,构件的预制数量应为安装定额中括号内所列的构件备制数量。

③ 构件安装时的现浇混凝土,其工程量为现浇混凝土和砂浆的数量之和。对于在安装定额中已计列砂浆消耗的项目,则在工程量中不应再计列砂浆的数量。

④ 预应力钢绞线、预应力精轧螺纹粗钢筋的工程量为锚固长度与工作长度的质量之和。

⑤ 先张钢绞线质量为设计图纸质量,定额中已包括钢绞线损耗及预制场构件间的工作长度及张拉工作长度。

(8) 其他规则如下。①预制场、拌和站用地、平整、碾压、简易地面、路面等工程量,根据施工组织设计计算;②大型预制构件、张拉工作台、底座、蒸汽养护室等工程量,根据施工组织设计计算;③拌和站规模、数量应根据施工组织设计计算。

2) 钢绞线工程量计算及定额使用

(1) 有关定义。

预应力钢绞线表示方法通常用公称直径来表示,其符号记为 Φ^s。例如,$\Phi^s 15.2$ 表示钢绞线的公称直径为 15.2mm。$1 \times 7 \Phi^s 15.2$ 表示一股由 7 根钢丝组成的钢绞线,该钢绞线的公称直径为 15.2mm。

① 根(或丝):指一根钢丝。

② 股:指由几根钢丝组成一股钢绞线。

③ 束:预应力构件截面中见到的钢绞线束数量,每一束配两个锚具。预应力构件横截面中见到的钢绞线束的数量与孔道数量相同,每一束要张拉一次,预制构件多为两端同时张拉。

④ ××孔:指使用的锚具的孔数。选择定额时,其孔数不小于设计图标定的孔数(不一定将所有的孔数都用上)。

⑤ 束长:指一次张拉的长度。

⑥ 每吨××束:指在标准张拉长度内,每吨钢绞线折合成多少束。

(2) 定额的选择与调整。

① 束长、孔数要符合设计或施工方案的实际张拉长度和锚具孔数,选择定额时,锚具的孔数不小于设计图标定的孔数。

② 计算设计图纸钢绞线的束数。每吨的束数=设计束数/设计质量。

③ 每吨束数要调整为设计图纸给定的束数。根据计算的束数套用相近的定额。如果计算的设计图的每吨束数与定额的每吨束数不同时,就需要进行定额调整,将定额中的"每吨××束"和"每增减1束"定额子目组合使用。

8. 构件运输

(1) 各种运输工具运输混凝土预制构件时运距的计算规定如下:本节中的运输距离以10m、50m、1km 为计算单位,不足第一个 10m、50m、1km 者,均按 10m、50m、1km 计,超过第一个定额运距单位时,尾数不足一个定额单位的半数时,不计其运距;等于或超过半数时,按一个定额运距单位计算。

(2) 运输便道、轨道的铺设,栈桥码头、龙门架、缆索的架设等,均未包括在定额内,应按有关章节定额另行计算。

(3) 预制构件出坑堆放的计算规定如下:本节定额中未单列构件出坑堆放的定额,如需出坑堆放,可按相应构件运输第一个定额运距单位计列。

9. 拱盔、支架工程

(1) 拱盔、支架实际宽度与定额采用的有效宽度不同时的计算规定如下:桥梁拱盔、木支架及简单支架均按有效宽度 8.5m 计,钢支架按有效宽度 12m 计,如实际宽度与定额宽度不同时,可按比例换算。应注意,支架的有效宽度不是指桥面的宽度,应当正确理解为支架制作安装的有效宽度。

(2) 涵洞拱盔、支架及板涵支架工程量的计算规定如下:涵洞拱盔支架、板涵支架的计量单位为涵洞长度乘以净跨径的水平投影面积。

(3) 桥梁拱盔工程量的计算规定如下:桥梁拱盔定额单位的立面积,指起拱线以上的弓形侧面积,其工程量按式(5-1)及表 5-5 计算。

$$F = K \times (净跨)^2 \qquad (5-1)$$

表 5-5 系数 K 表

拱矢度	1/2	1/2.5	1/3	1/3.5	1/4	1/4.5	1/5	1/5.5
K	0.393	0.298	0.241	0.203	0.172	0.154	0.138	0.125
拱矢度	1/6	1/6.5	1/7	1/7.5	1/8	1/9	1/10	
K	0.113	0.104	0.096	0.090	0.084	0.076	0.067	

(4) 桥梁支架工程量和支架高度的计算规定如下:桥梁支架定额单位的立面积为桥梁净跨径乘以高度;拱桥高度为起拱线以下至地面的高度,梁式桥高度为墩、台帽至地面的高度。这里的地面指支架地梁的底面。

(5) 钢拱架工程量的计算规定和设备摊销费的调整规定如下:钢拱架的工程量为钢拱架及支座金属构件的质量之和,其设备摊销费按4个月计算,若实际使用期与定额不符,可予以调整。

(6) 钢管支架的含义,支架中上部、下部的划分规定,以及支架工程量的计算规定如下：钢管支架定额指采用直径大于 30cm 的钢管作为立柱,在立柱上采用金属构件搭设水平支撑平台的支架,其中下部指立柱顶面以下部分,上部指立柱顶面以上部分。下部工程量按立柱质量计算,上部工程量按支架水平投影面积计算。上部定额中每 100m² 综合的金属设备质量为 13.3t,设备摊销费按每吨每月 140 元,并按使用 4 个月编制,如施工工期不同时,可以进行调整。下部定额中钢管桩消耗量为陆地上搭设管桩支架的消耗量,若为水中搭设钢管桩支架或用于索塔横梁的现浇支架时,应将定额中的钢管桩消耗量调整为 3.467t,其余消耗量不变。如果钢管桩支架的地基需要处理,定额中未包括时,需要另行计算。

(7) 支架预压工程量的计算规定如下：支架预压的工程量按支架上现浇混凝土的体积进行计算。

10. 杂项工程

1) 大型预制构件底座面积的计算规定

(1) 平面底座：适用于 T 形梁、I 形梁、等截面箱梁,每根梁底座面积的工程量按式(5-2)计算：

$$底座面积＝(梁长＋2m)×(梁宽＋1m) \quad (5-2)$$

(2) 曲面底座：适用于梁底为曲面的箱梁(如 T 形钢构等),每根梁底座面积的工程量按式(5-3)计算：

$$底座面积＝构件下弧长×底座实际修建宽度 \quad (5-3)$$

2) 模数式伸缩缝预留槽钢纤维混凝土含量的计算规定

预留槽钢纤维混凝土中钢纤维的含量是按水泥用量的 1% 计算,当设计钢纤维含量与定额不一致时,可按设计用量调整钢纤维的消耗量。

3) 施工塔式起重机和施工电梯费用的计算规定

施工塔式起重机和施工电梯所需的安拆数量和使用时间按施工组织设计的进度安排进行计算。

【例 5-2】 现浇预应力箱梁 5000m³,墩台高 H 为 6.0m,采用满堂式钢管支架,有效宽度 16m,跨径 30×5m,试确定工程量及定额子目。

【解】 工程量及定额子目见表 5-6。

表 5-6 工程量及定额子目

序号	项目或定额子目名称	单位	定额表号	工程量	定额调整情况
	现浇箱梁混凝土	m³		5000	
1	支架现浇箱梁混凝土(非泵送)	10m³ 实体	4-6-10-1	500	
2	满堂式钢管支架(支架高度 6m)	10m³ 立面积	4-9-3-8	90	定额×16/12
3	支架预压	10m³ 实体	4-9-6-1	500	
	支架基底处理(场地碾压、地面硬化)、混凝土拌和、运输和拌和站固定设施另按施工组织方案和有关定额确定				

【例 5-3】 某工程上部构造采用 936 片 25m 预应力混凝土 T 形梁,梁肋底宽 0.54m,梁顶宽 1.6m。根据施工进度安排,制梁工期 8 个月,每月按 25 个工作日计算,根据施工工艺要求,每片梁在平面预制底座上的周转时间平均为 7d。试确定预制构件底座工程量。

【解】 (1) 根据 T 形梁总数量、制梁总工期、每片梁在底座上的平均周转时间,可确定平面底座的数量。

$$\frac{936}{8\times 25/7}=32.76\approx 33(个)$$

(2) 每个底座的面积。

由预算定额"第十一节杂项工程"节说明 2 可知:

每个底座的面积=(梁长+2m)×(梁宽+1m)
$$=(25+2)\times(1.6+1)=70.2(m^2)$$

(3) 预制构件底座工程量。

$33\times 70.2=2316.6(m^2)$

5.2 桥涵工程工程量计量规则

在《公路工程标准施工招标文件》(2018 年版,第三册)中,第 400 章(桥梁、涵洞的计量规则)共包括 21 节内容,以下是其工程量清单计量规则的要点摘录。

1. 第 401 节 通则(略)

2. 第 402 节 模板、拱架和支架

本节包括模板、拱架和支架的设计制作、安装、拆卸、施工等有关作业。本节工作作为有关工程的附属工作,均不作计量。

3. 第 403 节 钢筋

本节工程量清单项目分项计量规则应按"表 403 钢筋"(见表 5-7)的规定执行。

表 5-7 表 403 钢筋

子目号	子目名称	单位	工程量计量	工程内容
403	钢筋			
403-1	基础钢筋(含灌注桩、承台、桩系梁、沉桩、沉井等)	kg	1. 依据图纸所示及钢筋表所列钢筋质量以千克为单位计量; 2. 固定钢筋的材料、定位架立钢筋、钢筋接头、吊装钢筋、钢板、铁丝作为钢筋作业的附属工作,不另行计量	1. 钢筋的保护、储存及除锈; 2. 钢筋的整直、接头; 3. 钢筋的截断、弯曲; 4. 钢筋的安设、支承及固定
403-2	下部结构钢筋	kg		
403-3	上部结构钢筋	kg		

续表

子目号	子目名称	单位	工程量计量	工程内容
403-4	附属结构钢筋	kg	1. 依据图纸所示及钢筋表所列钢筋质量以千克为单位计量； 2. 缘石、人行道、防撞墙、栏杆、桥头搭板、枕梁、抗震挡块、支座垫块等构造物，其所用钢筋以及伸缩缝预埋的钢筋，均列入本子目计量； 3. 固定钢筋的材料、定位架立钢筋、钢筋接头、吊装钢筋、钢板、铁丝作为钢筋作业的附属工作，不另行计量	1. 钢筋的保护、储存及除锈； 2. 钢筋的整直、接头； 3. 钢筋的截断、弯曲； 4. 钢筋的安设、支承及固定

4. 第404节　基坑开挖及回填

本节工程量清单项目分项计量规则应按"表404　基坑开挖及回填"（见表5-8）的规定执行。

表5-8　表404　基坑开挖及回填

子目号	子目名称	单位	工程量计量	工程内容
404	基坑开挖及回填			
404-1	干处挖土方	m³	1. 根据图示，取用底、顶面间平均高度的棱柱体体积，分别按干处、水下及土、石，以立方米为单位计量。 2. 在地下水位以上开挖的为干处挖方；在地下水位以下开挖的为水下挖方。 3. 基坑底面、顶面及侧面的确定应符合下列规定： （1）基坑开挖底面：按图纸所示的基底高程线计算。 （2）基坑开挖顶面：按设计图纸横断面上所标示的原地面线计算。 （3）基坑开挖侧面：按顶面到底面，以超出基底周边 0.5m 的竖直面为界	1. 场地清理； 2. 围堰、排水； 3. 基坑开挖； 4. 基坑支护； 5. 基坑检查、修整； 6. 基坑回填、压实； 7. 弃方清运
404-2	水下挖土方	m³		
404-3	干处挖石方	m³		1. 场地清理； 2. 围堰、排水； 3. 钻爆； 4. 出渣； 5. 基坑支护； 6. 基坑检查、修整； 7. 基坑回填、压实； 8. 弃方清运
403-4	水下挖石方	m³		

5. 第405节　钻孔灌注桩

本节工程量清单项目分项计量规则应按"表405　钻孔灌注桩"（见表5-9）的规定执行。

表 5-9　表 405　钻孔灌注桩

子目号	子目名称	单位	工程量计量	工程内容
405	钻孔灌注桩			
405-1	钻孔灌注桩			
405-1-a	陆上钻孔灌注桩	m	1. 依据图纸所示桩长及混凝土强度等级,按照不同桩径的桩长以米为单位计量; 2. 施工图设计水深小于 2m(含 2m)的为陆上钻孔灌注桩; 3. 桩长为桩底高程至承台底面或系梁底面。对于与桩连为一体的柱式墩台,如无承台或系梁时,则以桩位处原始地面线为分界线,地面线以下部分为灌注桩桩长。若图纸有标示的,按图纸标示为准	1. 安设护筒及设置钻孔平台; 2. 钻机安拆,就位; 3. 钻孔、成孔、成孔检查; 4. 安装声测管; 5. 混凝土拌制、运输、浇筑; 6. 破桩头; 7. 按招标文件技术规范第 405.11 节的规定进行桩基检测
405-1-b	水中钻孔灌注桩	m	1. 依据图纸所示桩长及混凝土强度等级,按照不同桩径的桩长以米为单位计量; 2. 施工图设计水深大于 2m 的为水中钻孔灌注桩; 3. 桩长为桩底高程至承台底面或系梁底面。对于与桩连为一体的柱式墩台,如无承台或系梁时,则以桩位处原始地面线为分界线,地面线以下部分为灌注桩桩长。若图纸有标示的,按图纸标示为准	1. 搭设水中钻孔平台、筑岛或围堰、横向便道; 2. 钻机安拆,就位; 3. 钻孔、成孔、成孔检查; 4. 安装声测管; 5. 混凝土拌制、运输、浇筑; 6. 破桩头; 7. 按招标文件技术规范第 405.11 节的规定进行桩基检测
405-2	钻取混凝土芯样检测(暂定工程量)	m	1. 按实际钻取的混凝土芯样长度,分不同钻径以米为单位计量; 2. 如混凝土质量合格,钻取的芯样给予计量;否则,不予计量	1. 场地清理; 2. 钻机安拆、钻芯; 3. 取样、试验
405-3	破坏荷载试验用桩(暂定工程量)	m	依据图纸所示桩长及混凝土强度等级,按照不同桩径的桩长以米为单位计量	1. 钻孔平台搭设、筑岛或围堰; 2. 钻机安拆,就位; 3. 钻孔、成孔、成孔检查; 4. 安装声测管; 5. 混凝土拌制、运输、浇筑; 6. 破桩头

6. 第 406～409 节　（略）

7. 第410节　结构混凝土工程

本节工程量清单项目分项计量规则应按"表410　结构混凝土工程"(见表5-10)规定执行。

表5-10　表410　结构混凝土工程

子目号	子目名称	单位	工程量计量	工程内容
410	结构混凝土工程			
410-1	混凝土基础(包括支撑梁、桩基承台、桩系梁,但不包括桩基)	m³	依据图纸所示体积分不同强度等级,以立方米为单位计量	1. 场地清理; 2. 搭拆作业平台; 3. 安拆套箱或模板;安设预埋件; 4. 混凝土配运料、拌和、运输、浇筑、振捣、养护; 5. 施工缝、沉降缝设置处理; 6. 混凝土的冷却管制作安装,通水、降温; 7. 防水、防冻、防腐措施
410-2	混凝土下部结构			
410-2-a	桥台混凝土	m³	1. 依据图纸所示体积分不同强度等级,以立方米为单位计量; 2. 直径小于200mm的管子、钢筋、锚固件、管道、泄水孔或桩所占混凝土体积不予扣除	1. 场地清理; 2. 搭拆作业平台、支架; 3. 安拆模板;安设预埋件(包括支座预埋件、防震锚栓及套筒); 4. 混凝土配运料、拌和、运输、浇筑、振捣、养护; 5. 施工缝、沉降缝设置处理; 6. 防水、防冻、防腐措施
410-2-b	桥墩混凝土	m³	1. 依据图纸所示体积分不同强度等级,以立方米为单位计量; 2. 直径小于200mm的管子、钢筋、锚固件、管道、泄水孔或桩所占混凝土体积不予扣除	1. 场地清理; 2. 搭拆作业平台、支架; 3. 安拆模板;安设预埋件(包括支座预埋件、防震锚栓及套筒); 4. 混凝土配运料、拌和、运输、浇筑、振捣、养护; 5. 防水、防冻、防腐措施
410-2-c	盖梁混凝土	m³	1. 依据图纸所示体积分不同强度等级,以立方米为单位计量; 2. 直径小于200mm的管子、钢筋、锚固件、管道、泄水孔或桩所占混凝土体积不予扣除; 3. 墩梁固结混凝土计入本子目。桥墩上的支座垫石、防震挡块混凝土计入附属结构混凝土	1. 场地清理; 2. 搭拆作业平台、支架; 3. 安拆模板;安设预埋件(包括支座预埋件、防震锚栓及套筒); 4. 混凝土配运料、拌和、运输、浇筑、振捣、养护

续表

子目号	子目名称	单位	工程量计量	工程内容
410-2-d	台帽混凝土	m³	1. 依据图纸所示体积分不同强度等级,以立方米为单位计量; 2. 直径小于200mm的管子、钢筋、锚固件、管道、泄水孔或桩所占混凝土体积不予扣除; 3. 耳背墙混凝土计入本子目。桥台上的支座垫石、防震挡块混凝土计入附属结构混凝土	1. 场地清理; 2. 搭拆作业平台、支架; 3. 安拆模板;安设预埋件(包括支座预埋件、防震锚栓及套筒等); 4. 混凝土配料、拌和、运输、浇筑、振捣、养护
410-3	现浇混凝土上部结构	m³	1. 依据图纸所示体积分不同强度等级,以立方米为单位计量; 2. 直径小于200mm的管子、钢筋、锚固件、管道、泄水孔或桩所占混凝土体积不予扣除	1. 平整场地; 2. 搭拆工作平台; 3. 支架搭设、预压与拆除; 4. 安拆模板;安设预埋件; 5. 混凝土配料、拌和、运输、浇筑、养护; 6. 施工缝、伸缩缝设置处理
410-4	预制混凝土上部结构	m³	1. 依据图纸所示体积分不同强度等级,以立方米为单位计量; 2. 直径小于200mm的管子、钢筋、锚固件、管道、泄水孔或桩所占混凝土体积不予扣除	1. 搭拆工作平台; 2. 安拆模板;安设预埋件(吊环、预埋连接件); 3. 混凝土配料、拌和、运输、浇筑、养护; 4. 构件预制、运输、安装
410-5	桥梁上部结构现浇整体化混凝土	m³	1. 依据图纸所示体积分不同强度等级,以立方米为单位计量; 2. 直径小于200mm的管子、钢筋、锚固件、管道、泄水孔或桩所占混凝土体积不予扣除; 3. 绞缝、湿接缝、先简支后连续现浇接头混凝土计入本子目	1. 工作面清理; 2. 搭拆作业平台; 3. 安拆支架、模板; 4. 混凝土配料、拌和、运输、浇筑、养护
410-6	现浇混凝土附属结构	m³	1. 依据图纸所示体积分不同强度等级,以立方米为单位计量; 2. 直径小于200mm的管子、钢筋、锚固件、管道、泄水孔或桩所占混凝土体积不予扣除; 3. 现浇缘石、人行道、防撞墙、栏杆、护栏、桥头搭板、枕梁、抗震挡块、支座垫石等列入本子目	1. 工作面清理; 2. 搭拆作业平台; 3. 安拆支架、模板; 4. 混凝土配料、拌和、运输、浇筑、养护

续表

子目号	子目名称	单位	工程量计量	工程内容
410-7	预制混凝土附属结构	m³	1. 依据图纸所示体积分不同强度等级，以立方米为单位计量； 2. 直径小于200mm的管子、钢筋、锚固件、管道、泄水孔或桩所占混凝土体积不予扣除； 3. 预制安装缘石、人行道、防撞墙、栏杆、护栏、桥头搭板、枕梁、抗震挡块、支座垫石等列入本子目	1. 预制场地建设、拆除； 2. 搭拆工作平台； 3. 安拆模板； 4. 混凝土配运料、拌和、运输、浇筑、养护； 5. 构件预制、运输、安装

8. 第411节 预应力混凝土工程

本节工程量清单项目分项计量规则应按"表411 预应力混凝土工程"（见表5-11）的规定执行。

表5-11 表411 预应力混凝土工程

子目号	子目名称	单位	工程量计量	工程内容
411	预应力混凝土工程			
411-1	先张法预应力钢丝	kg	1. 依据图纸所示构件长度计算的预应力钢材质量，分不同材质以千克为单位计量； 2. 除上述计算长度以外的锚固长度及工作长度的预应力钢材含入相应预应力钢材报价之中，不另行计量	1. 制作安装预应力钢材； 2. 制作安装管道； 3. 安装锚具、锚板； 4. 张拉； 5. 放张； 6. 封锚头
411-2	先张法预应力钢绞线	kg		
411-3	先张法预应力钢筋	kg		
411-4	后张法预应力钢丝	kg	1. 按图示两端锚具间的理论长度计算的预应力钢材质量，分不同材质以千克为单位计量； 2. 除上述计算长度以外的锚固长度及工作长度的预应力钢材含入相应预应力钢材报价之中，不另行计量	1. 制作安装预应力钢材； 2. 制作安装管道； 3. 安装锚具、锚板； 4. 张拉； 5. 压浆； 6. 封锚头
411-5	后张法预应力钢绞线	kg		
411-6	后张法预应力钢筋	kg		
411-7	现浇预应力混凝土上部结构	m³	1. 依据图纸所示体积分不同强度等级，以立方米为单位计量； 2. 钢筋、钢材所占体积及单个面积在0.03m²以内的孔洞不予扣除	1. 平整场地； 2. 搭拆工作平台；支架搭设、预压与拆除； 3. 安拆模板； 4. 混凝土配运料、拌和、运输、浇筑、养护； 5. 施工缝、伸缩缝设置处理

续表

子目号	子目名称	单位	工程量计量	工程内容
411-8	预制预应力混凝土上部结构	m³	1. 依据图纸所示体积分不同强度等级，以立方米为单位计量； 2. 钢筋、钢材所占体积及单个面积在 0.03m² 以内的孔洞不予扣除； 3. 后张法预应力混凝土梁封端混凝土工程量列入本子目	1. 搭拆工作平台； 2. 安拆模板； 3. 混凝土配运料、拌和、运输、浇筑、养护； 4. 构件预制、运输、安装

9. 第 412 节 预制构件的安装

本节包括预制构件的起吊、运输、装卸、储存和安装，其工作量在第 410 节及第 411 节计量，本节不另行计量。

10. 第 413 节 砌石工程

本节工程量清单项目分项计量规则应按"表 413 砌石工程"（见表 5-12）的规定执行。

表 5-12 表 413 砌石工程

子目号	子目名称	单位	工程量计量	工程内容
413	砌石工程			
413-1	浆砌片石	m³	依据图纸所示位置及尺寸砌筑体积分不同砂浆强度等级，以立方米为单位计量	1. 基础清理； 2. 基底检查； 3. 选修石料； 4. 铺筑基础垫层； 5. 搭、拆脚手架； 6. 配、拌、运砂浆； 7. 砌筑、勾缝、抹面、养护； 8. 沉降缝设置
413-2	浆砌块石	m³		
413-3	浆砌料石	m³		
413-4	浆砌预制混凝土块	m³		

11. 第 414 节 小型钢构件

本节包括桥梁及其他公路构造物，除钢筋及预应力钢筋以外的小型钢构件的供应、制造、保护和安装。除另有说明外，本节工作内容均不作计量。

12. 第 415 节 桥面铺装

本节工程量清单项目分项计量规则应按"表 415 桥面铺装"（见表 5-13）的规定执行。

表 5-13 表 415 桥面铺装

子目号	子目名称	单位	工程量计量	工程内容
415	桥面铺装			

续表

子目号	子目名称	单位	工程量计量	工程内容
415-1	沥青混凝土桥面铺装	m³	依据图纸所示位置、尺寸，按照铺筑体积以立方米为单位计量	1. 清理下承层； 2. 拌和设备的安装、调试、拆除； 3. 沥青混合料拌和、运输、摊铺、压实、成型； 4. 接缝； 5. 初期养护
415-2	水泥混凝土桥面铺装	m³	依据图纸所示位置、尺寸，分不同强度等级，按铺筑体积以立方米为单位计量	1. 场地清理； 2. 混凝土配送料、拌和、运输、浇筑、振捣、养护； 3. 施工缝、沉降缝设置处理
415-3	防水层			
415-3-a	桥面混凝土表面处理	m²	按图示处理的桥面混凝土表面净面积以平方米为单位计量	1. 场地清理； 2. 混凝土面板铣刨（喷砂）拉毛； 3. 铣刨（喷砂）拉毛后清理、平整
415-3-b	铺设防水层	m²	依据图纸所示位置及尺寸，在桥面铺装前铺设防水材料，按图示铺装净面积分不同材质以平方米为单位计量	1. 场地清理； 2. 桥面清洁； 3. 铺装防水材料； 4. 安拆作业平台； 5. 安设排水设施
415-4	桥面排水			
415-4-a	竖、横向集中排水管	kg 或 m	1. 依据图纸所示位置及尺寸，在桥面安设泄水孔，按图示数量分不同材质、管径计量；铸铁管、钢管以千克为单位计量；PVC管以米为单位计量； 2. 接头、固定泄水管的金属构件不予计量。铸铁泄水孔作为附属工作，不另行计量	1. 场地清理； 2. 安拆作业平台； 3. 钻孔安设排水管锚固件； 4. 安设排水设施
415-4-b	桥面边部碎石盲沟	m³	依据图纸所示位置、尺寸，按照盲沟体积以立方米为单位计量	1. 边部切割； 2. 清理； 3. 盲沟设置

13. 表 416 节　桥梁支座

本节工程量清单项目分项计量规则应按"表 416　桥梁支座"（见表 5-14）的规定执行。

表 5-14　表 416　桥梁支座

子目号	子目名称	单位	工程量计量	工程内容
416	桥梁支座			
416-1	板式橡胶支座	dm³	依据图纸所示位置及尺寸，安装图纸所示类型及规格板式橡胶支座就位，按图示体积，分不同的材质及形状以立方分米为单位计量	1. 清洁整平混凝土表面； 2. 砂浆配运料、拌和，接触面抹平； 3. 钢板制作与安装； 4. 支座定位安装
416-2	盆式支座	个	依据图纸所示位置及尺寸，安装图纸所示类型及规格盆式支座就位，按图示数量分不同型号、支座反力以个为单位计量	1. 清洁整平混凝土表面； 2. 砂浆配运料、拌和，接触面抹平； 3. 钢板制作与安装； 4. 吊装设备安拆； 5. 支座定位安装； 6. 支座焊接固定
……	……	……	……	……

14. 第 417 节　桥梁接缝和伸缩装置

本节工程量清单项目分项计量规则应按"表 417　桥梁接缝和伸缩装置"（见表 5-15）的规定执行。

表 5-15　表 417　桥梁接缝和伸缩装置

子目号	子目名称	单位	工程量计量	工程内容
417	桥梁接缝和伸缩装置			
417-1	橡胶伸缩装置	m	依据图纸所示位置及尺寸，按图示的橡胶条伸缩装置长度（包括人行道、缘石、护栏底座与行车道等全部长度）以米为单位计量	1. 切割、清理伸缩装置范围内混凝土，设置预埋件； 2. 伸缩装置定位、安装
417-2	模数式伸缩装置	m	依据图纸所示位置及尺寸，安装图示类型和规格的模数式伸缩装置，按图示长度（包括人行道、缘石、护栏底座与行车道等全部长度），分不同伸缩量以米为单位计量	1. 切割、清理伸缩装置范围内混凝土，设置预埋件； 2. 伸缩装置定位、安装； 3. 混凝土拌和、运输、浇筑、压纹、养护
……	……	……	……	……

15. 第 418 节　防水处理

本节包括混凝土和砌体表面的沥青或油毛毡防水层。本节工作内容均不作计量。

16. 第419节　圆管涵及倒虹吸管涵

本节工程量清单项目分项计量规则应按"表419　圆管涵及倒虹吸管涵"（见表5-16）的规定执行。

表5-16　表419　圆管涵及倒虹吸管涵

子目号	子目名称	单位	工程量计量	工程内容
419	圆管涵及倒虹吸管涵			
419-1	单孔钢筋混凝土圆管涵	m	1. 依据图纸所示，按不同孔径的涵身长度（进出口端墙外侧间距离）计算，以米为单位计量； 2. 基底软基处理参照第205节的相关规定计量，并列入第205节相应子目	1. 基坑排水； 2. 挖基、基底清理； 3. 基座砌筑或浇筑； 4. 垫层材料铺筑； 5. 钢筋制作、安装； 6. 预制或现浇钢筋混凝土管； 7. 铺涂防水层； 8. 安装、接缝； 9. 砌筑进出口（端墙、翼墙、八字墙井口）； 10. 防水、防冻、防腐措施。 11. 回填
419-2	双孔钢筋混凝土圆管涵	m		
419-3	钢筋混凝土圆管倒虹吸管涵	m		

17. 第420节　盖板涵、箱涵

本节工程量清单项目分项计量规则应按"表420　盖板涵、箱涵"（见表5-17）的规定执行。

表5-17　表420　盖板涵、箱涵

子目号	子目名称	单位	工程量计量	工程内容
420	盖板涵、箱涵			
420-1	钢筋混凝土盖板涵	m	1. 依据图纸所示，按不同跨径的盖板涵长度以米为单位计量； 2. 基底软基处理参照第205节的相关规定计量，并列入第205节相应子目	1. 场地清理； 2. 围堰、排水，基坑开挖，基坑支护； 3. 基础及涵台施工； 4. 施工缝设置、处理； 5. 盖板预制、运输、安装； 6. 砂浆制作、填缝； 7. 防水、防冻、防腐措施； 8. 回填
……	……	……	……	……

5.3 桥涵工程案例分析

【案例 5-1】

背景材料：某高速公路有一直径为 $\phi 150cm$ 的钢筋混凝土圆管涵，涵管壁厚为 15cm，涵长为 32.5m（13×2.5）。其施工图设计的工程量见表 5-18。

教学视频：
案例分析 5-1
圆管涵

表 5-18 圆管涵主要工程量表

序号	项目	单位	工程量
1	挖基土方	m³	1800
2	基础碎砾石垫层	m³	6.24
3	M7.5 浆砌块石管身基础	m³	8.85
4	预制 C35 号混凝土圆管	m³	4.99
5	圆管钢筋	t	0.41
6	M7.5 浆砌粗料石帽石	m³	0.44
7	M7.5 浆砌块石八字墙	m³	6.04
8	M7.5 浆砌块石跌水井	m³	5.49
9	M7.5 浆砌片石急流槽	m³	40.5
10	M7.5 浆砌片石铺底及隔水墙	m³	2.41

注：土方运距为 1km，混凝土构件运距为 2km。预制场设施不考虑。

问题：列出编制施工图预算所需的全部工程子目名称、定额表号及数量等内容。
答案：施工图预算所涉及的定额子目名称、定额表号、工程量等见表 5-19。

表 5-19 预算定额子目表

序号	定额子目名称	单位	定额表号	工程量	定额调整情况
1	挖基土方	1000m³	4-1-3-8	1.8	
2	挖基土方运输	1000m³	1-1-11-7	1.8	
3	基础碎砾石垫层	10m³	4-11-5-2	0.624	
4	M7.5 号浆砌块石管身基础	10m³	4-5-3-1	0.885	
5	预制 C35 号混凝土圆管	10m³	4-7-4-2	0.499	C30 混凝土调整为 C35
6	混凝土拌和	10m³	4-11-11-2	0.499	定额×1.01
7	圆管钢筋	t	4-7-4-3	0.41	
8	汽车运预制构件第一个 1km	100m³	4-8-3-10	0.0499	
9	汽车运预制构件每增运 0.5km	100m³	4-8-3-14	0.0499	定额×2

续表

序号	定额子目名称	单位	定额表号	工程量	定额调整情况
10	安装圆管涵	10m³	4-7-5-4	0.499	
11	M7.5浆砌粗料石帽石	10m³	4-5-4-5	0.044	
12	M7.5浆砌块石八字墙	10m³	4-5-3-4	0.604	
13	M7.5浆砌块石跌水井	10m³	4-5-3-8	0.549	
14	M7.5浆砌片石急流槽	10m³	4-5-2-7	4.05	
15	M7.5浆砌片石铺底及隔水墙	10m³	4-5-2-1	0.241	

教学视频：
案例分析5-2
桥梁下部—列项

教学视频：
案例分析5-2
桥梁下部—承台

教学视频：
案例分析5-2
桥梁下部—灌注桩

【案例5-2】

背景材料：某预应力五跨混凝土连续梁桥，全桥长350m。0号台、5号台位于岸上，1～4号墩均在水中，水深5.0m，河床覆盖层黏土厚度约1.0m（河床清淤数量不计）。桥台采用10根φ2.0m钻孔灌注桩，桩长30～40m；桥墩均采用6根φ2.5m钻孔灌注桩，桩长30～40m。承台尺寸为800cm×1850cm×300cm。施工组织考虑搭便桥进行施工（便桥费用此处不计），回旋钻机成孔，混凝土在岸上集中拌和、泵送施工，桩基、承台混凝土的平均泵送距离为250m。桥台钢护筒按单根长度3.5m计，桥墩钢护筒按单根长度10m计，钢套箱按150kg/m²计，桩基检测管不计，弃方运输不计。经统计，施工图所列主要工程数量见表5-20。

表5-20 桥梁下部主要工程数量表

项目		钻孔岩层统计/m				混凝土/m³	HRB400钢筋/t
		砂土	砂砾	软石	次坚石		
灌注桩	桩径2.5m	92	629	135	32	4474.5	800.7
	桩径2.0m	81	562	117	—	2198	
项目		水中承台封底C25水中混凝土/m³	C25承台混凝土/m³		挖基/m³		HRB400钢筋/t
承台		888	1776		1020		234.72

注：本表中钻孔岩层统计根据地质柱状图结合桩基设计高度统计，表中未提供设计图数量。

问题：请列出该桥基础工程施工图预算所涉及的相关定额的名称、单位、定额代号、数量、定额调整等内容，并填入表格中，需要时，请列式计算，或用文字说明。此处不考虑混凝土拌和站的安拆,统一在临时工程中考虑。

答案:

(1) 钻孔灌注桩钢护筒

陆上桩,桩径 2.0m 的单根护筒长度按 3.5m 计,共 20 根。

质量:$20 \times 3.5 \times 0.010 = 64.33(t)$

水中桩,桩径 2.5m 的单根护筒长度按 10m 计,共 24 根。

质量:$24 \times 10 \times 1.504 = 360.96(t)$

(2) 水中施工平台

根据承台的尺寸,拟定水中施工平台平面尺寸为 12m×22.5m。

面积:$12 \times 22.5 \times 4 = 1080(m^2)$

(3) 钻孔通过的土层及桩身混凝土

一般施工图的工程数量表中不列钻孔的深度,土质情况根据地质柱状图统计,设计图一般不列。钻孔的总深度一般与桩长不相等。此处按题意所给数量直接使用。桩身混凝土一般在设计图的数量表中给出,预算时按桩长和桩径验算一下即可。

2m 桩定额孔深计算。

平均入土深度:$(81+562+117) \div 20 = 38(m)$,护筒高度高出地面 0.3m,定额孔深 28.3m,定额取 40m 以内。

2.5m 水中桩定额孔深计算。

根据题目中给定的资料,水中钻孔灌注桩平均入土深度:$(92+629+135+32) \div 24 = 37(m)$。

水深 5m,护筒高度高出水面 1~2m,定额孔深:$37+5+2 = 44(m)$,定额取 60m 以内。

(4) 承台钢套箱

按设计混凝土数量反算 2.5m 桩的桩长:$4474.5 \div (2.5^2 \times \pi \div 4) \div 24 = 37.98(m)$

封底混凝土厚度:$888 \div (8 \times 18.5 \times 4 - 2.5 \times 2.5 \times \pi \div 4 \times 6 \times 4) = 1.87(m)$

即平均桩长较入土深度大 1m,考虑封底混凝土厚度为 1.87m,钢套箱底面低于河床面,应采用无底模钢套箱。

一般单壁钢套箱可按其表面积大约 $150kg/m^2$ 计算,高度按施工水位增加 0.5m 计,入土深度根据地质情况确定,按 1.0m 计。

四套合计质量:$(8+18.5) \times 2 \times (5+1.0+0.5) \times 0.15 \times 4 = 206.7(t)$。

(5) 混凝土运输

因泵送水平距离平均为 250m,定额综合距离为 100m,超过 150m。

$100m^3$ 灌注桩需增加:人工 $3 \times 1.08 = 3.24$(工日),混凝土输送泵增加 $3 \times 0.24 = 0.72$(台班)。

$100m^3$ 承台需增加:人工 $3 \times 0.89 = 2.67$(工日),混凝土输送泵增加 $3 \times 0.16 = 0.48$(台班)。

(6) 混凝土拌和

$6672.5 \times 1.197 + (888+2608) \times 1.04 = 11\ 622.8(m^3)$

(7) 定额选用及数量

桥梁基础工程施工图预算计算数据见表 5-21。

表 5-21　预算定额子目

子目号/定额代号	子目名称/定额名称	单位	数量	定额调整
QL010201	灌注桩基础	m^3/m	6672.5	
4-4-9-7	钢护筒干处埋设	1t	64.33	
4-4-9-8	钢筋护筒水中埋设,水深5m以内	1t	360.96	
4-4-4-65	陆地上回旋钻机钻孔,桩径200cm以内,孔深40m以内,砂土	10m	8.1	
4-4-4-67	陆地上回旋钻机钻孔,桩径200cm以内,孔深40m以内,砂砾	10m	56.2	
4-4-4-70	陆地上回旋钻机钻孔,桩径200cm以内,孔深40m以内,软石	10m	11.7	
4-4-4-313	水中平台上回旋钻机钻孔,桩径250cm以内,孔深60m以内,砂土	10m	9.2	
4-4-4-315	水中平台上回旋钻机钻孔,桩径250cm以内,孔深60m以内,砂砾	10m	62.9	
4-4-4-318	水中平台上回旋钻机钻孔,桩径250cm以内,孔深60m以内,软石	10m	13.9	
4-4-4-319	水中平台上回旋钻机钻孔,桩径250cm以内,孔深60m以内,次坚石	10m	3.2	
4-4-10-1	桩基工作平台,水深3～5m,上、下部综合	$100m^2$	10.8	
4-11-14-1	水上泥浆循环系统	1套	4	
4-4-8-15	灌注桩混凝土,回旋、潜水钻成孔,桩径250cm以内,输送泵	$10m^3$ 实体	667.25	人工:+0.324;泵:+0.072
4-4-8-25	灌注桩钢筋,套筒连接	1t	800.7	钢筋抽换为HRB400
4-11-11-15	$60m^3/h$以内混凝土搅拌站(楼)拌和	$100m^3$	66.725	×1.197
4-11-11-26	$8m^3$搅拌运输车运混凝土,第一个1km	$100m^3$	66.725	×1.197
QL0105	承台	m^3	2608	
4-2-6-2	钢套箱围堰,无底模	10t 钢套箱	20.67	
4-6-1-10	承台混凝土,输送泵,无底模	$10m^3$ 实体	177.6	人工:+0.267;泵:+0.048
4-6-1-11	封底混凝土,输送泵	$10m^3$ 实体	88.8	人工:+0.267;泵:+0.048
4-6-1-13	承台钢筋	1t	234.72	
4-11-11-15	$60m^3/h$以内混凝土搅拌站(楼)拌和	$100m^3$	34.96	×1.04
4-11-11-26	$8m^3$搅拌运输车运混凝土,第一个1km	$100m^3$	34.96	×1.04

续表

子目号/定额代号	子目名称/定额名称	单位	数量	定额调整
4-1-3-4	单个基坑体积在 1500m³ 以内，2.0m³ 以内挖掘机挖基坑土方	1000m³	1.02	

【案例 5-3】

背景材料：某大桥为 5×25m 预应力混凝土分体小箱梁桥，桥梁全长 133m，下部构造采用重力式桥台和柱式桥墩，桥台高 8.6m，桥墩高 9.1m。

桥梁下部结构主要工程数量如下：U 形桥台 C30 混凝土 487.8m³，台帽 C40 混凝土 190.9m³；柱式桥墩立柱 C40 混凝土 197.7m³，盖梁 C40 混凝土 371.78m³。施工要求采用集中拌和运输，混凝土拌和场设在距离桥位 500m 的一片荒地，拌和站采用 40m³/h 的规格，拌和站安拆及场地费用不计。

教学视频：
案例分析 5-3
箱梁下部

招标文件提供的工程量清单见表 5-22。

表 5-22 工程量清单

子目号	子目名称	单位	数量	单价	合价
410-2	下部结构混凝土				
410-2-a	重力式 U 形桥台				
410-2-a-1	C30 混凝土台身	m³	487.8		
410-2-a-2	C40 混凝土台帽	m³	190.9		
410-2-b	柱式桥墩				
410-2-b-1	C30 混凝土桥墩	m³	197.7		
410-2-b-2	C40 混凝土盖梁	m³	371.7		

问题：试对其工程量清单进行分解及列出各清单子目工程造价所涉及的定额名称、定额表号、单位、工程量，需要时，应列式计算，或用文字说明。

答案：本项目的工程量清单分解表（报价原始数据表）见表 5-23。

表 5-23 工程量清单分解表（报价原始数据表）

原工程量清单				分解子目（选定额用）				
子目号	子目名称	单位	清单数量	定额表号	分解定额子目名称	定额单位	工程数量	定额调整
410-2	下部结构混凝土							
410-2-a	重力式 U 形桥台							

续表

原工程量清单				分解子目（选定额用）				
子目号	子目名称	单位	清单数量	定额表号	分解定额子目名称	定额单位	工程数量	定额调整
410-2-a-1	C30 混凝土台身	m³	487.8	4-6-2-4	10m 以内梁板桥实体式墩台混凝土	10m³	48.78	片 C15-32.5-8 换普 C30-32.5-4
				4-11-11-14	混凝土搅拌站拌和（40m³/h 以内）	100m³	4.878	定额×1.02
				4-11-11-24	6m³ 以内混凝土搅拌运输车运输第一个 1km	100m³	4.878	定额×1.02
410-2-a-2	C40 混凝土台帽	m³	190.9	4-6-3-1	墩、台帽混凝土非泵送	10m³	19.09	普 C30-32.5-4 换普 C40-32.5-4
				4-11-11-14	混凝土搅拌站拌和（40m³/h 以内）	100m³	1.909	定额×1.02
				4-11-11-24	6m³ 以内混凝土搅拌运输车运输第一个 1km	100m³	1.909	定额×1.02
410-2-b	柱式桥墩							
410-2-b-1	C30 混凝土桥墩	m³	197.7	4-6-2-12	圆柱式墩台混凝土非泵送 10m 以内	10m³	19.77	普 C25-32.5-4 换普 C40-32.5-4
				4-11-11-14	混凝土搅拌站拌和（40m³/h 以内）	100m³	1.977	定额×1.02
				4-11-11-24	6m³ 以内混凝土搅拌运输车运输第一个 1km	100m³	1.977	定额×1.02
410-2-b-2	C40 混凝土盖梁	m³	371.7	4-6-4-1	盖梁混凝土非泵送钢模	10m³	37.17	普 C30-32.5-4 换普 C40-32.5-4
				4-11-11-14	混凝土搅拌站拌和（40m³/h 以内）	100m³	3.717	定额×1.02
				4-11-11-24	6m³ 以内混凝土搅拌运输车运输第一个 1km	100m³	3.717	定额×1.02

教学视频：
案例分析 5-4 预应力混凝土 T 形梁—列项

教学视频：
案例分析 5-4 预应力混凝土 T 形梁—T 形梁预制

教学视频：
案例分析5-4 预应力
混凝土T形梁—T形梁吊运

教学视频：
案例分析5-4 预应力
混凝土T形梁—T形梁安装

【案例5-4】

背景材料：某大桥桥宽26m，与路基同宽。桥长1216m，两岸各接线500m，地势较为平坦（土石方填挖计入路基工程，预制场建设不考虑土石方的填挖）。桥梁跨径12×30m+6×40m+20×30m，为先简支后连续预应力混凝土T形梁结构，每跨布置T形梁14片。其中30m预应力T形梁梁高180cm、底宽40cm、顶宽160cm，40m预应力T形梁梁高240cm、底宽50cm、顶宽160cm。T形梁预制、安装工期均按8个月计算，预制安装存在时间差，按1个月考虑。吊装设备考虑1个月安拆时间，每片梁预制周期按10天计算。施工组织设计提出20m跨度，12m高龙门起重机每套质量43.9t（每套2台）。40m梁双导梁架桥机全套质量165t。混凝土拌和站离桥尾2.1km，预制梁混凝土采用泵送施工。

上部结构的主要工程量见表5-24。

表5-24 上部结构主要工程量

工程项目		单位	工程量	备注
40m预制 T形梁	C50混凝土	m^3	2520	
	光圆钢筋	t	50.4	
	带肋钢筋	t	403.2	
	钢绞线	t	92.4	OVM锚15-7；672套
30m预制 T形梁	C50混凝土	m^3	8960	
	光圆钢筋	t	179.2	
	带肋钢筋	t	1422.6	
	钢绞线	t	289.9	OVM锚15-7；672套
湿接缝	C50混凝土	m^3	784	
	光圆钢筋	t	23.52	
	带肋钢筋	t	141.12	
	钢绞线	t	137.9	长度20m内，BM锚15-5；3920套

问题：请列出该桥梁工程上部结构的施工图预算所涉及的相关定额的名称、单位、定额代号、数量、定额调整等内容，并填入表格中，需要时，请列式计算，或用文字说明。

答案：

（1）预制底座计算

预制30m预应力T形梁数量：(12+20)×14=448(片)

预制 40m 预应力 T 形梁数量:6×14=84(片)

T 形梁的预制周期为 8 个月,每片梁预制需用 10 天时间,所以,所需底座的数量如下:

30m T 形梁底座:448×10÷8÷30=18.7,取 19 个。

40m T 形梁底座:84×10÷8÷30=3.5,取 4 个。

底座面积:19×(30+2)×(1.6+1)+4×(40+2)×(1.6+1)=2017.6(m²)

(2) 吊装设备

桥梁两端地势较为平坦,可作为预制场,因此考虑就近建设预制场。考虑运梁及安装,底座方向按顺桥向布置,40m T 形梁底座在前,30m T 形梁底座在后,每排 4 个,净间距 2.5m,排列宽度为 4×2.6+3×2.5=17.9(m)。龙门起重机采用 20m 跨度,12m 高,布置 2 套。架桥机按 40m 梁考虑,采用双导梁架桥机。

因预制、安装存在 1 个月的时间差,再考虑 1 个月安拆时间,龙门架的设备摊销按 10 个月计算,定额中设备摊销费调整为 14 000 元;架桥机的设备摊销时间按 9 个月计算,定额中设备摊销费调整为 16 200 元。

(3) 临时轨道及其他

存梁区长度考虑 80m,因此预制场的长度为:32×5+42+7×2.5+80=299.5(m),取 300m。

采用运梁车运梁,桥上不考虑临时轨道。

(4) 预制构件的平均运输距离

① 30m T 形梁

单片质量:8960÷448×2.5=50(t)

平均运距:[20×30+(20×30+6×40+12×30÷2)×12]÷32=570(m)

② 40m T 形梁

单片质量:2520÷84×2.5=75(t)

平均运距:[(20×30÷2)×6×40÷2×6]÷6=720(m)

(5) 预应力钢绞线每吨束数

40m 以内:(672+3136)÷2÷(92.4+289.9)=4.98(束/t)

4.98−3.82=1.16(束/t)

20m 以内:3920÷2÷137.9=14.21(束/t)

14.21−8.12=6.09(束/t)

(6) 计算混凝土拌和数量

(8960+2520)×1.02+784×1.02=12 509.3(m³)

(7) 定额选用及数量

桥梁工程施工图预算定额子目见表 5-25。

表 5-25 预算定额子目

定额表号	定额名称	定额单位	工程量	定额调整
4-7-14-1	预制预应力 T 形梁混凝土,非泵送	10m³	1148	
4-7-14-3	预制预应力 T 形梁钢筋,现场加工	1t	2231.04	HPB300:0.116 HRB400:0.909

续表

定额表号	定额名称	定额单位	工程量	定额调整
4-11-9-1	平面底座	10m² 底座面积	201.76	
4-7-19-17	预应力钢绞线,束长 40m 以内,7 孔,每吨 3.82 束	1t 钢绞线	382.3	
4-7-19-18	预应力钢绞线,束长 40m 以内,7 孔,每增减 1 束	1t 钢绞线	382.3	×1.16
4-8-2-6	龙门架装车,构件质量 80t 以内,卷扬机牵引轨道平车运输,第一个 50m(30m)	100m³ 实体	114.8	
4-8-7-1	龙门架装车运梁车运输第一个 1km,构件质量 100t 以内	100m³ 实体	114.8	
4-7-28-4	跨墩门架,门架高 12m	10t 金属设备	8.78	设备摊销费:14 000 元
7-1-4-3	钢轨重(32kg/m),在路基上	100m	3.0	
4-7-14-9	双导梁安装预应力 T 形梁	10m³	1148	
4-7-14-10	现浇预应力 T 形梁接缝混凝土	10m³	78.4	
4-7-19-45	负弯矩钢绞线,16m 以内,4 孔,每吨 16.21 束	1t 钢绞线	137.9	锚具换为 5 孔
4-7-19-46	负弯矩钢绞线,16m 以内,4 孔,每增减 1 束	1t 钢绞线	137.9	×(-2),锚具换为 5 孔
4-7-28-2	双导梁	10t 金属设备	165	设备摊销费:16 200 元
4-11-11-15	60m³/h 以内混凝土搅拌站(楼)拌和	100m³	125.093	
4-11-11-26	8m³ 搅拌运输车运混凝土,第一个 1km	100m³	117.096	
4-11-11-27	8m³ 搅拌运输车运混凝土,每增运 0.5km	100m³	117.096	×2
4-11-11-26	8m³ 搅拌运输车运混凝土,第一个 1km	100m³	7.997	
4-11-11-27	8m³ 搅拌运输车运混凝土,每增运 0.5km	100m³	7.997	×3

思 考 题

1. 桥涵工程的混凝土拌和、运输(含泵送)的费用的计算是如何规定的?
2. 桥梁工程构件安装定额中预制构件的用量是如何规定的?
3. 说明灌注桩混凝土工程量计算方法。
4. 拱盔、支架实际宽度与定额时采用的有效宽度不同时,如何换算?桥梁支架工程量和支架高度的计算是如何规定的?
5. 临时工程预算定额包括哪些内容?
6. 临时工程与临时设施是如何划分的?
7. 请根据现行《公路工程标准施工招标文件》(2018年版)分析计价工程子目"钻孔灌注桩"的计价内容和工程计量规则。

习 题

某桥梁工程采用装配式上部构造,桥梁全长520m,跨径为40m,每孔设置7片梁,每片梁的预制周期为10d。根据施工组织设计的安排,要求混凝土预制构件施工在8个月内完成。

问题:

(1) 请问该桥梁工程应设置多少个构件预制底座?

(2) 如果因施工场地的限制,只能设置2个构件预制底座,在施工组织设计中需安排多长的预制时间?

案例练习题

案例题1

背景: 某四车道高速公路,路基宽26m,设计若干座钢筋混凝土矩形板小桥。其中有一座一孔标准跨径5m的小桥,其上部构造行车道钢筋混凝土矩形板设计25号混凝土62.40m^3、钢筋5.24t,台高5.00m。小桥有浅水0.30m深,须用草袋围堰,适当平整用砂砾垫层3m^3加固后才能架设桥梁临时支架,以便现浇上部构造混凝土。

10座小桥设一处预制场,计10 000m^2,场中面积30%要铺筑砂砾垫层15cm厚,面积20%用水泥砂浆2cm厚进行抹面,作为构件预制底板。预制场至桥址平均运距计10km,用汽车运至安装地点。

问题: 试分别按预制后安装和现浇上部混凝土两种施工方法,提出行车道板的各项工程细目、预算定额表号及工程量,并填入表5-26。

表 5-26　预算定额子目表

序号	定额子目名称	单位	定额表号	数量	定额调整情况

案例题 2

背景：某高速公路有一处 1—5×3 钢筋混凝土盖板涵，进出口均为八字墙，其施工图设计主要工程量如表 5-27 所示。

表 5-27　盖板涵主要工程量

项　　目	单位	工程量
C35 预制混凝土盖板	m^3	126
盖板钢筋 HPB300	kg	3 067
盖板钢筋 HRB400	kg	16 352
台身 C20 混凝土	m^3	298
台身基础 C20 混凝土	m^3	519
帽石 C30 混凝土	m^3	1.44
端墙身 C20 混凝土	m^3	17
端墙基础 C20 混凝土	m^3	2.15
开挖基坑土方	m^3	820
M7.5 浆砌片石涵底铺砌	m^3	47.5

注：盖板预制场运距为 1.5km，弃土场运距为 1.5km。

问题：列出编制施工图预算所涉及的相关定额的名称、单位、定额表号、数量等内容，并填入表 5-28 中，需要时，应列式计算，或用文字说明。

表 5-28　预算定额子目表

序号	定额子目名称	单位	定额表号	数量	定额调整情况

案例题 3

背景材料：某预应力混凝土连续梁桥，桥跨组合为 50m＋3×80m＋50m，桥梁全长 345.5m，桥梁宽度为 25m。基础为钻孔灌注桩，采用回旋钻机施工，每个桥墩为每排 3 根共 6 根 2.5m 的桩，每个桥台为 8 根 2.5m 的桩。承台尺寸为 8m×20m×3m，除桥台为干处施工外，其余均为水中施工（水深 4～5m 以内）。混凝土均要求采用集中拌和、泵送施工，水上混凝土施工考虑搭便桥的方法，便桥费用不计。本工程计划工期为 18 个月。其施工图设计的主要工程量见表 5-29。

表 5-29　桥梁下部主要工程量表

项　　目		钻孔深度/m				钢筋/t
		砂土	砂砾	软石	次坚石	
灌注桩	桥墩	87	862	176	27	329
	桥台	67	333	160	—	
项　　目		封底混凝土/m³		承台混凝土/m³		钢筋/t
承台		640		1920		91

注：承台采用钢套箱施工，按低桩承台考虑，钢套箱按高出水面 0.5m 计算，其重量按 150kg/m² 计算。

招标文件提供的工程量清单见表 5-30。

表 5-30　工程量清单（第 400 章　桥梁、涵洞）

子目号	子目名称	单位	数量	单价	合价
403-1	基础钢筋（包括灌注桩、承台、桩系梁等）				
403-1-a	光圆钢筋（HPB235、HPB355）	t	147		
403-1-b	带肋钢筋（HRB355、HRB400）	t	273		
405-1	钻孔灌注桩				
405-1-a	桩径 2500mm	m	1712		
410-1	混凝土基础（包括支撑梁、桩基承台，但不包括桩基）	m³	2560		
	清单　第 400 章合计　人民币_____元				

问题：试对其工程量清单进行分解，并列出各清单子目工程造价所涉及的定额名称、定额表号、单位、工程量，需要时，应列式计算，或用文字说明。

第 6 章　隧道工程及其他工程工程量清单组价

6.1　隧道工程定额应用基本规定

1. 隧道工程章说明

教学视频：
隧道构造与施工 1
新奥法概述

教学视频：
隧道构造与施工 2
新奥法施工基本原则

隧道工程预算定额包括钻爆法施工的开挖、支护、防排水、衬砌、装饰、洞门、辅助坑道以及瓦斯隧道等项目。隧道开挖定额按照一般凿岩机钻爆法施工的开挖方法进行编制。章说明共 7 条，主要有以下内容。

（1）隧道围岩分级的规定如下：定额采用与现行隧道设计、施工技术规范一致的围岩划分标准，将围岩分为六级，即Ⅰ～Ⅵ级。

（2）定额中混凝土工程拌和费用的规定如下：定额中混凝土工程均未考虑拌和的费用，应按桥涵工程相关定额另行计算。

（3）洞内弃渣洞外运输的规定如下：洞内出渣运输定额已综合洞门外 500m 运距，当洞门外运距超过 500m 时，可按照路基工程自卸汽车运输土石方的增运定额加计增运部分的费用。

（4）混凝土及预制块运输费用的计算规定如下：定额均未包括混凝土及预制块的运输，需要时，应按有关定额另行计算。

（5）隧道工程项目采用其他章节定额的规定如下。

① 洞门挖基、仰坡及天沟开挖、明洞明挖土石方及明洞顶防水层等，应使用其他章节有关定额。

② 洞内工程项目如需采用其他章节的有关项目时，所采用定额的人工工日、机械台班数量及小型机具使用费应乘以系数 1.26。

2. 洞身工程

定额中所涉及隧道长度均是指隧道进出口（不含与隧道相连的明洞）洞门端墙墙面之间的距离，即两端墙面与路面的交线同路线中线交点间的距离。但应注意，当隧道与明洞相连时,应扣除明洞的长度。

1) 开挖

教学视频:　　　　教学视频:　　　　教学视频:　　　　教学视频:
隧道构造与施工3　隧道构造与施工4　隧道构造与施工5　　　隧道构造与施工6
全断面开挖法　　　长台阶法　　　短台阶法和超短台阶法　台阶分部开挖法

(1) 人工开挖、机械开挖轻轨斗车运输项目定额编制采用的开挖方法,以及支撑和出渣、通风及临时管线等的计算规定如下:人工开挖、机械开挖轻轨斗车运输项目系按上导洞、扩大、马口开挖编制的,也综合了下导洞扇形扩大开挖方法,并综合了木支撑和出渣、通风及临时管线的工、料、机消耗。

(2) 正洞机械开挖自卸汽车运输定额的编制情况和使用规定如下:正洞机械开挖自卸汽车运输定额系按开挖、出渣运输分别编制,不分工程部位(即拱部、边墙、仰拱、底板、沟槽、洞室)均使用本定额。施工通风及高压风水管和照明电线路单独编制定额项目。

(3) 连拱隧道的计算规定如下:连拱隧道中导洞、侧导洞开挖和中隔墙衬砌是按连拱隧道施工方法编制的,除此以外,其他部位的开挖、衬砌、支护可套用本节其他定额。

(4) 正洞内开挖、出渣运输、通风管线路等与隧长相关的项目,分别按隧长不大于1000m、2000m、3000m、4000m、5000m编制。

① 当隧长大于5000m时,正洞开挖,以隧长不大于5000m定额为基础,与隧长大于5000m增加定额叠加使用。

② 正洞出渣运输。通过隧道进出口开挖正洞,以换算隧长套用相应的出渣定额。换算隧长计算公式如下:

$$\text{换算隧长} = \text{全隧长度} - \text{通过辅助坑道开挖正洞的长度} \quad (6\text{-}1)$$

当换算隧长大于5000m时,以隧长不大于5000m定额为基础,与隧长大于5000m每增1000m定额叠加使用。

通过斜井开挖正洞,出渣运输按正洞和斜井两段分别计算,二者叠加使用。

③ 正洞出渣运输按围岩级别编制,洞外出渣距离按500m以内编制,若超过500m时,超过部分可按路基工程中"自卸汽车配合装载机运土、石方"项目的增运定额计算。

(5) 工程量计算规则:洞身开挖、出渣工程量按设计断面数量(成洞断面加衬砌断面)计算,定额中已考虑超挖因素,不得将超挖数量计入工程量。

2) 支护

(1) 喷射混凝土

喷射混凝土定额消耗中已综合考虑混凝土的回弹量;钢纤维混凝土中钢纤维掺入量按喷射混凝土质量的3%掺入。当设计采用的钢纤维比例与本定额不符,或采用其他材料时,可以抽换。喷射混凝土工程量按设计厚度乘以喷射面积计算,喷射面积按设计外轮廓线计算。

(2) 钢支撑

格栅钢架、型钢钢架均按永久性支护编制,如作为临时支护使用时,应按规定计取回收。定额中已综合连接钢筋的数量。格栅钢架、型钢钢架、连接钢筋工程数量按钢架的设计质量计算。

(3) 锚杆

砂浆锚杆工程量为锚杆、垫板及螺母等材料质量之和;中空注浆锚杆、自进式锚杆的工程量按锚杆设计长度计算。

(4) 管棚、小导管

管棚、小导管的工程量按设计钢管长度计算,当管径与定额不同时,可调整定额中钢管的消耗量。

(5) 衬砌

衬砌项目按现浇混凝土衬砌,石料、混凝土预制块衬砌分别编制。定额中已综合考虑超

挖回填因素；当设计采用的混凝土强度等级与定额采用的不同，或采用特殊混凝土时，可根据具体情况对混凝土配合比进行抽换。

现浇混凝土衬砌中浇筑、运输的工程数量均按设计断面衬砌数量计算，包含洞身及所有附属洞室的衬砌数量，定额中已综合超挖因素，不得将超挖数量计入工程量。

(6) 混凝土运输

混凝土运输应按桥涵工程有关定额计算。

3) 防排水

防水板、明洞防水层的工程量按设计敷设面积计算，止水带（条）、盲沟、透水管的工程量，均按设计数量计算。

横向塑料排水管按设计的铺设长度计算，纵向弹簧管按隧道纵向每侧铺设长度之和计算，环向盲沟按隧道横断面敷设长度计算。

正洞内排水系按全隧道长度综合编制，当隧长大于5000m时，以隧长在5000m及以下为基础，与隧长大于5000m每增1000m定额叠加使用。

4) 通风、照明

通风、管线路定额，按正洞隧道长度综合编制，当隧长大于5000m时，以隧长在5000m及以下为基础，与隧长大于5000m每增1000m定额叠加使用。

正洞高压风险水管、照明、电线路的工程量按隧道设计长度计算。

3. 洞门工程和辅助坑道

教学视频：
隧道构造与施工18
洞门概述

教学视频：
隧道构造与施工19
墙式洞门

教学视频：
隧道构造与施工20
明洞式洞门

1) 洞门工程

本节定额的适用范围：隧道和明洞洞门，均采用本定额。

洞门墙的计算规定如下：洞门墙工程量为主墙和翼墙等圬工体积之和。仰坡、截水沟等应按有关定额另行计算。

2) 辅助坑道

辅助坑道中含斜井、竖井项目。斜井按开挖、出渣、通风及管线路分别编制；竖井项目定额中已综合了出渣、通风及管线路。斜井相关定额项目系按斜井长度1500m以内综合编制。斜井支护按正洞相关定额计算。辅助坑道工程量有以下计算规则。

(1) 开挖、出渣工程量按设计断面数量（成洞断面加衬砌断面）计算，定额中已考虑超挖因素，不得将超挖数量计入工程量。

(2) 现浇混凝土衬砌工程数量均按设计断面衬砌数量计算。

(3) 喷射混凝土工程量按设计厚度乘以喷射面积计算，喷射面积按设计外轮廓线计算。

(4) 锚杆工程量为锚杆、垫板及螺母等材料质量之和。

(5) 斜井洞内通风、高压风、水管、照明及动力电线路的工程量按斜井设计长度计算。

6.2 隧道工程工程量计量规则

在《公路工程标准施工招标文件》(2018年版,第三册)中,隧道工程包括"第501节 通则""第502节 洞口与明洞工程""第503节 洞身开挖""第504节 洞身衬砌""第505节 防水与排水""第506节 洞内防火涂料和装饰工程""第507节 风水电作业及通风防尘""第508节 监控量测""第509节 特殊地质地段的施工与地质预报""第510节 洞内机电设施预埋件和消防设施",共10节。

1. 第501节 通则

本节为隧道施工的材料、施工准备及施工的一般规定。本节工作内容均不作计量,其所涉及的作业应包含在与其相关工程子目之中。

2. 第502节 洞口与明洞工程

本节的工程量清单项目分项计量规则应按"表502 洞口与明洞工程"(见表6-1)的规定执行。

表6-1 表502 洞口与明洞工程

子目号	子目名称	单位	工程量计量	工 程 内 容
502	洞口与明洞工程			
502-1	洞口、明洞开挖	m³	依据设计图纸所示位置及尺寸,按图示开挖的体积,不分土、石的种类,只区分为土方和石方,以立方米为单位计量	1. 石方爆破; 2. 挖、装、运输、卸车; 3. 填料分理、弃土整形、压实; 4. 坡面临时支护及排水; 5. 坡面修整
502-2	防水与排水			
502-2-a	石砌截水沟、排水沟	m³	依据图纸所示位置及尺寸,按图示砌体体积分不同砂浆强度等级,以立方米为单位计量	1. 沟槽开挖; 2. 基底检查; 3. 铺设垫层; 4. 砂浆拌制; 5. 浆砌片石、勾缝、抹面、养护; 6. 回填; 7. 场地清理
502-2-b	现浇混凝土沟槽	m³	依据图纸所示位置及尺寸,按图示混凝土体积分不同强度等级,以立方米为单位计量	1. 沟槽开挖; 2. 基底检查; 3. 铺设垫层; 4. 模板制作、安装、拆除; 5. 混凝土拌和、运输、浇筑、养护; 6. 回填; 7. 场地清理
……	……	……	……	……

3. 第503节 洞身开挖

本节的工程量清单项目分项计量规则应按"表503 洞身开挖"(见表6-2)的规定执行。

表6-2 表503节 洞身开挖

子目号	子目名称	单位	工程量计量	工程内容
503	洞身开挖			
503-1	洞身开挖			
503-1-a	洞身开挖(不含竖井、斜井)	m³	1. 依据图纸所示成洞断面(不计允许超挖值及预留变形量的设计净断面)计算开挖体积,不分围岩级别,只区分为土方和石方,以立方米为单位计量; 2. 含紧急停车带、车行横洞、人行横洞以及设备洞室的开挖	1. 钻孔爆破; 2. 风、水、电作业及通风防尘; 3. 粉尘、有害气体、可燃气体量测监控及防护; 4. 临时支护及临时防排水; 5. 装渣、运输、卸车; 6. 填料分理、弃土整形、压实
……	……	……	……	……
503-2	洞身支护			
503-2-a	管棚支护			
503-2-a-1	基础钢管桩	m	依据图纸所示位置和断面尺寸,按图示不同规格的钢管桩长度以米为单位计量	1. 场地清理; 2. 打桩机定位; 3. 沉管; 4. 混凝土(水泥浆)拌制; 5. 灌注混凝土(水泥浆); 6. 打桩机移位
503-2-a-2	套拱混凝土	m³	依据图纸所示位置及尺寸,按图示混凝土体积分不同强度等级,以立方米为单位计量	1. 场地清理; 2. 模板制作、安装、拆除; 3. 混凝土拌和、运输、浇筑、养护
……	……	……	……	……
503-2-b	注浆小导管	m	依据设计图纸所示位置及尺寸,按钢管长度分不同的规格,以米为单位计量	1. 场地清理; 2. 搭拆工作平台; 3. 布眼、钻孔、清孔; 4. 钢管制作、就位、顶进; 5. 浆液制作、注浆、检查、堵孔
503-2-c	锚杆支护			
503-2-c-1	砂浆锚杆	m	依据设计图纸所示位置及尺寸,按锚杆长度分不同直径,以米为单位计量	1. 搭、拆、移作业平台; 2. 锚杆及附件制作、运输; 3. 布眼、钻孔、清孔; 4. 浆液制作、注浆; 5. 锚杆就位、顶进、锚固

续表

子目号	子目名称	单位	工程量计量	工程内容
……	……	……	……	……
503-2-d	喷射混凝土支护			
503-2-d-1	钢筋网	kg	1. 依据设计图纸所示位置及尺寸，按图示钢筋网质量，以千克为单位计量； 2. 钢筋网锚固件为钢筋网的附属工作，不另行计量	1. 搭、拆、移作业平台； 2. 布眼、钻孔、清孔、安设锚固件； 3. 挂网、绑扎、焊接、加固
503-2-d-2	喷射混凝土	m³	依据设计图纸所示位置及尺寸，按图示喷射混凝土体积，分不同强度等级，以立方米为单位计量	1. 冲洗岩面； 2. 安、拆、移喷射设备； 3. 搭、拆、移作业平台； 4. 配、拌、运混凝土； 5. 上料、喷射、养护
503-2-e	钢支架支护			
503-2-e-1	型钢支架	kg	1. 依据设计图纸所示位置及尺寸，按型钢质量，以千克为单位计量； 2. 型钢支架纵向连接钢筋作为附属工作，不另行计量； 3. 连接钢板、螺栓、螺帽、拉杆、垫圈为型钢支架的附属工作，均不另行计量	1. 场地清理； 2. 搭拆工作平台； 3. 型钢支架加工； 4. 型钢支架成型； 5. 型钢支架修整、焊接； 6. 安装就位、紧固螺栓； 7. 型钢支架纵向连接
503-2-e-2	钢筋格栅	kg	1. 依据设计图纸所示位置及尺寸，按钢筋质量，以千克为单位计量； 2. 钢筋格栅纵向连接钢筋作为附属工作，不另行计量； 3. 连接钢板、螺栓、螺帽、拉杆、垫圈为钢筋格栅的附属工作，均不另行计量	1. 场地清理； 2. 搭拆工作平台； 3. 钢筋格栅加工； 4. 钢筋格栅成型； 5. 钢筋格栅修整、焊接； 6. 安装就位、紧固螺栓； 7. 钢筋格栅纵向连接

4. 第504节 洞身衬砌

本节的工程量清单项目分项计量规则应按"表504 洞身衬砌"（见表6-3）的规定执行。

表6-3 表504 洞身衬砌

子目号	子目名称	单位	工程量计量	工程内容
504	洞身衬砌			
504-1	洞身衬砌			

续表

子目号	子目名称	单位	工程量计量	工程内容
504-1-a	钢筋	kg	1. 依据图纸所示及钢筋表所列钢筋质量，以千克为单位计量； 2. 固定钢筋的材料、定位架立钢筋、钢筋接头、吊装钢筋、钢板、铁丝作为钢筋作业的附属工作，不另行计量	1. 钢筋的保护、储存及除锈； 2. 钢筋整直、接头； 3. 钢筋截断、弯曲； 4. 钢筋安设、支承及固定
504-1-b	现浇混凝土	m³	依据图纸所示位置及尺寸，按图示混凝土体积分不同强度等级，以立方米为单位计量	1. 场地清理； 2. 基底检查； 3. 模板制作、安装、拆除； 4. 混凝土拌和、运输、浇筑、养护； 5. 设置施工缝、沉降缝
504-2	仰拱、铺底混凝土			
504-2-a	现浇混凝土仰拱	m³	依据图纸所示位置及尺寸，按图示混凝土体积分不同强度等级，以立方米为单位计量	1. 场地清理； 2. 基底检查； 3. 模板制作、安装、拆除； 4. 凝土拌和、运输、浇筑、养护； 5. 设置施工缝、沉降缝
504-2-b	现浇混凝土仰拱回填	m³	依据图纸所示位置及尺寸，按图示混凝土体积分不同强度等级，以立方米为单位计量	1. 场地清理； 2. 基底检查； 3. 混凝土拌和、运输、浇筑、养护
504-3	边沟、电缆沟混凝土			
504-3-a	现浇混凝土沟槽	m³	依据图纸所示位置及尺寸，按图示混凝土体积分不同强度等级，以立方米为单位计量	1. 沟槽开挖； 2. 基底检查； 3. 模板制作、安装、拆除
504-3-b	预制安装混凝土沟槽	m³	依据图纸所示位置及尺寸，按图示预制安装混凝土体积分不同强度等级，以立方米为单位计量	1. 沟槽开挖； 2. 预制场地建设； 3. 模板制作、安装、拆除； 4. 构件预制； 5. 构件安装； 6. 设置施工缝、沉降缝
504-3-c	预制安装混凝土沟槽盖板	m³	依据图纸所示位置及尺寸，按图示预制安装混凝土体积分不同强度等级，以立方米为单位计量	1. 预制场地建设； 2. 模板制作、安装、拆除； 3. 构件预制、安装

续表

子目号	子目名称	单位	工程量计量	工程内容
504-3-d	钢筋	kg	1. 依据图纸所示及钢筋表所列钢筋质量,以千克为单位计量; 2. 固定钢筋的材料、定位架立钢筋、钢筋接头、吊装钢筋、钢板、铁丝作为钢筋作业的附属工作,不另行计量	1. 钢筋的保护、储存及除锈; 2. 钢筋整直、接头; 3. 钢筋截断、弯曲; 4. 钢筋安设、支承及固定
504-5	洞内路面			
504-5-a	钢筋	kg	1. 依据图纸所示及钢筋表所列钢筋质量,以千克为单位计量; 2. 含拉杆、补强钢筋、传力杆; 3. 钢筋接头、铁丝作为钢筋作业的附属工作,不另行计量	1. 钢筋的保护、储存及除锈; 2. 钢筋整直、接头; 3. 钢筋截断、弯曲; 4. 钢筋安设、支承及固定
504-5-b	现浇混凝土	m³	依据图纸所示位置及尺寸,按图示混凝土体积分不同强度等级,以立方米为单位计量	1. 基底检查; 2. 模板制作、安装、拆除

5. 第505～510节(略)

6.3 隧道工程案例分析

【案例6-1】

背景:某隧道工程全长800m,其中:Ⅴ级围岩设计开挖断面面积100m²,占隧道全长的20%,实际开挖数量17 000m³;Ⅳ级围岩设计开挖断面面积90m²,占隧道全长的40%,实际开挖数量30 000m³;Ⅲ级围岩设计开挖断面面积80m²,占隧道全长的40%,实际开挖数量26 000m³;洞外出渣运距为1700m,超挖部分回填采用M7.5浆砌片石。不考虑通风、高压风水管、照明、电线路费用。

教学视频:
案例分析6-1
隧道洞身开挖

问题:请列出隧道工程施工图预算所涉及的相关定额的名称、单位、定额代号、数量、定额调整等内容,并填入表格中,需要时,应列式计算,或用文字说明。

参考答案:

(1) 计算洞身开挖数量计算如下。

根据定额说明,开挖工程量按设计开挖断面计算,定额中已考虑超挖因素,不得将超挖数量计入工程量。

Ⅴ级围岩开挖数量:800×20%×100=16 000(m³)

Ⅳ级围岩开挖数量:800×40%×90＝28 800(m³)

Ⅲ级围岩开挖数量:800×40%×80＝25 600(m³)

(2) 弃渣洞外调整方案如下。

定额中洞外出渣距离为500m,本隧道出渣距离达1700m,应增加运距1.2km,按规定采用路基工程中增运定额计算。

当运距位数不足一个增运定额单位的半数时不计,等于或超过半数时按一个增运定额运距单位计算,故增加运距为1.0km。

一般情况下,Ⅴ～Ⅵ级围岩运输可考量按土方运输,Ⅰ～Ⅳ级围岩运输可按石方考虑。

(3) 回填工程量计算如下。

根据定额规定,定额中已综合考虑因超挖及预留变形需回填的混凝土数量,不得将上述因素的工程量计入计价工程量内。

(4) 施工图预算所涉及的定额名称、单位、代号、数量、定额调整等内容见表6-4。

表6-4 预算定额子目表

代 号	名 称	单 位	工程量	调整
SD05	洞身开挖	m³	70 400	
SD0501	开挖	m³	70 400	
3-1-3-3	正洞机械开挖,隧道长度1000m以内,Ⅲ级围岩	100m³ 自然密实土石	256	
3-1-3-4	正洞机械开挖,隧道长度1000m以内,Ⅳ级围岩	100m³ 自然密实土石	288	
3-1-3-5	正洞机械开挖,隧道长度1000m以内,Ⅴ级围岩	100m³ 自然密实土石	160	
3-1-3-43	正洞出渣,隧道长度1000m以内,Ⅰ～Ⅲ级围岩	100m³ 自然密实土石	256	
3-1-3-44	正洞出渣,隧道长度1000m以内,Ⅳ级、Ⅴ级围岩	100m³ 自然密实土石	448	
1-1-11-12	20t以内自卸汽车运土方,每增运0.5km	1000m³ 天然密实方	16	×2
1-1-11-26	20t以内自卸汽车运石方,每增运0.5km	1000m² 天然密实方	54.4	×2

【案例6-2】

背景材料:某分离式山区高速公路隧道,全长1462m,主要工程量如下。

(1) 洞门部分:浆砌片石墙体1028m³,浆砌片石截水沟69.8m³。

(2) 洞身部分:设计开挖断面面积为162m²,开挖土石方247 180m³,其中Ⅴ级围岩10%,Ⅳ级围岩70%,Ⅲ级围岩20%。型钢支撑445t,C25喷射混凝土10 050m³,HPB300钢筋网138t,ϕ25mm砂浆锚杆(HRB400)12 600m,ϕ22mm砂浆锚杆113 600m(无螺母和垫板质量),注浆小导管(ϕ42mm,壁厚4mm,注水泥浆0.0056m³/m)10 000m,C25拱墙混凝土25 259m³,HPB300钢筋16t,HRB400钢筋145t。

(3) 洞内道路:26cm厚C30水泥混凝土面层21 930m²。

(4) 不考虑隧道防排水、洞内管沟、装饰、照明、通风、消防等。

(5) 混凝土搅拌站选择设置在每侧洞口处。

教学视频:
案例分析6-2
隧道综合

参考答案：

(1) 洞身开挖数量计算。由于 $162×1462=236\,844(\text{m}^3)$ 小于题目中给定的开挖数量 $247\,180\text{m}^3$，说明在题目中给定的洞身开挖数量中包含有超挖数量，按定额规定，超挖数量是不能计价的。

按定额中的工程量计算规则如下。

开挖数量＝设计开挖断面面积×隧道长度

则计价工程量计算式如下。

开挖Ⅴ级围岩：$162×1462×0.1=23\,684.4(\text{m}^3)$

开挖Ⅳ级围岩：$162×1462×0.7=165\,790.8(\text{m}^3)$

开挖Ⅲ级围岩：$162×1462×0.2=47\,368.8(\text{m}^3)$

(2) 砂浆锚杆数量计算。

$(0.025^2×12\,600+0.022^2×113\,600)×\pi÷4×7.85=387.539(\text{t})$

(3) 注浆小导管钢管数量。

$[0.042^2-(0.042-0.04×2)^2]×\pi÷4×100×7.85×(1+4\%)=0.390(\text{t})$

(4) 二衬钢筋混凝土钢筋抽换。

HPB300：$16÷(16+145)×1.025=0.102(\text{t})$

HRB400：$145÷(16+145)×1.025=0.923(\text{t})$

(5) 隧道路面水泥混凝土数量：$21\,930×0.26=5701.8(\text{m}^3)$。

(6) 施工图预算所涉及的定额名称、代号等内容见表6-5。

表6-5　预算定额子目表

定额代号	定 额 名 称	单 位	工程量	调 整
SD01	洞门及明洞开挖	m³		
SD02	洞门坡面排水、防护	m³		
1-3-3-5	浆砌片石截水沟	实体10m³	6.98	
SD03	洞门建筑	m³/座	1 028	
3-2-1-4	浆砌片石洞门墙	实体10m³	102.8	
SD05	洞身开挖	m³	236 844	
SD0501	开挖	m³	236 844	
3-1-3-9	正洞机械开挖，隧道长度2000m以内，Ⅲ级围岩	100m³ 自然密实土石	473.688	
3-1-3-10	正洞机械开挖，隧道长度2000m以内，Ⅳ级围岩	100m³ 自然密实土石	1 657.908	
3-1-3-11	正洞机械开挖，隧道长度2000m以内，Ⅴ级围岩	100m³ 自然密实土石	236.844	
3-1-3-46	正洞出渣，隧道长度2000m以内，Ⅰ～Ⅲ级围岩	100m³ 自然密实土石	473.688	

续表

定额代号	定额名称	单位	工程量	调整
3-1-3-47	正洞出渣,隧道长度2000m以内,Ⅳ级、Ⅴ级围岩	100m³ 自然密实土石	1 894.752	
1-1-11-26	20t以内自卸汽车运石方,每增运0.5km	1000m³ 天然密实方	213.169	
1-1-11-12	20t以内自卸汽车运土方,每增运0.5km	1000m³ 天然密实方	23.684	
SD0502	注浆小导管	m	10 000	
3-1-7-5	超前小导管	100m	100	钢管:0.39t
3-1-7-6	注水泥浆	10m³	5.6	
SD0503	管棚	m		
SD0504	锚杆	m		
3-1-6-1	砂浆锚杆	1t	387.539	
SD0505	钢拱架(支撑)	t		
3-1-5-1	制作、安装型钢钢架	1t 钢架	445	
3-1-5-3	制作、安装连接钢筋	1t 钢架		
SD0509	喷混凝土	m³	10 050	
3-1-8-1	喷射混凝土	10m³	1 005	
4-11-11-15	60m³/h以内混凝土搅拌站(楼)拌和	100m³	100.5	×1.2
4-11-11-24	6m³ 搅拌运输车运混凝土,第一个1km	100m	100.5	×1.2 人机×1.26
SD0510	钢筋网	t	138	
3-1-6-5	钢筋网	1t	138	
SD06	洞身衬砌	m³	25 259	
SD0602	现浇混凝土	m³	25 259	
3-1-9-1	模板台车现浇混凝土衬砌	10m³	2 525.9	
4-11-11-15	60m³/h以内混凝土搅拌站(楼)拌和	100m³	252.59	×1.17
4-11-11-26	8m³ 搅拌运输车运混凝土,第一个1km	100m	252.59	×1.17 人机×1.26
SD0603	钢筋	t	161	
3-1-9-6	现场加工衬砌钢筋	1t	161	HPB300:0.102 HRB400:0.923
SD10	洞内道路	m²	21 930	
2-2-17-3	轨道式摊铺机铺筑普通混凝土路面,厚度20cm	1000m² 路面	21.930	人机×1.26

续表

定额代号	定额名称	单位	工程量	调整
2-2-17-4	轨道式摊铺机铺筑普通混凝土路面,每增减1cm	1000m² 路面	21.930	×6 人机×1.26
4-11-11-15	60m³/h 以内混凝土搅拌站(楼)拌和	100m³	57.018	×1.02
4-11-11-26	8m³ 搅拌运输车运混凝土,第一个1km	100m³	57.018	×1.02 人机×1.26
SD12	混凝土搅拌站安拆			
4-11-11-10	60m³/h 以内混凝土搅拌站(楼)安装、拆除	1座	2	

6.4 交通工程及沿线设施定额

《预算定额》(2018年版)"交通工程及沿线设施"章定额共设安全设施、监控及收费系统、通信系统及通信管道、通风及消防设施、供电及照明系统、电缆敷设、配管及铁构件制作安装等七节。如有未包括的项目,可参照相关行业定额。现仅对安全设施节作重点介绍。

"交通工程及沿线设施"定额中均已包括混凝土的拌和费用。

安全设施节定额包括混凝土、砌体护栏,钢护栏,隔离栅,标志牌,路面标线,里程碑、百米桩、界碑,轮廓标,防眩、防撞设施,安全设施拆除,客运汽车停靠站防雨棚等项目。使用定额时,应着重注意以下两点。

(1)定额中波形钢板、型钢立柱、钢管立柱、镀锌钢管、护栏、钢板网、钢板标志、铝合金板标志、柱式轮廓标、钢管防撞立柱、镀锌钢管栏杆、预埋钢管等均为成品,编制预算时,应按成品价格计算。其中,标志牌单价中不含反光膜的费用。

(2)水泥混凝土构件的预制、安装定额中均包括混凝土及构件运输的工程内容,编制预算时,不得另行计算。

6.5 临时工程定额

1. 临时工程与临时设施

公路建设中的临时工程是间接为建设工程服务的,它的特点是应在公路工程建成后全部拆除,并恢复原来的生态面貌。临时工程包括两方面内容,一是施工企业进行正常施工,施工现场必须设置的生产和生活用的临时设施,根据不同的工程项目、不同的地区类别,其所需费用以费率的形式计入其他工程费内的临时设施费中,常称为小型临时设施。二是为主体工程的施工必须修建的临时工程,包括临时便道、临时便桥、临时轨道、临时电力和电信线路等,可以根据建设工程的实际需要,逐项列入工程造价内,是构成全部建筑安装工程费用的一项内容,常称为大型临时工程。本章所指的即为大型临时工程。临时工程与临时设施的划分原则如表 6-6 所示。

表 6-6 临时工程与临时设施

工程内容	临 时 工 程	临 时 设 施
划分原则	指工程施工需要配备的一般通用的、大型的施工设施,包括临时便道、临时便桥、临时轨道、临时电力和电信线路等	指各种生活、生产用房、工作便道、人行便桥、临时用水、用电的水管支线、电力支线和其他小型临时设施等

2. 临时工程定额主要内容与应用

临时工程应按施工组织设计结合工程实际情况需而定,正确运用定额,如实反映工程造价。《预算定额》(2018 年版)"临时工程"章定额由汽车便道、临时便桥、临时码头、轨道铺设、架设输电线路、人工夯打小圆木桩六个项目组成。套用定额时,主要注意以下几点。

(1) 汽车便道按路基宽度 7.0m 和 4.5m 分别编制,便道路面宽度按 6.0m 和 3.5m 分别编制,路基宽 4.5m 的定额中已包括错车道的设置。如汽车便道在使用期内需要养护,按相应定额另行计算。

(2) 临时汽车便桥按桥面净宽 4m、单孔跨径 21m 编制。钢栈桥按上、下部编制。

(3) 轨道铺设定额中轻轨(11kg/m、15kg/m)部分未考虑道渣;重轨(32kg/m)考虑了道渣铺筑。

(4) 便桥,输电线路的木料、电线的材料消耗均按一次使用量计列,编制预算时,应按规定计算回收;其他各项定额分别不同情况,按其周转次数摊入材料数量。

6.6 公路工程预算定额小结

1. 确定工料机消耗的几种方法

(1) 直接套用单个定额。

(2) 定额子目组合(叠加):如自卸汽车配合挖掘机运输土方;路面基层面层混合料、混凝土运输或构件运输(距离调整)。

(3) 定额抽换。涉及定额抽换的主要有以下几种情况。

① 路基土方压实方与天然方之间的换算系数。

② 路面基层混合料分层碾压(每 1000m² 增加人工 1.5 工日,平地机、拖拉机、摊铺机、压路机台班数量加倍)。

③ 基层混合料配合比调整。

④ 砂浆、混凝土、片石混凝土配合比调整。

⑤ 采用商品混凝土。

⑥ 泵送混凝土水平泵送距离调整。

⑦ 钢筋定额调整。

⑧ 设备摊销费调整。

⑨ 桥涵拱盔、支架有效宽度调整。

⑩ 周转性材料定额调整(桥梁支架及桥涵拱盔、支架所用周转性材料达不到定额规定的周转次数,可根据实际周转次数进行调整)等。

2. 运用定额时应注意的问题

(1) 使用定额前,应仔细阅读总说明、章说明、节说明以及表后附注。

(2) 当查定额时,首先要鉴别工程项目属于哪类工程,以免盲目确定而在表中找不到栏目,进而无法计算或错误引用定额。例如,"汽车运土"与"汽车运输"(构件)就是如此,前者为路基工程,而后者为桥梁工程。

(3) 找到相关定额时,应仔细核对定额工程内容与设计工程内容,看是否应对定额进行组合或抽换。

(4) 看清定额计量单位。

(5) 施工方法、措施、项目、工程量(含辅助工程量、临时工程量),应根据施工组织设计确定。

思 考 题

1. 隧道工程混凝土拌和费用、超挖及预留变形和弃渣洞外运输用的计算是如何规定的?
2. 隧道工程项目采用其他章节定额有哪些规定?
3. 说明隧道工程项目混凝土运输定额的适用范围。
4. 说明隧道工程项目明洞身开挖和支护有关的工程量计算规则。
5. 临时工程预算定额包括哪些内容?
6. 临时工程与临时设施是如何划分的?

案例练习题

背景:为保护生态环境,某公路施工图设计有一明洞工程,长 51m,其主要工程量如表 6-7 所示。

表 6-7 明洞工程主要工程量

隧道洞身开挖/m³	现浇拱墙		现浇拱部		回填碎石/m³	路面/m²	防水层/m²
	混凝土/m³	钢筋/t	混凝土/m³	钢筋/t			
8780	2500	103	1700	131	1959	1200	5400

已知:隧道断面面积为 156m²,其中拱部面积为 88m²。隧道洞身开挖Ⅴ级围岩占 90%,Ⅱ级围岩占 10%,弃渣平均运距为 3km;洞内路面设计为中料式沥青混凝土,厚度为 15cm,混合料平均运距为 4km。

问题：请根据上述资料列出本隧道工程所涉及定额的名称、单位、定额代号、数量等内容，并填入表 6-8 中，需要时，应列式计算，或用文字说明。

表 6-8 预算定额子目表

序号	定额子目名称	单位	定额表号	数量	定额调整情况

第 7 章 工、料、机预算单价的确定

7.1 人工、施工机械台班预算单价的确定

1. 人工工日单价的确定

1) 人工工日单价及其组成

人工工日单价是指一个建筑安装生产工人一个工作日在概算、预算中应计入的全部人工费用,包括以下内容。

教学视频:
人工、施工机械台班
预算单价的确定

(1) 计时工资或计件工资:指按计时工资标准和工作时间或对已做工作按计件单价支付给个人的劳动报酬。

(2) 津贴、补贴:指为了补偿职工特殊或额外的劳动消耗和因其他特殊原因支付给个人的津贴,以及为了保证职工工资水平不受物价影响而支付给个人的物价补贴,如流动施工津贴、特殊地区施工津贴、高温(寒)作业临时津贴、高空津贴等。

(3) 特殊情况下支付的工资:指根据国家法律、法规和政策规定,因病、工伤、产假、计划生育假、婚丧假、事假、探亲假、定期休假、停工学习、执行国家或社会义务等原因按计时工资标准或计件工资标准的一定比例支付的工资。

2) 人工工日单价的确定方法

人工工日单价按照本地区公路建设项目的人工工资统计情况以及公路建设劳务市场情况进行综合分析确定。人工工日单价由省级交通运输主管部门制定并发布,并适时进行动态调整。同时,人工单价仅作为编制概算、预算的依据,不作为施工企业实发工资的依据。

公路工程概(预)算定额中的人工工日单价为综合工日单价,不区分工种,即公路建设所有用工(例如小工、混凝土工、钢筋工、木工、起重工、张拉工、隧道掌子面开挖工、交通工程安装工、施工机械工等)都是采用同一综合工日单价。

综合工日单价已包括由个人交纳的社会保险费中的养老保险费、失业保险费、医疗保险费(生育保险除外)和住房公积金。

综合工日单价不同于公路建设人工劳务市场价,其主要区别在于以下几点。

(1) 工作时间不同:综合工日单价通常按每天工作 8h(隧道 7h,潜水 6h)考虑,公路建设劳务用工每天工作时间普遍与综合工日有差异。

(2) 企业应支出的"四险一金"不同:编制公路工程概(预)算时,由企业支付的社会保险费和住房公积金需单独计算,而公路建设人工劳务市场价一般已包含上述费用。

(3) 其他费用计算不同:公路工程概(预)算的工人的冬、雨、夜施工的补助,工地转移、

取暖补贴、主副食补贴、探亲路费等应单独计算,而公路建设人工劳务市场价不再单独计算。

2. 施工机械台班预算单价的确定

1) 公路工程机械台班费用定额

《公路工程机械台班费用定额》(JTG/T 3833—2018)(以下简称《机械台班费用定额》)是《公路工程预算定额》(JTG/T 3832—2018)、《公路工程概算定额》(JTG/T 3831—2018)的配套定额,是编制公路建设工程估算、概算、预算的依据。

《机械台班费用定额》主要包括说明和台班费用定额表两大部分。

说明共十二条,对机械台班费用定额的作用、机械分类、费用组成和某些规定做了说明。

台班费用定额表是《机械台班费用定额》的主要组成部分,表格按机械分类编制。机械共分13类,包括土、石方工程机械,路面工程机械,混凝土及灰浆机械,水平运输机械,起重及垂直运输机械,打桩、钻孔机械,泵类机械,金属、木、石料加工机械,动力机械,工程轮船舶,工程检测仪器仪表,通风机,以及其他机械。每类机械为一个表,共分为13个表,表中给出相应类别、不同规格机械的不变费用和可变费用。

《机械台班费用定额》的用途如下:①计算施工机械台班预算单价;②计算台班消耗的人工、燃料等实物消耗;③供编制施工组织方案(特别是机械化施工方案)进行经济比较。

2) 施工机械台班预算单价的组成与确定

一台机械工作一个工作班即称为一个台班(除潜水设备、变压器和配电设备外,每台班均按8h计算)。机械台班预算单价是指一台施工机械在一个台班中,为使机械正常运转所支出和分摊的人工、材料、折旧、维修等各项费用的总和。

公路工程施工机械台班预算单价应按《机械台班费用定额》计算,不得采用社会出租台班单价计价。施工机械台班预算单价由不变费用和可变费用组成。

(1) 不变费用包括折旧费、检修费、维护费、安拆辅助费四项费用。在《机械台班费用定额》中,将不变费用中的各项费用直接用金额的形式列入。在编制机械台班单价时,除青海、新疆、西藏等边远地区可按省级交通运输主管部门批准的调整系数进行调整外,其他地区均应以定额规定的数值为准,不得任意变动。

(2) 可变费用包括机上人员人工费(随机操作人员的工作日工资)、动力燃料费、车船使用税三项费用。在《机械台班费用定额》中仅规定实物量,即人工工日、动力物质(包括汽油、柴油、电、水、煤)等每台班的实物消耗数量。在编制机械台班单价时,随机操作人员数量(人工工日数)及动力物质消耗量应以《机械台班费用定额》中的数值为准。台班人工费工日单价同生产工人人工费单价,按当地有关部门规定计算。动力燃料费的预算价格,按当地的工地预算价格计算。如需缴纳其他费用时,应按各省(自治区、直辖市)及国务院有关部门的规定标准,按机械的年工作台班计入台班费用。台班人工费和台班动力燃料费的计算公式如下:

$$台班人工费 = 定额人工工日数 \times 人工工日单价 \tag{7-1}$$

$$台班燃料动力费 = 定额台班动力燃料消耗量 \times 相应单价 \tag{7-2}$$

当工程用电为自行发电时,电动机械每千瓦时(度)电的单价可由近似公式(7-3)计算。

$$A = 0.15 \times K/N \tag{7-3}$$

式中　A——每千瓦时电单价,元;
　　　K——发电机组的台班单价,元;
　　　N——发电机组的总功率,kW。

7.2　材料预算单价的确定

7.2.1　材料预算单价的组成与计算

1. 材料预算价的概念与组成

材料的预算价格是指材料(包括原材料、构件、成品及半成品等)从其来源地(或交货地)到达工地仓库(或施工地点堆放材料的地方)后的出库价格。

材料预算价格由材料原价、运杂费、场外运输损耗、采购及仓库保管费组成。

2. 材料预算价计算

1) 材料原价

各种材料原价按以下规定计算。

外购材料:参照本行政区域内交通运输主管部门发布的价格和按调查的市场价格进行综合取定。

地方性材料:地方性材料包括外购的砂、石材料等,按实际调查价格或当地主管部门规定的预算价格计算。

自采材料:自采的砂、石、黏土等材料,按《公路工程预算定额》(第八章材料采集及加工)中开采单价加辅助生产间接费和矿产资源税(如有)计算。因此,自采材料的原价通常也称为料场价格。

在编制概预算时,自采材料原价(料场价)是通过《公路工程预算定额》自采材料料场价格计算表(23-1 表)来完成的。

2) 运杂费

运杂费是指材料自供应地点至工地仓库(施工地点存放材料的地方)的运杂费用,包括装卸费和运费,如果发生,还应计囤存费及其他杂费(如过磅、标签、支撑加固、路桥通行等费用)。

一种材料如有两个以上的供应点时,都应根据不同的运距、运量、运价采用加权平均的方法计算运费。由于概算、预算定额中已考虑了工地运输便道的特点,以及定额中已计入了"工地小搬运"的费用,因此汽车运输平均运距中不得乘调整系数,也不得在工地仓库或堆料场之外再加场内运距或二次倒运的运距。

(1) 社会运输运杂费的确定。社会运输即通过铁路、水路和公路等部门运输,应按铁路、航运和当地交通部门规定的运价计算运费。对于社会运输材料,其单位运杂费的计算,可参照以下方法计算。

$$材料单位运杂费 = 单位运费 + 单位装卸费 + 单位杂费 \qquad (7\text{-}4)$$

$$单位运费 = 运价率 \times 运距 \times 单位毛重 \qquad (7\text{-}5)$$

$$单位装卸费 = 装卸费率 \times 单位毛重 \qquad (7\text{-}6)$$

其中,单位毛重的计算如下。

对于有包装及容器的材料及长大轻浮材料,其单位毛重按下式计算。

$$单位毛重 = 单位重 \times 毛质量系数 \qquad (7\text{-}7)$$

式中　运价率——运输每吨每千米物资金额,按当地运输部门规定计列,元/(t·km);

　　　运距——由运料起点至运料终点间的里程,km;

　　　毛质量系数、单位毛重——按表7-1及式(7-7)确定;

　　　单位重——按《公路工程预算定额》附录四确定。

表7-1　材料毛质量系数及单位毛质量表

材料名称	单位	毛质量系数	单位毛质量
爆破材料	t	1.35	
水泥、块状沥青	t	1.01	
铁钉、铁件、焊条	t	1.10	
液体沥青、液体燃料、水	t	桶装1.17,油罐车1.00	
木料	m³	—	原木0.750t,锯材0.650t
草袋	个		0.004t

(2) 施工单位自办运输运杂费的确定。自办运输是施工企业根据公路建设项目所在地交通不便,社会运力缺乏的情况,结合本企业运输能力而组织材料运输的一种运输方式。自办运输运费的确定应按概算预算编制办法的规定进行。

平均运距在15km以上时,应按市场运价计算其运输费用。

平均运距在15km及以内时,按预算定额(第九章材料运输)计算运费,其中人工、机械装卸和运另按人工费的3%加计辅助生产间接费。

3) 场外运输损耗费

场外运输损耗是指有些材料在正常的运输过程中发生的损耗,这部分损耗应摊入材料单价内。材料场外运输损耗率见表7-2。计算公式为

$$单位场外运输损耗费 = (材料原价 + 材料单位运杂费) \times 材料场外运输损耗率 \qquad (7\text{-}8)$$

表7-2　材料场外运输操作损耗率　　　　　　　　　　　　　　单位:%

材料名称	场外运输(包括一次装卸)	每增加一次装卸
块状沥青	0.5	0.2
石屑、碎砾石、砂砾、煤渣、工业废渣、煤	1.0	0.4
砖、瓦、桶装沥青、石灰、黏土	3.0	1.0

续表

材料名称		场外运输(包括一次装卸)	每增加一次装卸
草皮		7.0	3.0
水泥(袋装、散装)		1.0	0.4
砂	一般地区	2.5	1.0
	多风地区	5.0	2.0

注:汽车运水泥如运距超过500km时,袋装水泥损耗率增加0.5%个百分点。

4) 采购及保管费

材料采购及保管费是指在组织采购、保管材料过程中所需的各项费用及工地仓库的材料储存损耗。材料采购及保管费计算公式如下。

$$单位采购及保管费 = (材料原价 + 单位运杂费 + 单位场外运输损耗费) \times 采购及保管费率 \tag{7-9}$$

商品混凝土、沥青混合料和各类稳定土混合料、外购的构件、成品及半成品的预算价格计算方法与材料相同。商品混凝土、沥青混合料和各类稳定土混合料不计采购及保管费。

公路工程材料的采购及保管费费率见表7-3。

表7-3 采购及保管费费率表

名称	费率/%	名称	费率/%
钢材	0.75	外购的构件、成品及半成品	0.42
燃料、爆破材料	3.26	商品混凝土、沥青混合料和各类稳定土混合料	0
其余材料	2.06		

综合上述四种费用的计算,材料预算价格的计算公式如下。

$$材料预算价格 = (材料原价 + 运杂费) \times (1 + 场外运输损耗率) \\ \times (1 + 采购及保管的费率) - 包装材料回收价值 \tag{7-10}$$

在编制概预算时,材料预算价格是通过材料预算单价计算表来完成的。

7.2.2 材料采集及加工定额、材料运输定额

1. 材料采集及加工定额

材料采集及加工指工程施工现场周边无法采购到符合工程设计要求的建筑材料(主要是指土、砂石料等),而必须由施工企业自行采集与加工来满足工程建设的需要。《公路工程预算定额》第八章为材料采集及加工,对于自采材料的原价(料场价)应按本章定额中开采单价加辅助生产间接费和矿产资源税(如有)计算。有条件的工程项目,材料应综合考虑自采加工,以降低工程造价。

(1) 定额中机制砂、机轧碎石用到的片石均应按本章捡清片石计算。

(2) 材料采集及加工定额已包括采、筛、洗、堆及加工等操作损耗在内。

(3) 采用定额时要结合附注内容,合理运用。

【例 7-1】 某路线工程的桥涵工程所需片石由两种方法取得,一种是采石场开采片石,另一种是利用开炸路基石方时捡清片石。试列出这两种采集片石方法的预算定额。

【解】 (1) 开采片石定额(机械开采)。由预算定额表[8-1-5-2]可查得定额(每 $100m^3$ 码方)。

人工:15.8 工日。

材料:空心钢钎 2.1kg、合金钻头 3 个、硝铵炸药 20.4kg、导爆索 13m、非电毫秒雷管 28 个。

机械:$9m^3$/min 机动空机 1.31 台班、小型机具使用费 48.7 元。

基价:3139 元。

(2) 人工捡清片石定额。由定额表[8-1-5-3]查得(每 $100m^3$ 码方)定额。

人工:18.6 工日。

基价:1977 元。

2. 材料运输定额

材料运输是指将材料通过人工或机械从采购地或料场运送到施工现场堆放地或工地仓库。《预算定额》的第九章材料运输定额是供材料自办运输费用使用的。

运输方式有人工挑抬、手推车运输、机动翻斗车运输(配合人工装车)、手扶拖拉机运输(配合人工装车)、载货汽车运输(配合人工装卸)、自卸汽车运输(配合装载机装车)等。应根据具体情况合理选用运输方式,以确定合理的材料预算价格。

(1) 定额内已综合考虑汽车运输项目中因路基不平、土路松软、泥泞、急弯、陡坡而增加的消耗。

(2) 所有材料的运输及装卸均未包括堆、码方工日。

(3) 载货汽车运输、自卸汽车运输和洒水汽车运水定额项目,仅适用于平均运距在 15km 以内的运输;当运距超过第一个定额运距单位时,其运距尾数不足一个增运定额单位的半数时不计;等于或超过半数时,按一个增运定额单位计算。平均运距在 15km 以上时,应按市场运价计算其运输费用。

(4) 本章定额中未列名称的材料,可按下列规定执行,其中不是以质量计量的,应按单位质量进行换算:①天然级配、石渣、风化石按碎石运输定额计;②其他材料一律按水泥运输定额执行。

【例 7-2】 试确定下列工程的预算定额编号。

(1) 10t 以内自卸汽车运路基土 5km。

(2) 10t 以内自卸汽车运土 5km。

(3) 10t 以内自卸汽车运输路面厂拌基层稳定土混合料 5km。

(4) 10t 载货汽车运输预制构件 5km。

【解】 上述各题虽都是汽车运输,但由于运输对象不同,故各自的定额编号也不相同。

(1) 汽车运土已明确是运路基土,因此,该工程属于"路基工程"的一项。其定额编号为[1-1-11-5]和[1-1-11-6]。

(2) 汽车运土因没有明确为何工程运土,因此,该土是当作材料来运的,属于"材料运输"中的一项,其定额编号为[9-1-6-55]和[9-1-6-56]。

(3) 汽车运路面混合料,属于"路面工程"中的一项,其定额编号为[2-1-8-3]和[2-1-8-4]。

(4) 汽车运预制构件,由于运送对象是预制构件,故属于"桥涵工程"中的一项,其定额编号为[4-8-3-10]和[4-8-3-14]。

7.2.3 材料平均运距的计算

材料平均运距的计算,从阶段来分,可分为施工阶段的材料运距计算和设计阶段的材料运距计算。在施工阶段,对于运距,要结合实际、精打细算;而在设计阶段,对于运距,则要求接近实际,基本合理。对材料运距的计算可归纳为如下三类问题。

教学视频:
材料平均运距的计算

卸料地点问题:包括线型工程运料终点的确定、集中型工程运料终点的确定。

供料地点问题:包括自采材料料场供应范围、外购材料供应地点确定。

某种材料的预算平均运距问题:包括线式卸料总平均运距的计算、点式卸料总平均运距的计算。

1. 运料终点的确定

由于公路工程是线型构造物,卸料地点分散,所以材料运输终点对运距的确定影响较大。为此,应对运料终点做出以下规定。

1)点式卸料

点式卸料是指材料运输终点相对地卸于一个特定的代表地点,主要适用于集中型工程,其材料运输终点范围是大中桥为桥址中心桩号;大型隧道的中心桩号;集中型工程范围中心的桩号。

2)线式卸料

所谓线式卸料,也称多点式卸料,是指材料的运输终点是分散的,主要适用于路线工程各种工程项目所用的各种材料运距计算。其卸料地点原则上是其用料的"重心"地点。

(1)需集中拌和的路面混合料的各种原材料,为各拌和厂的堆料中心点。

(2)不需集中厂拌的路面材料,为各用料路段的中心桩号。

(3)砌石工程的材料为各集中工程地段的中心桩号。

(4)小桥涵及小型构造物用材料,如果用料数量比较均匀,可取路线的中心桩号;若分布不均匀,则应划段取其中心点桩号。

2. 材料供应地点和供应范围

公路工程所用材料按其供应来源性质可分为外购材料和自采材料两大类。在确定材料运距时,除明确卸料地点外,还必须明确材料的供应地点和供应范围。

1)材料供应地点

外购材料的供应地点,即材料的起运地点,应由调查资料确定。

自采材料的供应地点,就是各供应路段的相应供料料场地点。

2)料场经济供应范围的确定

当公路沿线有若干个同种材料的料场时,应在两相邻料场间确定一个经济供应范围的分界点,可以采用以下两个原则来确定分界点。

(1) 从1号、2号料场运至 L 路段的材料总费用（料场价格加运费）最小。

(2) 单位材料从料场运至分界点 K 的费用相等。

上述两个原则是完全等价的。

图 7-1 表示某路段两相邻料场 1 号和 2 号的分布，其有关参数如表 7-4 所示。

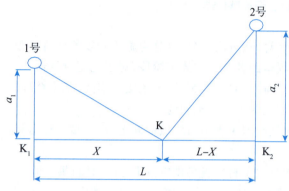

图 7-1　材料经济供应范围

经济分界点 K 的桩号按可式(7-11)计算：

$$X = \frac{1}{f_1 + f_2}[Lf_2 + (c_2 - c_1) + a_2 f_2 - a_1 f_1] \qquad (7-11)$$

表 7-4　料场参数表

项目	单位	1号料场	2号料场
材料料场单价	元/m³	c_1	c_2
上路距离	km	a_1	a_2
单位运价	元/(m³·km)	f_1	f_2
材料需要量	m³	qX	$q(L-X)$

注：q 为单位里程长度的材料用量

K 点的桩号 = K_1 桩号 + X。

计算桩号时，应注意以下两点。

(1) 路线起终点至最近料场的运距在其经济范围内，路线起终点即为经济分界点，不必计算。

(2) 计算运距时，要注意断链的影响。

3. 材料平均运距计算

为了计算材料单价的运杂费，必须确定各种材料的平均运距。当一种材料有多个供应点时，必须先确定各供应点的经济范畴；当一种材料有多个卸料点时，必须先计算其平均运距。

1) 自采材料平均运距计算

当自采材料沿路线有多个供应点且有多个用料点时，材料料场供应范围及各卸料点的位置、运距、用料数量确定以后，可用式(7-12)计算全路线加权平均运距（见图 7-2），即

$$L = \frac{\sum_{i=1}^{n} Q_i L_i}{\sum_{i=1}^{n} Q_i} \quad (7-12)$$

式中　L——某种材料全路线加权平均运距，km；
　　　n——卸料点个数；
　　　Q_i——各卸料点某种材料数量；
　　　L_i——各供料点到卸料点间运距，km。

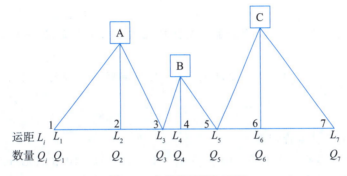

图 7-2　自采材料平均运距

2) 外购材料平均运距计算

外购材料一般只有一个供应点，具有多个用料点（见图 7-3），可用公式(7-13)计算平均运距，即

$$L = \frac{\sum_{i=1}^{n} Q_i L_i}{\sum_{i=1}^{n} Q_i} \quad (7-13)$$

式中　L——某种外购材料全路线加权平均运距，km；
　　　n——卸料仓库个数；
　　　Q_i——某种材料各仓库入库数量；
　　　L_i——卸料仓库到供料点运距，km。

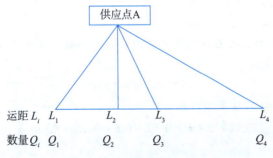

图 7-3　外购材料平均运距

7.3 材料预算价格案例分析

背景材料:某隧道围岩为石灰岩,长 500m,隧道弃渣于洞口附近,距隧道洞口 20km 处有一碎石场,2cm 碎石供应价为 50 元/m³ (含装卸费等杂费),当地运价标准为 1.6 元/(t·km),人工工资单价为 112 元/工日,150mm×250mm 电动破碎机台班预算单价 135 元/台班,滚筒式筛分机台班预算单价为 230 元/台班。

教学视频:
案例分析

问题:

(1) 假设隧道弃渣经破碎筛分后能满足隧道混凝土工程需要,请合理确定本项目碎石预算单价。

(2) 如隧道弃渣加工的碎石只能满足 200m 隧道混凝土工程的需要,此时的 2cm 碎石综合单价是多少?

答案:

(1) 外购碎石预算单价计算。

$$(50+20\times1.6\times1.5)\times(1+1\%)\times(1+2.06\%)=101.02(元/m^3)$$

注:碎石的单位质量为 1.5t/m³,1% 为碎石的场外运输损耗率,2.06% 为采购及保管费率。

(2) 考虑利用隧道弃渣自行加工碎石预算单价计算。

片石单价计算:隧道弃渣不需进行开采,根据定额规定套用检清片石定额计算片石单价,即

检清[8-1-5-3](只需人工检清片石),则

$$(18.6\times112+18.6\times106.28\times3\%)\div100=21.43(元)$$

注:3% 为辅助生产间接费,按定额人工费的 3% 计。

碎石单价:机械轧碎石定额[8-1-7-11]

$$(33.3\times112+33.3\times106.28\times3\%+117.6\times21.43+7.01\times135+7.13\times230)\div100$$
$$=89.42(元/m^3)$$

(3) 综合选定。

利用弃渣单价为 89.42 元/m³,比外购 101.02 元/m³ 低,所以合理单价应为利用弃渣。即本项目碎石预算单价为 89.42 元/m³。

(4) 2cm 碎石预算单价综合计算。

由于利用隧道弃渣加工碎石仅能满足 200m 隧道混凝土工程需要,即自采加工碎石的比重为

$$200\div500=40\%$$

因此,本项目 2cm 碎石预算单价为

$$89.42\times0.4+101.02\times0.6=96.38(元/m^3)$$

思 考 题

1. 施工机械台班单价由哪些费用组成？
2. 说明材料预算价格的定义、组成和计算方法。

案例练习题

背景：在编制某公路工程材料预算价格时，片石考虑施工企业自采加工（机械开采）。已知工程所在地几种常用材料预算价格如表7-5所示。人工预算单价为106元/工日，石料场至工地运距为300m，用机动翻斗车运输（配合人工装卸）。

问题：试计算片石的预算价格。

表7-5　材料预算价格表

材料规格或名称	单位	预算价格/元
空心钢钎	kg	6.84
合金钻头	个	31.88
硝铵炸药	kg	11.97
导爆索	m	2.05
非电毫秒雷管	个	3.16

注：$9m^3/min$ 机动空压机的台班单价为719.10元/台班。1t以内机动翻斗车的台班单价为212.72元/台班。

第8章 公路工程建设项目概算预算费用标准和计算

8.1 概 述

1. 公路工程概算预算的概念及作用

1）初步设计（修正）概算

初步设计（修正）概算是在公路工程初步设计阶段，按照规定的造价依据、方法和程序，以项目初步设计、技术设计为依据，对工程建设所需要的全部费用及其构成进行计算所确定的造价预计值。初步设计（修正）概算是公路工程项目建设管理重要的控制目标。

教学视频：
费用标准和计算

初步设计阶段应编制初步设计概算。对技术复杂的建设项目或特大桥、长隧道、大型地质灾害治理等工程，要进行技术设计的，应编制相应的修正概算。初步设计概算文件和修正概算文件分别是公路工程初步设计和技术设计文件的重要组成部分。

2）施工图预算

施工图预算是在公路工程施工图设计阶段，按照规定的造价依据、方法和程序，以项目施工图设计为依据，对工程建设所需要的全部费用及其构成进行计算所确定的造价预计值。

施工图设计阶段应编制施工图预算。施工图预算是组织项目实施、评价施工图设计经济合理性的重要依据，是编制工程量清单预算、确定标底或投标最高限价，以及分析衡量投标报价合理性的参考。在工程实施过程中，如施工图设计发生重（较）大变化，应编制设计变更预算。施工图预算文件是公路工程施工图设计文件的重要组成部分。

2. 概算预算的编制依据

1）设计概算编制依据

设计概算主要有以下编制依据。

（1）国家发布的有关法律、法规等。

（2）现行的《概算定额》（2018年版）、《预算定额》（2018年版）、《机械台班费用定额》（2018年版）及《概算预算编制办法》（2018年版）。

（3）工程所在地省级交通运输主管部门发布的补充规定和定额等。

（4）可行性研究报告的批（核准）文件（修正概算时为初步设计批复文件）等有关资料。

（5）初步设计（或技术设计）图纸等设计文件、工程施工方案（含施工组织设计）。

（6）工程所在地的人工、材料与设备、施工机械价格等。

(7) 有关合同、协议等。

(8) 其他有关资料。

2) 施工图预算编制依据

施工图预算主要有以下编制依据。

(1) 国家发布的有关法律、法规等。

(2) 现行的《概算定额》(2018年版)、《预算定额》(2018年版)、《机械台班费用定额》(2018年版)及《概算预算编制办法》(2018年版)。

(3) 工程所在地省级交通运输主管部门发布的补充规定和定额等。

(4) 批准的初步设计(或技术设计,若有)等有关资料。

(5) 施工图设计图纸等设计文件、工程施工方案(含施工组织设计)。

(6) 工程所在地的人工、材料与设备、施工机械价格等。

(7) 有关合同、协议等。

(8) 其他有关资料。

3. 概算预算项目划分的规定

为使公路工程概算预算编制规范化,《概算预算编制办法》(2018年版)中对费用项目的名称、编码规则作出统一的规定,从而可以防止列项时出现混乱、漏列、错列的现象。因此,划分预算项目时,必须严格按照《概算预算编制办法》(2018年版)"附录B 概算预算项目表"中的划分规定,结合设计图纸及施工组织设计对工程项目进行分项。

1) 项目表

概算预算项目主要包括以下内容。

第一部分　建筑安装工程费

　　第一项　临时工程

　　第二项　路基工程

　　第三项　路面工程

　　第四项　桥梁涵洞工程

　　第五项　隧道工程

　　第六项　交叉工程

　　第七项　交通工程及沿线设施

　　第八项　绿化及环境保护工程

　　第九项　其他工程

　　第十项　专项费用

　　　　1. 施工场地建设费

　　　　2. 安全生产费

第二部分　土地使用及拆迁补偿费

第三部分　工程建设其他费用

第四部分　预备费

第五部分　建设期贷款利息

公路工程概算预算项目表,实际上是反映公路基本建设项目的全部工程和全部费用的一种分类情况。《概算预算编制办法》(2018年版)对公路工程概预算项目表的表现形式和详细内容作出规定,其详细内容见《概算预算编制办法》(2018年版)"附录B 概算预算项目表"。

2)运用项目表列项要求

熟悉运用项目表,对于概算预算编制十分重要。概算预算项目应按项目表规定的序列及内容编制,不得随意划分。如实际出现的工程和费用项目与项目表的内容不完全相符时,应按以下规定办理:

"部分"和"项"的序号、内容应保留不变,即一、二、三、四、五部分和"项"的序号应保留不变,如第一部分第五项为"隧道工程",第七项为"公交通工程及沿线设施",若无隧道工程项目,但其序号"五"仍保留,而"公交通工程及沿线设施"则仍为第七项。

缺少的分项可随需要增减,并按项目表的顺序以实际出现的级别依次排列,不保留缺少的"项"以下的项目序号,即依次递补,改变序号。

分项编号采用部(1位数)、项(2位数)、目(2位数)、节(2位数)、细目(2位数)组成,以部、项、目、节、细目等依次展开,概预算分项编号详见《概算预算编制办法》"附录B 概算预算项目表"。

4. 概(预)算费用组成

根据《概算预算编制办法》(2018年版)的规定,公路基本建设工程概算预算费用组成见表8-1。

表8-1 公路工程概算预算费用项目组成表

费 用 组 成			
概预算费用总金额	建筑安装工程费	直接费	人工费、材料费、施工机械使用费
		设备购置费	
		措施费	冬季、雨季、夜间、特殊地区施工增加费,行车干扰施工增加费,施工辅助费,工地转移费
		规费	养老保险费、失业保险费、医疗保险费、工伤保险费、住房公积金
		企业管理费	基本费用、主副食运费补贴、职工探亲路费、职工取暖补贴、财务费用
		利润	
		税金	
		专项费用	施工场地建设费、安全生产费
	土地使用及拆迁补偿费		
	工程建设其他费		建设项目管理费、研究试验费、前期工作费、专项评价(估)费、联合试运转费、生产准备费、工程保通管理费、工程保险费、其他相关费
	预备费		基本预备费、价差预备费
	建设期贷款利息		

5. 工程类别划分

由于措施费及企业管理是根据工程项目的定额人工费和定额施工机械费及定额直接费为取费基数,以规定的费率计算的,而工程项目内容千差万别,所以无法个别地按各具体工程项目来制定费率标准。因此,只能将性质相近的工程项目合并成若干类别来制定费率。《概算预算编制办法》(2018年版)规定,措施费和企业管理费取费标准的工程类别划分如下。

(1) 土方:指人工及机械施工的土方工程、路基掺灰、路基换填及台背回填。

(2) 石方:指人工及机械施工的石方工程。

(3) 运输:指用汽车、拖拉机、机动翻斗车、船舶等运送的土石方、路面基层和面层混合料、水泥混凝土及预制构件、绿化苗木等。

(4) 路面:指路面所有结构层工程、路面附属工程、便道以及特殊路基处理等工程(不含特殊路基处理中的圬工构造物)。

(5) 隧道:指隧道土建工程(不含隧道的钢材及钢结构)。

(6) 构造物Ⅰ:指砍树挖根、拆除工程、排水、防护、特殊路基处理中的圬工构造物、涵洞、交通安全设施、拌和站(楼)安拆工程、便桥、便涵、临时电力和电信设施、临时轨道、临时码头、绿化工程等工程。

(7) 构造物Ⅱ:指小桥、中桥、大桥、特大桥工程。

(8) 构造物Ⅲ:指商品水泥混凝土的浇筑、商品沥青混合料和各类商品稳定土混合料的铺筑、外购混凝土构件、设备安装工程等。

(9) 技术复杂大桥:指钢管拱桥、斜拉桥、悬索桥、单孔跨径在120m以上(含120m)和基础水深在10m以上(含10m)的大桥主桥部分的基础、下部和上部工程(不含桥梁的钢材及钢结构)。

(10) 钢材及钢结构:指所有工程的钢材及钢结构等工程。

购买的路基填料、绿化苗木、商品水泥混凝土、商品沥青混合料和各类商品稳定土混合料、外购混凝土构件不作为措施费及企业管理费的计算基数。

8.2 建筑安装工程费

1. 直接费

直接费是指施工过程中耗费的构成工程实体和有助于工程形成的各项费用,包括人工费、材料费、施工机械使用费、定额直接费。

1) 人工费

人工费是指列入概、预算定额的直接从事建筑安装工程施工的生产工人开支的各项费用。某工程细目的人工费金额可根据该工程细目的工程量和相应的定额、工日单价按式(8-1)计算:

$$人工费 = 分项工程数量 \times 相应项目定额单位工日数 \times 人工工日单价 \qquad (8-1)$$

式中 分项工程数量——由设计图纸按工程量计算规则计算的定额单位工程数量;

定额单位工日数——完成一定数量单位的分项工程数量,如 $10m^3$ 实体、1t 钢筋、$1000m^2$,……,定额规定所需人工工日,由定额可直接查得;

人工工日单价——按地区规定取值。

2) 材料费

材料费是指施工过程中耗用的构成工程实体的原材料、辅助材料、构配件、零件、半成品、成品等,按工程所在地的材料预算价格计算的费用。在工程造价中,材料费一般占有很大比重,准确计算材料费对概(预)算工作质量有重要意义。其计算公式如下。

$$材料费 = \sum(分项工程数量 \times 定额单位材料消耗量 \times 材料预算价格) + 其他材料费 \tag{8-2}$$

式中　分项工程数量——同前;

　　　定额单位材料消耗量——由定额查得;

　　　其他材料费——从定额中查出相应项目定额单位所规定的消耗费用(在定额中以"元"的形式表示),与分项工程数量相乘即可。

3) 施工机械使用费

施工机械使用费是指列入概(预)算定额的工程机械和工程仪器仪表台班数量按相应的施工机械台班费用定额计算的费用。

(1) 工程机械使用费:包括按台班数量计算的机械使用费和不按台班数量计算的(小型)机械使用费用两类。计算公式为

$$施工机械使用费 = \sum(分项工程数量 \times 相应项目定额单位机械台班消耗量 \times 机械台班单价) + 小型机具使用费 \tag{8-3}$$

式中　分项工程数量——同前;

　　　定额单位机械台班消耗量——由定额直接查得完成一定数量单位的分项工程定额所规定消耗的机械种类和台班数量;

　　　机械台班单价——由不变费用和可变费用组成,应按交通运输部颁布的《机械台班费用定额》(2018年版)计算;

　　　小型机具使用费——从定额中查出相应项目定额单位所规定的消耗费用(在定额中以"元"的形式表示)与分项工程数量相乘即可。

(2) 工程仪器仪表使用费:指机电工程施工作业所发生的仪器仪表使用费,以施工仪器仪表台班耗用量乘以施工仪器仪表台班单价计算。施工仪器仪表台班预算价格应按现行《机械台班费用定额》(2018年版)计算。台班人工费工日单价同生产工人人工费单价,按当地有关部门规定计算。动力燃料费预算价格,按材料费的计算规定计算。

综上所述,直接费的计算步骤如下。

(1) 将工程项目按要求分解成分项工程,并计算各分项工程的工程量。

(2) 查阅和套用定额项目表中各分项工程的人工、材料、机械消耗量(定额值)。

(3) 根据分项工程的工程量大小和定额的规定计算出各分项工程的人工、材料、机械消耗量。

(4) 用人工工日单价、材料预算单价和机械台班单价计算出各分项工程的人工费、材料费、机械使用费,即直接费。直接费的计算公式如下。

$$直接费 = 人工费 + 材料费 + 施工机械使用费 \tag{8-4}$$

4）定额直接费

定额直接费包括定额人工费、定额材料费、定额施工机械使用费，即

$$定额直接费＝定额人工费＋定额材料费＋定额施工机械使用费 \qquad (8-5)$$

定额人工费、定额材料费、定额施工机械使用费是按《概算预算编制办法》(2018年版)附录四"定额人工、材料、设备单价"及现行《机械台班费用定额》(2018年版)中规定的人工、材料、设备、机械的相应基价计算的费用，即定额中人工、材料、施工机械消耗量分别乘以人工工日基价、材料基价、施工机械台班基价计算的费用。

2. 设备购置费

1）费用内容

设备购置费指为满足公路初期营运、管理需要而购置的构成固定资产标准的设备，和虽低于固定资产标准但属于设计明确列入设备清单的设备的费用，包括渡口设备，隧道照明、消防、通风的动力设备，公路收费、监控、通信、路网运行监测、供配电及照明设备等。

2）计算方法

设备购置费应由列出计划购置的清单（包括设备的规格、型号、数量），以设备预算价计入。

设备购置费包括设备原价、运杂费、运输保险费、采购及保管费，各种税费按编制期有关部门规定计算。

需要安装的设备，按建筑安装工程费的有关规定计算设备的安装工程费。设备与材料的划分标准见《概算预算编制办法》(2018年版)附录C。

《概算预算编制办法》(2018年版)另列有定额设备购置费，作为定额建筑安装工程费的组成部分。定额设备购置费是按《预算定额》(2018年版)附录四"定额人工、材料、设备单价"中规定的设备基价计算的费用，即设备购置数量乘以设备基价计算的费用。

3. 措施费

措施费包括冬季施工增加费、雨季施工增加费、夜间施工增加费、特殊地区施工增加费、行车干扰工程施工增加费、施工辅助费、工地转移费七项。

1）冬季施工增加费

冬季施工增加费是指按照公路工程施工及竣工验收规范所规定的冬季施工要求，为保证工程质量和安全生产所需采取的防寒保温设施、工效降低和机械作业率降低以及技术操作过程的改变等所增加的有关费用。

冬季施工增加费的内容包括因冬季施工所需增加的一切人工、机械与材料的支出；施工机械所需修建的暖棚（包括拆、移），增加其他保温设备购置费用；因施工组织设计确定，需增加的一切保温、加温明等有关支出；与冬季施工有关的其他各项费用，如清除工作地点的冰雪等费用。

冬季施工增加费，以各类工程的定额人工费和定额施工机械使用费之和为基数，根据工程类别及工程所在地的气温区选用表8-2的费率计算。

表 8-2 冬季施工增加费费率表　　　　　　　　　　　单位:%

工程类别	冬一区 -1以上 I	冬一区 -1以上 II	冬二区 -4～-1 I	冬二区 -4～-1 II	冬三区 -7～-4	冬四区 -10～-7	冬五区 -14～-10	冬六区 -14以下	准一区	推二区
土方	0.835	1.301	1.800	2.270	4.288	6.094	9.140	13.720	—	—
石方	0.164	0.266	0.368	0.429	0.859	1.248	1.861	2.801	—	—
运输	0.166	0.250	0.354	0.437	0.832	1.165	1.748	2.643	—	—
路面	0.566	0.842	1.181	1.371	2.449	3.273	4.909	7.364	0.073	0.198
隧道	0.203	0.385	0.548	0.710	1.175	1.520	2.269	3.425	—	—
构造物Ⅰ	0.652	0.940	1.265	1.438	2.607	3.527	5.291	7.936	0.115	0.288
构造物Ⅱ	0.868	1.240	1.675	1.902	3.452	4.693	7.028	10.542	0.165	0.393
构造物Ⅲ	1.616	2.296	3.114	3.523	6.403	8.680	13.020	19.520	0.292	0.721
技术复杂大桥	1.019	1.444	1.975	2.230	4.057	5.479	8.219	12.338	0.170	0.446
钢材及钢结构	0.040	0.101	0.141	0.181	0.301	0.381	0.581	0.861	—	—

冬季施工增加费与工程所在地的气温区有关。《概算预算编制办法》附录 D 列有"全国冬季施工气温区划分表",只要知道工程所在的省和县市,即可在附录 D 中查得工程所属的气温区。

在计算冬季施工增加费时,应注意以下三点:①为了简化计算手续,冬季施工增加费采用全年平均摊销的方法计算,即无论是否在冬季施工,均按规定的取费标准计取冬季施工增加费;②一条路线穿过两个以上的气温区时,可分段计算,或按各区的工程量比例求得全线的平均增加率,计算冬季施工增加费;③绿化工程不计冬季施工增加费。

2) 雨季施工增加费

雨季施工增加费是指雨季期间施工为保证工程质量和安全生产所需采取的防雨、排水、防潮和防护措施,工效降低和机械作业率降低以及技术作业过程的改变等,所需增加的有关费用。

雨季施工增加费包括以下内容。

(1) 因雨季施工所需增加的工、料、机费用的支出:包括工作效率的降低及易被雨水冲毁的工程所增加的工作内容等,如基坑坍塌和排水沟等堵塞的清理、路基边坡冲沟的填补等。

(2) 路基土方工程的开挖和运输:因雨季施工(非土壤中水影响)而引起的黏附工具,降低工效所增加的费用。

(3) 因防止雨水必须采取的防护措施的费用,如挖临时排水沟,防止基坑坍塌所需的支撑、挡板等费用。

(4) 材料因受潮、受湿的耗损费用。

(5) 增加防雨、防潮设备的费用。

(6)其他有关雨季施工所需增加的费用,如因河水高涨致使工作困难而增加的费用等。

雨季施工增加费,以各类工程的定额人工费和定额施工机械使用费之和为基数,按工程所在地的雨量区、雨季期按《概算预算编制办法》(2018年版)规定的费率计算。

雨季施工增加费与工程所在地的雨量区和雨季期有关。《概算预算编制办法》(2018年版)附录E中列有全国雨季施工雨量区及雨季期划分表,只要知道工程所在的省和县市,即可在附录E中查得工程所属的雨量区和雨季期。

雨季施工增加费的计算应注意以下三点:①雨季施工增加费是按全年平均摊销的方法计算的,即不论是否在雨季施工,均按规定的取费标准计取雨季施工增加费;②一条路线通过不同的雨量区和雨季期时,应分别计算雨季施工增加费,或按工程量比例相得平均的增加率,计算全线雨季施工增加费;③室内和隧道内工程及设备安装工程不计雨季施工增加费。

3)夜间施工增加费

夜间施工增加费是指根据设计、施工技术规范和合理的施工组织要求,必须在夜间或昼夜连续施工而发生的夜班补助费、夜间施工工效降低、施工照明设备摊销及照明用电等费用。

夜间施工增加费,按夜间施工工程项目的定额人工费和定额施工机械使用费之和为基数,按表8-3的费率计算。

表8-3 夜间施工增加费费率表　　　　　　　　　单位:%

工程类别	费率	工程类别	费率
构造物Ⅱ	0.903	技术复杂大桥	0.928
构造物Ⅲ	1.702	钢材及钢结构	0.874

注:设备安装工程及金属标志牌、防撞钢护栏、防眩板(网)、隔离栅、防护网等不计夜间施工增加费。

4)特殊地区施工增加费

特殊地区施工增加费包括高原地区施工增加费、风沙地区施工增加费和沿海地区施工增加费三项。

(1)高原地区施工增加费:指在海拔高度2000m以上地区施工,由于受气候、气压的影响,致使人工、机械效率降低而增加的费用。

高原地区施工增加费以各类工程的定额人工费和定额施工机械使用费之和为基数,按《概算预算编制办法》(2018年版)规定的费率计算。

一条路线通过两个以上(含两个)不同的海拔高度分区时,应分别计算高原地区施工增加费,或按工程量比例求得平均的增加率,计算全线高原地区施工增加费。

(2)风沙地区施工增加费:指在沙漠地区施工时,由于受风沙影响,按照施工及验收规范的要求,为保证工程质量和安全生产而增加的有关费用。

其内容包括防风、防沙及气候影响的措施费,人工、机械效率降低增加的费用,以及积沙、风蚀的清理修复等费用。

风沙地区施工增加费以各类工程的定额人工费和定额施工机械使用费之和为基数,根据工程所在地的风沙区划及类别,按《概算预算编制办法》(2018年版)规定的费率计算。

全国风沙地区公路施工区划见《概算预算编制办法》(2018年版)的附录F。只要知道工程所在的省和县市,即可在表中查得工程所属的施工区划。一条路线穿过两个以上(含两个)不同风沙区时,按路线长度经过不同的风沙区加权计算项目全线风沙地区施工增加费。

(3)沿海地区施工增加费:指工程项目在沿海地区施工受海风、海浪和潮汐的影响,致使人工、机械效率降低等所需增加的费用。本项费用,由沿海各省级交通运输主管部门制定具体的适用范围(地区)。

沿海地区工程施工增加费,以各类工程的定额人工费和定额施工机械使用费之和为基数,按《概算预算编制办法》(2018年版)规定费率计算。

5)行车干扰工程施工增加费

行车干扰工程施工增加费,指由于边施工边维持通车,受行车干扰的影响,致使人工、机械效率降低而增加的费用。

该费用以受行车影响部分的工程项目的定额人工费和定额施工机械使用费之和为基数,按表8-4的费率计算。

表8-4 行车干扰工程施工增加费费率表　　　　　　单位:%

工程类别	施工期间平均每昼夜双向行车次数(汽车兽力车合计)							
	51～100	101～500	501～1000	1001～2000	2001～3000	3001～4000	4001～5000	5000以上
土方	1.499	2.343	3.194	4.118	4.775	5.314	5.885	6.468
石方	1.279	1.881	2.618	3.479	4.035	4.492	4.973	5.462
运输	1.451	2.230	3.041	4.001	4.641	5.164	5.719	6.285
路面	1.390	2.098	2.802	3.487	4.046	4.496	4.987	5.475
隧道	—	—	—	—	—	—	—	—
构造物Ⅰ	0.924	1.386	1.858	2.320	2.693	2.988	3.313	3.647
构造物Ⅱ	1.007	1.516	2.014	2.512	2.915	3.244	3.593	3.943
构造物Ⅲ	0.948	1.417	1.896	2.365	2.745	3.044	3.373	3.713
技术复杂大桥	—	—	—	—	—	—	—	—
钢材及钢结构	—	—	—	—	—	—	—	—

由于该增加费用以"受行车影响部分"工程的定额人工费和定额施工机械使用费之和为计算基数,所以如何区分受行车影响部分的工程,是正确计算该费用的核心。应该注意的是,新建工程、中断交通进行封闭施工,或为保证交通正常通行而修建保通便道的改(扩)建工程,不计行车干扰工程施工增加费。

6)施工辅助费

施工辅助费包括生产工具用具使用费、检验试验费和工程定位复测、工程点交、场地清理等费用。

生产工具用具使用费是指施工所需不属于固定资产的生产工具、检验、试验用具及仪器、仪表等的购置、摊销和维修费,以及支付给工人自备工具的补贴费。

检验试验费是指施工企业对建筑材料、构件和建筑安装工程进行一般鉴定、检查所发生的费用,包括自设试验室进行试验所耗用的材料和化学药品的费用,以及技术革新和研究试验费,但不包括新结构、新材料的试验费,以及建设单位要求对具有出厂合格证明的材料进行检验、对构件破坏性试验及其他特殊要求检验的费用。

施工辅助费以各类工程的定额直接费之和为基数,按《概算预算编制办法》(2018年版)规定的费率计算。

应该注意的是,高填方和软基沉降监测、高边坡稳定监测、桥梁施工监测、隧道施工监控量测、超前地质预报等施工监控费含在施工辅助费中,不得另行计算。

7) 工地转移费

工地转移费是指施工企业迁至新工地的搬迁费用,包括以下内容。

(1) 施工单位全体职工及随职工迁移的家属向新工地转移的车费、家具行李运、途中住宿费、行程补助费、杂费等。

(2) 公物、工具、施工设备器材、施工机械的运杂费,以及外租机械的往返费及施工机械、设备、公物、工具的转移费等。

(3) 非固定工人进、退场的费用。

工地转移费以各类工程的定额人工费和定额施工机械使用费之和为基数,按《概算预算编制办法》(2018年版)规定的费率计算。

高速公路、一级公路及独立大桥、独立隧道项目转移距离按省级人民政府所在城市至工地的里程计算,二级及以下公路项目转移距离按地级城市所在地至工地的里程计算;工地转移里程数在表列里程之间时,费率可内插计算。工地转移距离在50km以内的工程按50km计算。

以上七项费用构成了措施费,但是各项费用在概(预)算表格中不直接出现。在编制概(预)算时,首先根据取费工程分类,将各类工程的七项费用的费率均列入04表,形成"综合费率计算表(04表)";其次在21-2表(分项工程概预算表)中将根据工程类别选取的"措施费综合费率"乘以工程细目的定额直接费或定额人工费与施工机械使用费之和,则可形成工程细目的措施费;最后将各工程细目的措施费加起来,就形成了项目的措施费。

综上所述,措施费的计算公式如下。

$$
\begin{aligned}
措施费 &= 措施费\text{I} + 措施费\text{II} \\
&= (定额人工费 + 定额施工机械使用费) \times 综合费率\text{I} \\
&\quad + 定额直接费 \times 综合费率\text{II}
\end{aligned} \tag{8-6}
$$

式中的综合费率在04表中计算。

4. 企业管理费

企业管理费由基本费用、主副食运费补贴、职工探亲路费、职工取暖补贴和财务费用五项组成。

1) 基本费用

企业管理费的基本费用是指建筑安装企业为组织施工生产和经营管理所需的费用,包括管理人员工资、办公费、差旅交通费、固定资产使用费、工具用具使用费、劳动保险费、工会经费、职工教育经费、保险费(企业财产保险、管理用及生产用车辆等保险费用及人身意外伤害险的费用)、税金(指企业按规定缴纳的城市维护建设税、教育费附加、地方教育附加、房产税、车船使用税、土地使用税、印花税等)及其他费等。

基本费用以各类工程的定额直接费之和为基数,按《概算预算编制办法》(2018年版)规定的费率计算。

2) 主副食运费补贴

主副食运费补贴是指施工企业在远离城镇及乡村的野外施工购买生活必需品所需增加的费用。该费用以各类工程的定额直接费之和为基数,按《概算预算编制办法》(2018年版)规定的费率计算。

3) 职工探亲路费

职工探亲路费是指按照有关规定施工企业职工在探亲期间发生的往返交通费和途中住宿费等费用。该费用以各类工程的定额直接费之和为基数,按《概算预算编制办法》(2018年版)规定的费率计算。

4) 职工取暖补贴

职工取暖补贴是指按规定发放给施工企业职工的冬季取暖费和为职工在施工现场设置的临时取暖设施的费用。该费用以各类工程的定额直接费之和为基数,按工程所在地的气温区(见《概算预算编制办法》(2018年版)附录D)选用《概算预算编制办法》(2018年版)规定的费率计算。

5) 财务费用

财务费用是指施工企业为筹集资金提供投标担保、预付款担保、履约担保、职工工资担保等发生的各项费用,包括企业经营期间发生的短期贷款利息净支出、汇兑净损失、调剂外汇手续费、金融机构手续费,以及企业筹集资金发生的其他财务费用。

财务费用以各类工程的定额直接费之和为基数,按《概算预算编制办法》(2018年版)规定的费率计算。

综上所述,企业管理费的计算公式如下。

$$企业管理费 = 定额直接费 \times 企业管理费综合费率 \qquad (8\text{-}7)$$

企业管理费的综合费率在04表中计算。

5. 规费

规费是指法律、法规、规章、规程规定施工企业必须缴纳的费用(简称规费),包括以下内容。

(1) 养老保险费:指施工企业按规定标准为职工缴纳的基本养老保险费。

(2) 失业保险费:指施工企业按国家规定标准为职工缴纳的失业保险费。

(3) 医疗保险费:指施工企业按规定标准为职工缴纳的医疗保险费(含生育保险费)。

(4) 工伤保险费:指施工企业按规定标准为职工缴纳的工伤保险费(包括流动作业人员的工伤强制险)。

(5) 住房公积金:指施工企业按规定标准为职工缴纳的住房公积金。

各项规费以各类工程的人工费之和为基数,按国家或工程所在地法律、法规、规章、规程规定的标准计算,即

$$规费 = 人工费 \times 规费综合费率 \qquad (8\text{-}8)$$

规费的综合费率在04表中计算。

6. 利润

1) 费用内容

利润是指施工企业完成所承包工程应取得的盈利。

2) 计算方法

利润按定额直接费及措施费、企业管理费之和的 7.42% 计算，即

$$利润 = (定额直接费 + 措施费 + 企业管理费) \times 利润率 \tag{8-9}$$

7. 税金

1) 费用内容

税金指按国家税法规定应计入建筑安装工程造价内的增值税销项税额。

2) 计算方法

$$综合税金额 = (直接费 + 设备购置费 + 措施费 + 企业管理费 + 规费 + 利润) \\ \times 增值税税率 9\% \tag{8-10}$$

8. 专项费用

专项费用包括施工场地建设费和安全生产费。

1) 施工场地建设费

(1) 施工场地建设费包括以下内容。

① 按照工地建设标准化要求，进行承包人驻地、工地试验室建设，钢筋集中加工、混合料集中拌制、构件集中预制等所需的办公、生活居住房屋（包括职工家属房屋及探亲屋），公用房屋（如广播室、文体活动室、医疗室等），以及生产用房屋（如仓库、加工厂、加工棚、发电站、变电站、空压机站、停机棚、值班室等）等费用。

② 包括场区平整（山岭重丘区的土石方工程除外）、场地硬化、排水、绿化、标志、污水处理设施、围墙隔离设施等的费用，不包括钢筋加工的机械设备、混凝土拌和设备及安拆、预制构件台座、预应力张拉设备、起重及养护设备，以及概算、预算定额中临时工程的费用。

③ 包括以上范围内各种临时工作便道（包括汽车、人力车道）、人行便道，工地临时用水、用电的水管支线和电线支线，临时构筑物（如水井、水塔等），其他小型临时的搭设或租赁、维修、拆除、清理的费用；但不包括红线范围内贯通便道、进出场的临日时道路、保通便道。

④ 工地试验室所发生的属于固定资产的试验设备和仪器等折旧、维修或租赁费用。

⑤ 施工扬尘污染防治措施费，包括裸露的施工场地覆盖防尘网、施工便道和施工场地洒水或喷洒抑尘剂，运输车辆的苫盖和冲洗、环境敏感区设置围挡，防尘标识设置，环境监控与检测等所需要的费用。

⑥ 文明施工、职工健康生活的费用。

(2) 施工场地建设费以施工场地计费基数，按表 8-5 的费率，以累进方法计算。施工场地计费基数为定额建筑安装工程费减去专项费用。

表 8-5 施工场地建设费费率表

施工场地计费基数/万元	费率/%	算例/万元	
		施工场地计费基数	施工场地建设费
≤500	5.338	500	500×5.338%=26.69

续表

施工场地计费基数/万元	费率/%	算例/万元	
		施工场地计费基数	施工场地建设费
500～1 000	4.228	1 000	26.69+(1 000-500)×4.228‰=47.83
1 001～5 000	2.665	5 000	47.83+(5 000-1 000)×2.665‰=154.43
5 001～10 000	2.222	10 000	154.43+(10 000-5 000)×2.222‰=265.53
10 001～30 000	1.785	30 000	265.53+(30 000-10 000)×1.785‰=622.53
30 001～50 000	1.694	50 000	622.53+(50 000-30 000)×1.694‰=961.33
50 001～100 000	1.579	100 000	961.33+(100 000-50 000)×1.579‰=1 750.83
100 001～150 000	1.498	150 000	1 750.83+(150 000-100 000)×1.498‰=2 499.83
150 001～200 000	1.415	200 000	2 499.83+(200 000-150 000)×1.415‰=3 207.33
200 001～300 000	1.348	300 000	3 207.33+(300 000-200 000)×1.348‰=4 555.33
300 001～400 000	1.289	400 000	4 555.33+(400 000-300 000)×1.289‰=5 844.33
400 001～600 000	1.235	600 000	5 844.33+(600 000-400 000)×1.235‰=8 314.33
600 001～800 000	1.188	800 000	8 314.33+(800 000-600 000)×1.188‰=10 690.33
800 001～1 000 000	1.149	1 000 000	10 690.33+(1 000 000-800 000)×1.149‰=12 988.33
>1 000 000	1.118	1 200 000	12 988.33+(1 200 000-1 000 000)×1.118‰=15 224.33

$$施工场地建设费 = (定额建筑安装工程费 - 专项费用) \times 施工场地建设费费率 \quad (8\text{-}11)$$

计算施工场地建设费时,应注意以下几点。

① 需要单独计算山岭重丘区的土石方工程。

② 施工场地内的场地硬化、各种临时便道已含在费率中,不单独计算。

③ 施工场地的厂房、加工棚等含在费率中,不单独计算。

2) 安全生产费

(1) 费用内容:包括完善、改造和维护安全设施设备费用,配备、维护、保养应急救援器材、设备费用,开展重大危险源和事故隐患评估和整改费用,安全生产检查、评价、咨询费用,配备和更新现场作业人员安全防护用品支出,安全生产宣传、教育、培训费用,安全设施及特种设备检测检验费用,施工安全风险评估、应急演练等有关工作及其他与安全生产直接相关的费用。

(2) 计算方法:安全生产费按建筑安装工程费(不含安全生产费本身)乘以安全生产费费率计算,费率按不少于1.5%计取,即

$$安全生产费 = 建筑安装工程费(不含安全生产费本身) \times 安全生产费费率 \quad (8\text{-}12)$$

9. 建筑安装工程费的计算

建筑安装工程费(简称建安费)是由八项费用组成,即

$$建筑安装工程费 = 直接费 + 设备购置费 + 措施费 + 企业管理费 + 规费$$
$$+ 利润 + 税金 + 专项费用 \tag{8-13}$$

建筑安装工程费除专项费用外，其他均按"价税分离"计价规则计算，即各项费用均以不含增值税（可抵扣进项税额）的价格（费率）进行计算，具体要素价格适用增值税税率执行财政部门的相关规定。

编制概预算时，建筑安装工程费的通过 A21-2 表和 03 表计算的。

10. 定额建筑安装工程费的计算

定额建筑安装工程费（简称定额建安费）主要作为工程建设其他费的计算基数，按式 (8-14) 计算：

$$定额建筑安装工程费 = 定额直接费 + 定额设备购置费 \times 40\% + 措施费$$
$$+ 企业管理费 + 规费 + 利润 + 税金 + 专项费用 \tag{8-14}$$

11. 辅助生产间接费

辅助生产间接费是指由施工单位自行开采加工的砂、石等材料及施工单位自办的人工、机械装卸和运输的间接费。辅助生产间接费按定额人工费的 3% 计。该项费用并入材料预算单价之内构成材料费，不直接出现在概、预算中。

高原地区施工单位的辅助生产，可按高原地区施工增加费率，以定额人工费与施工机械使用费用之和为基数计算高原地区施工增加费。其中，人工采集、加工材料、人工装卸、运输材料按土方费率计算；机械采集、加工材料按石方费率计算；机械装、运输材料按运输费率计算。辅助生产高原地区施工增加费不作为辅助生产间接费的计算基数。

8.3 土地使用及拆迁补偿费

1. 费用内容

土地使用及拆迁补偿费包含永久占地费、临时占地费、拆迁补偿费、水土保持补偿费及其他费用。

1) 永久占地费

永久占地费包括土地补偿费、征用耕地安置补助费、耕地开垦费、森林植被恢复费、失地农民养老保险费。

(1) 土地补偿费：包括征地补偿费、被征用土地上的青苗补偿费，征用城市郊区的菜地等缴纳的菜地开发建设基金，耕地占用税，用地图编制费及勘界费等。

(2) 征用耕地安置补助费：指征用耕地需要安置农业人口的补助费。

(3) 耕地开垦费：指公路建设项目占用耕地的，应由建设项目法人（业主）负责补充耕地所发生的费用；没有条件开垦，或者开垦的耕地不符合要求的，应按规定缴纳耕地开垦费。

(4) 森林植被恢复费：指公路建设项目需要占用、征用占用林地的，经县级以上林业主管部门审核同意或批准，建设项目法人（业主）单位按照有关规定向县级以上林业主管部门预缴的森林植被恢复费。

(5) 失地农民养老保险费:指根据国家有关规定为保障依法被征地农民养老而交纳的保险费用。失地农民养老保险费按项目所在地省级人民政府的相关规定进行计算。

2) 临时占地费

临时占地费包括临时征地使用费、复耕费。

(1) 临时征地使用费:指为满足施工所需的承包人驻地、预制场、拌和场、仓库、加工厂(棚)、堆料场、取弃土场、进出场便道、便桥等所有临时用地及附着物的补偿费用。

(2) 复耕费:指临时占用的耕地、鱼塘等,在工程交工后,将其恢复至原有标准所发生的费用。

3) 拆迁补偿费

拆迁补偿费是指被征用或占用土地上、地下的房屋及附属构筑物,公用设施、文物等的拆除、发掘及迁建补偿费、拆迁管理费等。

4) 水土保持补偿费和其他费用

建设项目应根据国家相关法律、法规规定缴纳水土保持补偿费。

其他费用是指国务院行政主管部门及省级人民政府规定的与征地拆迁相关的费用。

2. 计算方法

(1) 土地征用及拆迁补偿费应根据设计文件确定的建设工程用地和临时用地面积及其附着物的情况,以及实际发生的费用项目,按国家有关规定及工程所在地的省(自治区、直辖市)颁布的有关规定和标准计算。

(2) 森林植被恢复费用应根据审批单位批准的建设工程占用林地的类型及面积,按国家有关规定及工程所在地的省(自治区、直辖市)颁布的有关规定和标准计算。

(3) 当与原有的电力电信设施、管线、水利工程、铁路及铁路设施互相干扰时,应与有关部门联系,商定合理的解决方案和补偿金额,也可由这些部门按规定编制费用以确定补偿金额。

(4) 水土保持补偿费按各省(自治区、直辖市)制定的收费标准进行计算。

8.4 工程建设其他费用

工程建设其他费用由建设项目管理费、研究试验费、建设项目前期工作费、专项评价(估)费、联合试运转费、生产人准备费、工程保通费、工程保险费和其他相关费用等九项费用所构成。在编制概预算时,应本着厉行节约、满足建筑工程投资的需要的原则,从实际出发,在正确贯彻执行有关方针、政策和条例的基础上计算其他费用。与地方或其他有关部门(如邮电、水利、铁路等部门)发生关系时,应注意省、自治区、直辖市及其他有关部门的规定。这些费用通过"工程建设其他费用及回收金额计算表"(06表)计算。

1. 建设项目管理费

建设项目管理费包括建设单位(业主)管理费、建设项目信息化费、工程监理费、设计文件审查费和竣(交)工验收试验检测费。

1) 建设单位(业主)管理费

(1) 费用内容:建设单位(业主)管理费系指建设单位(业主)为建设项目的立项、筹建、建设、竣(交)工验收、总结等工作所发生的费用。

费用内容包括工作人员的工资、工资性补贴、施工现场津贴、社会保险费用(基本养老、基本医疗、失业、工伤保险)、住房公积金、职工福利费、工会经费、劳动保护费;办公费、会议费、差旅交通费、固定资产使用费(包括办公及生活房屋折旧、维修或租赁费、车辆折旧、维修、使用或租赁费,通信设备购置、使用费,测量、试验设备仪器折旧、维修或租赁费,其他设备折旧、维修或租赁费等)、零星固定资产购置费、招募生产工人费;技术图书资料费、职工教育培训经费、招标管理费;合同契约公证费、法律顾问费、咨询费;建设单位的临时设施费、完工清理费、竣(交)工验收费(含其他行业或部门要求的竣工验收费用、建设单位负责的竣(交)工文件编制费)、各种税费(包括房产税、车船使用税、印花税等);对建设项目前期工作、项目实施及竣工决算等过程进行审计所发生的审计费用、境内外融资费用(不含建设期贷款利息)、业务招待费、工程质量、安全生产管理费和其他管理性开支。

建设单位(业主)管理费不包括应计入材料与设备预算价格的建设单位采购及保管材料与设备所需的费用。代建费在建设单位(业主)管理费开支。审计费为建设单位(业主)内部审计所发生的费用,施工单位所发生的审计费在建安费的企业管理中开支。

(2)计算方法:建设单位(业主)管理费以定额建筑安装工程费总额为基数,按表8-6的费率,以累进办法计算。

表8-6 建设单位(业主)管理费费率表

定额建安工程费总额/万元	费率/%	算例/万元	
		定额建安工程费	建设单位(业主)管理费
≤500	4.858	500	500×4.858%=24.29
501~1 000	3.813	1 000	24.29+(1 000-500)×3.813%=43.355
1 001~5 000	3.049	5 000	43.355+(5 000-1 000)×3.049%=165.315
5 001~10 000	2.562	10 000	165.315+(10 000-5 000)×2.562%=293.415
10 001~30 000	2.125	30 000	293.415+(30 000-10 000)×2.125%=718.415
30 001~50 000	1.773	50 000	718.415+(50 000-30 000)×1.773%=1 073.015
50 001~100 000	1.312	100 000	1 073.015+(100 000-50 000)×1.312%=1 729.015
100 001~150 000	1.057	150 000	1 729.015+(150 000-100 000)×1.057%=2 257.515
150 001~200 000	0.826	200 000	2 257.515+(200 000-150 000)×0.826%=2 670.515
200 001~300 000	0.595	300 000	2 670.515+(300 000-200 000)×0.595%=3 265.515
300 001~400 000	0.498	400 000	3 265.515+(400 000-300 000)×0.498%=3 763.515
400 001~600 000	0.450	600 000	3 763.515+(600 000-400 000)×0.45%=4 663.515
600 001~800 000	0.400	800 000	4 663.515+(800 000-600 000)×0.4%=5 463.515
800 001~1 000 000	0.375	1 000 000	5 463.515+(1 000 000-800 000)×0.375%=6 213.515

续表

定额建安工程费总额/万元	费率/%	算例/万元	
		定额建安工程费	建设单位(业主)管理费
>1 000 000	0.350	1 200 000	6 213.515＋(1 200 000－1 000 000)×0.35％＝6 913.515

注：1. 双洞长度超过5000m的独立隧道，水深大于15m，跨径大于或等于400m的斜拉桥或和跨径大于或等于800m的悬索桥等独立特大型桥梁工程的建设单位(业主)管理费按表8-6中的费率乘以1.3的系数进行计算。

2. 海上工程[指由于风浪影响，工程施工期(不包括封冻期)全年月平均工作日少于15d的工程]的建设单位(业主)管理费按表8-6中的费率乘以1.2的系数进行计算。

2) 建设项目信息化费

(1) 费用内容：指建设单位(业主)和参建单位用于建设项目的质量、安全、进度、费用等方面的信息化建设、运维及各种税费等，包括建设项目全寿命周期的建筑信息模型(BIM)等相关费用。

(2) 计算方法：以定额建筑安装工程费总额为基数，按《概算预算编制办法》(2018年版)规定的费率，以累进办法计算。

3) 工程监理费

(1) 费用内容：指建设单位(业主)委托具有监理资格的单位，按施工监理规范进行全面的监督和管理所发生的费用。

费用内容包括工作人员的基本工资、工资性津贴、社会保险费用(基本养老、基本医疗、失业、工伤保险)、住房公积金、职工福利费、工会经费、劳动保护费；办公费、会议费、差旅交通费、固定资产使用费(包括办公及生活房屋折旧、维修或租赁费，车辆折旧、维修、使用或租赁费，通信设备购置、使用费。测量、试验、检测设备仪器折旧、维修或租赁费，其他设备折旧、维修或租赁费等)、零星固定资产购置费、招募生产工人费；技术图书资料费、职工教育经费、投标费用；合同契约公证费、法律顾问费、咨询费、业务招待费；财务费用、监理单位的临时设施费、完工清理费、竣(交)工验收费、各种税费、安全生产管理费和其他管理性开支。

工程监理费包括公路建设过程中的土建、机电、环保、水保、房建等所有监理内容。建设单位若委托有资质的单位承担试验检测、计量支付费用监理等，其费用应由工程监理费支列。

(2) 计算方法：工程监理费以定额建筑安装工程费总额为基数，按《概算预算编制办法》(2018年版)规定的费率，以累进办法计算。

4) 设计文件审查费

(1) 费用内容：指在项目审批前，建设单位(业主)为保证勘察设计工作的质量，组织有关专家或委托有资质的单位，对提交的建设项目可行性研究报告和勘察设计文件进行审查所需要的相关费用。

若建设项目有地质勘察监理、设计咨询(或称设计监理、设计双院制)，其费用在设计文件审查费内开支。

(2) 计算方法：以定额建筑安装工程费总额为基数，按《概算预算编制办法》(2018年版)规定的费率，以累进办法计算。

5) 竣(交)工验收试验检测费

(1) 费用内容:指在公路建设项目竣(交)工验收前,由建设单位(业主)或工程质量监督机构委托有资质的公路工程质量检测单位按照有关规定对建设项目的工程质量进行检测并出具检测意见,以及进行桥梁动(静)载试验或其他特殊检测等所需的费用。

(2) 计算方法:竣(交)工验收试验检测费按表8-7的规定计算。

表 8-7 竣(交)工验收试验检测费标准表

检测项目		(交)工验收试验检测费	备 注
道路工程/(元/km)	高速公路	23 500	包括路基、路面、涵洞、通道、路段安全设施和机电、房建、绿化、环境保护及其他工程
	一级公路	17 000	
	二级公路	11 500	
	三级及三级以下公路	5 750	
桥梁工程	一般桥梁/(元/延米)	40	包括桥梁范围内的所有土建、安全设施和机电、声屏障等环境保护及必要的动(静)载试验
	技术复杂桥梁/(元/延米) 钢管拱	750	
	连续刚构	500	
	斜拉桥	600	
	悬索桥	560	
隧道工程/(元/延米)	单洞	80	包括隧道范围内的所有土建、安全设施、机电、消防设施等

注:1. 高速公路、一级公路按四车道计算,二级及二级以下公路按两车道计算,每增加一个车道,按表8-7的费用增加10%。

2. 桥梁和隧道对各级公路均按双向四车道计算,每增加1个车道,按表8-7的费用增加15%。二级及二级以下公路,按表8-7费用的40%计算。

2. 研究试验费

研究试验费是按项目特点和有关规定,在建设过程中必须进行的研究和试验所需的费用,以及支付科技成果、专利、先进技术的一次性技术转让费。

该费用不包括以下内容。

(1) 应由前期工作费(为建设项目提供或验证设计数据、资料等专题研究)开支的项目。

(2) 应由科技三项费用(新产品试制费、中间试验费和重要科学研究补助费)开支的项目。

(3) 应由施工辅助费开支的施工企业对建筑材料、构件和建筑物进行一般鉴定、检查所发生的费用及技术革新研究试验费。

计算方法:按照设计提出的研究试验内容和要求进行编制。

3. 建设项目前期工作费

1) 费用内容

建设项目前期工作费是指委托勘察设计单位、咨询单位对建设项目进行可行性研究、工程勘察设计、施工招标文件及招标标底或造价控制值文件编制时,按规定应支付的费用。

该费用包括以下内容。

(1) 编制项目建议书(或预可行性研究报告)、可行性研究报告、投资估算,以及相应的勘察、设计等所需的费用。

(2) 初步设计和施工图设计的勘察费(包括测量、水文气象调查、工程地质勘探、室内试验等)、设计费、概(预)算及调整概算编制费等。

(3) 设计、监理、施工招标及招标标底(或造价控制值或清单预算)文件编制费等。

2) 计算方法

建设项目前期工作费以定额建筑安装工程费总额为基数,按《概算预算编制办法》(2018年版)规定的费率,以累进办法计算。

4. 专项评价(估)费

1) 费用内容

专项评价(估)费是指依据国家法律、法规规定须进行评价(估)、咨询,按规定应支付的费用。该费用包括环境影响评价费、水土保持评估费、地震安全性评价费、地质灾害危险性评价费、压覆重要矿床评估费、文物勘察费、通航论证费、行洪论证(评估)费、使用林地可行性研究报告编制费、用地预审报告编制费、项目风险评估费、节能评估费和社会风险评估费、放射性影响评估费、规划选址意见书编制费等费用。

2) 计算方法

依据委托合同,参照类似工程已发生的费用进行计列。

5. 联合试运转费

1) 费用内容

联合试运转费是指建设项目的机电工程,按照有关规定标准,需要进行整套设备带负荷联合试运转所需的全部费用,不包括应由设备安装工程费中开支的调试费。

费用内容包括联合试运转期间所需的材料、油燃料和动力的消耗,机械和检测设备使用费,工具用具和低值易耗品费,参加联合试运转人员工资及其他费用等。

2) 计算方法

联合试运转费以定额建筑安装工程费总额为基数,按0.04%的费率进行计算。

6. 生产准备费

生产准备费是指为保证新建、改(扩)建项目交付使用后满足正常的运行、管理发生的工器具购置、办公和生活用家具购置、生产人员培训、应急保通设备购置等所需的费用。

1) 工器具购置费

(1) 费用内容:指建设项目交付使用后,为满足初期正常营运而必须购置的第一套不构成固定资产的设备、仪器、仪表、工卡模具、器具、工作台(框、架、柜)等的费用。该费用不包括构成固定资产的设备、工器具和备品、备件,以及已列入设备购置费中的专用工具和备品、备件。

(2) 计算方法:由设计单位列出计划购置的清单(包括规格、型号、数量),计算方法同设备购置费。

2) 办公和生活用家具购置费

(1) 费用内容:指新建、改(扩)建项目,为保证初期正常生产、使用和管理所购置的办公和生活用家具、用具的费用。

范围包括行政、生产部门的办公室、会议室、资料档案室、阅览室、宿舍及生活福利设施等的家具、用具。

(2) 计算方法：办公和生活用家具购置费按表 8-8 的规定计算。

表 8-8　办公和生活用家具购置费标准表

工程所在地	路线/(元/km)				单独管理或单独收费的桥梁、隧道/(元/座)		
	高级公路	一级公路	二级公路	三、四级公路	一般大桥	技术复杂大桥	特长隧道
内蒙古、黑龙江、青海、新疆、西藏	21 500	15 600	7 800	4 000	2 400	60 000	7 800
其他省、自治区、直辖市	17 500	14 600	5 800	2 900	19 800	49 000	63 700

注：改(扩)建工程按表列费用的 70% 计算。

3) 生产人员培训费

生产人员培训费是指为保证生产的正常运行，在工程竣工验收和交付使用前，对运营部门生产人员和管理人员进行培训所必需的费用。

费用内容包括培训人员的工资、工资性补贴、职工福利费、差旅交通费、劳动保护费、培训及教学实习费等。

生产人员培训费按设计定员和 3000 元/人的标准计算。

4) 应急保通设备购置

应急保通设备购置费是指新建、改(扩)建工程项目，为满足初期正常营运，购置保障抢修保通、应急处置，且构成固定资产的设备所需的费用。该费用由设计单位列出计划购置清单，计算方法同设备购置费。

7. 工程保通管理费

工程保通管理费是指新建或改(扩)建工程需边施工边维持通车或通航的建设项目，为保证公(铁)路运营安全、船舶航行安全及施工安全而进行交通(公路、航道、铁路)管制、交通(铁路)与船舶疏导所需的和媒体、公告等宣传费用及协管人员经费等。工程保通管理费应按设计需要进行列支。涉水项目施工期通航安全保障费用计算方法按《概算预算编制办法》(2018 年版)附录 G 执行。

工程保通管理费仅为保通管理方面的费用，其他保通措施需要根据保通工程方案另行计算，例如，保通便道、保通安全设施则需要根据设计方案单独计算。

8. 工程保险费

工程保险费是指在合同执行期内，施工企业按合同条款要求办理保险的费用，包括建筑工程一切险和第三方责任险。

(1) 建筑工程一切险是为永久工程、临时工程和设备及已运至施工工地用于永久工程的材料和设备所投的保险。

(2) 第三方责任险是对因实施合同工程而造成的财产(本工程除外)损失或损害以及人员(业主和承包灭雇贾除外)的死亡或伤残所负责进行的保险。

工程保险费以建筑安装工程费(不含设备费)为基数,按 0.4% 的费率进行计算。

工程保险费是指工地范围内发生的保险,材料和设备运输保险不在其中,施工企业的办公、生活、施工机械、员工的人身意外险在企业管理费中支出。设备的保险在设备单价中计列。

9. 其他相关费用

其他相关费用是指国务院行政主管部门及省级人民政府规定的其他与公路建设相关的费用,应按相关规定进行计算。

8.5 预 备 费

预备费由基本预备费和价差预备费两部分组成。

1. 基本预备费

1) 费用内容

基本预备费是指在初步设计和概算、施工图设计和施工图预算中难以预料的工程费用,包括以下内容。

(1) 在进行技术设计、施工图设计和施工过程中,在批准的初步设计和概算范围内所增加的工程费用。

(2) 在设备订货时,由于规格、型号改变的价差;材料货源变更、运输距离或方式的改变,以及因规格不同而代换使用等因素发生的价差。

(3) 项目主管部门组织竣(交)工验收时,验收委员会(或小组)为鉴定工程质量必须开挖和修复隐蔽工程的费用。

2) 计算方法

基本预备费以建筑安装工程费、土地使用及拆迁补偿费、工程建设其他费用之和为基数,按下列费率计算:设计概算按 5% 计列;修正概算按 4% 计列;施工图预算按 3% 计列。

2. 价差预备费

1) 费用内容

价差预备费是指设计文件编制年至工程竣工年期间,建筑安装工程费中的人工费、材料费、设备费、施工机械使用费、措施费、企业管理费等由于政策、价格变化可能发生上浮而预留的费用,以及外资贷款汇率变动部分的费用。

2) 计算方法

价差预备费以建筑安装工程费总额为基数,按设计文件编制年始至建设项目工程竣工年终的年数和年工程造价增长率计算,见式(8-15)。

$$价差预备费 = P \times [(1+i)^{n-1} - 1] \qquad (8-15)$$

式中 P——建筑安装工程费总额,元;
      i——年造价增长率,%;
      n——设计文件编制年至建设项目开工年+建设项目建设期限(年)。

3）应注意问题
（1）年工程造价增长率按有关部门公布的工程投资价格指数计算。
（2）设计文件编制至工程完工在 1 年以内的工程不列此项费用。

8.6　建设期贷款利息

1. 费用内容

建设期贷款利息是指工程项目使用的贷款部分在建设期内应归计取的贷款利息,包括各种金融机构贷款、建设债券和外汇贷款等利息。

2. 计算方法

应根据不同的资金来源分年度投资计算所需支付的利息。计算公式如下：

$$建设期贷款利息 = \sum(上年末付息贷款本息累计 + 本年度付息贷款额 \div 2) \times 年利率$$

即

$$S = \sum_{n=1}^{N}(F_{n-1} + b_n \div 2) \times i \tag{8-16}$$

式中　S——建设期贷款利息,元；

　　　N——项目建设期,年；

　　　n——施工年度；

　　　F_{n-1}——建设期第$(n-1)$年末需付息贷款本息累计,元；

　　　b_n——建设期第 n 年度付息贷款额,元；

　　　i——中国人民银行公布的贷款基准年利率,%。

【**例 8-1**】　某工程贷款 4550 万元,建设期 3 年,第一、三年均贷款 1500 万元,第二年贷款 1550 万元,贷款利率为 6.21%,求贷款利息为多少？

【**解**】　第 1 年贷款利息 =（0+1500÷2）×6.21% = 46.575（万元）

　　　　　第 2 年贷款利息 =（1500+46.575+1550÷2）×6.21% = 144.1698（万元）

　　　　　第 3 年贷款利息 =（1500+46.575+1550+144.1698+1500÷2）×6.21%

　　　　　　　　　　　　= 247.8253（万元）

　　　　建设期贷款利息合计 = 46.575+144.1698+247.8253

　　　　　　　　　　　　　= 438.570（万元）

8.7　公路工程建设项目各项费用的计算程序及方式

公路工程建设项目各项费用的计算程序及方式见表 8-9。

表 8-9　公路工程建设项目各项费用的计算程序及方式

代号	项　　目	说明及计算式
（一）	定额直接费	$\sum$ 人工消耗量×人工基价＋$\sum$ 材料消耗量×材料基价＋$\sum$ 机械台班消耗量×机械台班基价
（二）	定额设备购置费	$\sum$ 设备购置数量×设备基价
（三）	直接费	$\sum$ 人工消耗量×人工单价＋$\sum$ 材料消耗量×材料预算单价＋$\sum$ 机械台班消耗量×机械台班预算单价
（四）	设备购置费	$\sum$ 设备购置数量×设备预算单价
（五）	措施费	（一）×施工辅助费费率＋定额人工费和定额施工机械使用费之和×其余措施费综合费率
（六）	企业管理费	（一）×企业管理费综合费率
（七）	规费	各类工程人工费（含施工机械人工费）×规费综合费率
（八）	利润	［（一）＋（五）＋（六）］×利润率（7.42％）
（九）	税金	［（三）＋（四）＋（五）＋（六）＋（七）＋（八）］×综合税率（10％）
（十）	专项费用	
	1. 施工场地建设费	［（一）＋（二）×40％＋（五）＋（六）＋（七）＋（八）＋（九）］×累进费率
	2. 安全生产费	建筑安装工程费（不含安全生产费本身）×（≥1.5％）
（十一）	定额建筑安装工程费	（一）＋（二）×40％＋（五）＋（六）＋（七）＋（八）＋（九）＋（十）
（十二）	建筑安装工程费	（三）＋（四）＋（五）＋（六）＋（七）＋（八）＋（九）＋（十）
（十三）	土地使用及拆迁补偿费	按有关规定计算
（十四）	工程建设其他费	
	1. 建设项目管理费	
	建设单位（业主）管理费	（十一）×累进费率
	建设项目信息化费	（十一）×累进费率
	工程监理费	（十一）×累进费率
	设计文件审查费	（十一）×累进费率
	竣（交）工验收试验检测费	按规定计算
	2. 研究实验费	按规定计算
	3. 建设项目前期工作费	（十一）×累进费率
	4. 专项评价（估）费	按有关的规定计算
	5. 联合试运转费	（十一）×费率
	6. 生产准备费	

续表

代号	项　目	说明及计算式
（十四）	工器具购置费	按规定计算
	办公和生活用家具购置费	按规定计算
	生产人员培训费	按规定计算
	应急保通设备购置费	按规定计算
	7. 工程保通管理费	按规定计算
	8. 工程保险费	［（十二）－（四）］×费率
	9. 其他相关费用	
（十五）	预备费	
	1. 价差预备费	（十二）×费率
	2. 基本预备费	［（十二）＋（十三）＋（十四）］×费率
（十六）	建设期贷款利息	
（十七）	公路基本造价	（十二）＋（十三）＋（十四）＋（十五）＋（十六）

思　考　题

1. 公路基本建设概算、预算费用分别由哪些费用组成？
2. 说明措施费的组成和计算方法。
3. 说明企业管理费的组成和计算方法。
4. 说明专项费用的组成和计算方法。
5. 建设项目管理由哪些费用所组成？如何计算这些费用？
6. 说明工程保通管理费和工程保险费的内容和计算方法。
7. 基本预备费用的用途是什么？

第 9 章 公路工程概算预算文件的编制

9.1 概 述

9.1.1 概算预算文件组成

概算预算文件由封面、目录、编制说明及全部计算表格组成。

1. 封面及目录

概预算文件的封面和扉页应按《公路工程基本建设项目设计文件编制办法》中的规定制作。扉页应有建设项目名称,编制单位,编制复核人员姓名并加盖印章,编制日期,以及第几册、共几册等内容。目录应按概预算表的表号顺序编排。扉页及目录的样式分别如图 9-1 和图 9-2 所示。

```
            ××公路初步设计概算
         (K××+×××～K××+×××)
              第   册    共    册



              编制:[签字并盖章]
              复核:[签字并盖章]
              编制单位:(盖章)
              编制时间:   年  月  日
```

图 9-1 初步设计概算扉页

2. 编制说明

概预算编制完成后,应写出编制说明,文字力求简明扼要,应包括下列内容。
(1)建设项目设计文件的依据。
(2)编制范围、工程概况等。
(3)采用的定额、费用标准,人工、材料与设备、施工机械台班预算单价的依据或来源,新增工艺的单价分析等。
(4)与委托书、协议书、会议有关的主要内容。
(5)概算、预算总金额,人工、钢材、水泥、沥青等的总量。
(6)各设计方案的经济比较。

```
                        目    录
                      （甲组文件）
            1. 编制说明
            2. 项目前、后阶段费用对比表
            3. 建设项目属性及技术经济信息表(00表)
            4. 总概(预)算汇总表(01-1表)
            5. 总概(预)算人工、主要材料、施工机械台班数量汇总表(02-1表)
            6. 总概(预)算表(01表)
            7. 人工、主要材料、施工机械台班数量汇总表(02表)
            8. 建筑安装工程费计算表(03表)
            9. 综合费率计算表(04表)
            10. 综合费计算表(04-1表)
            11. 设备费计算表(05表)
            12. 专项费用计算表(06表)
            13. 土地使用及拆迁补偿费计算表(07表)
            14. 工程建设其他费计算表(08表)
            15. 人工、材料、施工机械台班单价汇总表(09表)
                      （乙组文件）
            1. 分项工程概(预)算计算数据表(21-1表)
            2. 分项工程概(预)算表(21-2表)
            3. 材料预算单价计算表(22表)
            4. 自采材料料场价格计算表(23-1表)
            5. 材料自办运输单位运费计算表(23-2表)
            6. 施工机械台班单价计算表(24表)
            7. 辅助生产人工、材料、施工机械台班单位数量表(25表)
```

图 9-2　施工图预算目录

(7) 项目综合经济技术指标统计，对比分析本阶段与上阶段工程数量、造价的变化情况。

(8) 其他有关费用计算项及计价依据的说明。

(9) 采用的公路工程造价软件名称及版本号。

(10) 其他需要说明的问题。

3. 概算预算表格

公路工程概预算的材料与设备、施工机械台班单价及各项费用的计算均通过规定的统一表格表述，表格样式应符合《概算预算编制办法》(2018年版)附录A的规定。

4. 概算预算文件分类

概算预算文件按不同的需要分为甲、乙组文件，甲组文件为各项费用计算表；乙组文件为建筑安装工程费用各项基础数据计算表。

概算预算文件是设计文件的组成部分，应按《公路工程基本建设项目设计文件编制办法》中关于设计文件的报送份数要求，随设计文件一并报送，并同时提交可计算的造价电子数据文件和新工艺单价分析的详细资料。

乙组文件中的"分项工程概(预)算表"(21-2表)可只提交电子版，或按需要提交纸质版。

概算预算应按一个建设项目(如一条路线或一座独立大(中)桥、隧道)进行编制。当一个建设项目需要分段或分部编制时，应根据需要分别编制，但必须汇总编制"总概(预)算汇总表"。

9.1.2 概算预算的编制步骤

(1) 准备工作。

① 现场调查。

在编制概(预)算之前,必须进行现场调查,收集有关资料。现场调查的深入细致程度,资料的齐全、准确程度,直接影响概(预)算的编制质量,做好现场调查是编好概(预)算的一个重要方面。编制概(预)算的现场调查应与建设项目的外业勘察工作同步进行,并与有关勘察工作进行很好地协调与分工。现场调查工作应包括以下各项内容:人工工资、施工机械车船使用税;材料供应价格;材料运输情况;征用土地;拆迁房屋及建筑物;拆迁电力、电信线路;工地转移费和主副食运费补贴里程的调查;施工用电;沿线自然条件(气温、雨量等);临时工程;其他工作,如沿线文物、管线交叉方案等。

临时工程包括电力、电信、汽车便道、便桥等,要根据工程项目所确定的施工方案和路线所经现场的实际情况,确定预制厂、沥青混合料、水泥混凝土集中拌和的拌和场,现场管理机构、施工点等的位置和范围,以此确定临时占地数量和各种临时工程数量。进行调查时,要按如下有关要求分别收集临时工程的有关资料。

a. 临时占地数量:包括施工企业施工工地所需的生产、生活用房占地、预制场、沥青混合料拌和厂、水泥混凝土拌和场、路面稳定土拌和场、材料堆放场、仓库、临时便道及其他临时设施等所需临时占地数量,以及处理复耕土地所需的费用等资料。

其数量可根据工程规模大小、工期长短、按施工方案的安排确定。如工程规模不大,占地数量应小一些;但考虑必需的房屋、设备、设施等,其数量需相应加大;再如由于特殊要求,安排工期较短,一些临时设施相应也会加大,占地数量也相应增多。如需恢复耕种的,要了解分析复耕所需的费用情况,并计入工程造价。

b. 临时电力、电信:在考虑临时电力、电信线路的接线位置和长度时,要与被接线单位协商确定,尽量就近考虑。

临时电力线路为从变压器到接线处的电力干线长度,从变压器到用电点的接线为电力支线,桥梁施工现场、拌和场等场内用的电力支线其费用已综合在规定的临时设施费用中,不再另列。

c. 临时汽车便道:指运输材料、构件、半成品到工地和砂、石材料从料场至公路以及预制场、拌和场内部汽车公路均为需修建的汽车便道,以及大型施工机械进场的道路。

d. 临时汽车便桥:为修建汽车便道而必须相应修建的便桥,以及桥梁施工时,材料、机械设备过河需修建的汽车便桥、便桥的高度与长度应按施工现场实际情况和工期安排确定。

e. 临时轨道铺设:按需要分为轻、重轨。重轨又分为路基上、桥上两种,轻轨铺在预制场,用于运输混凝土、预制构件横移。路基上重轨指从预制场至桥头在路基上铺设的长度,在桥上为在桥面上运梁铺设的长度。

② 熟悉设计文件、核对主要工程量。

设计文件由封面、扉页、目录、工程说明书、设计图纸、工程数量表及其他成果表、基础资料等组成。通常用图形表现的设计图纸和用文字叙述的工程说明书,确定了工程的数量和施工方法，而工程量是编制工程造价的基础资料。因此，在编制概（预）算之前，应深入熟悉设计文件，了解设计意图，掌握工程全貌，核对主要工程量。这是合理划分计算项目并正确套用定额，准确、完整、快速编制概（预）算的关键环节。

（2）分析现场调查资料及施工组织设计资料。

① 概（预）算调查资料分析：概（预）算资料的调查工作是一项关系到概（预）算文件质量的基础工作，一般在公路工程外业勘察时同时进行。应对这些调查资料进行分析，若有不明确或不全的部分，应另行调查，以保证概（预）算的准确性和合理性。

② 施工组织设计文件的分析：对与相应设计阶段配套的施工组织设计文件（尤其是施工方案），应认真分析其可行性、合理性、经济性。因为施工方案将直接影响概（预）算金额的高低和定额的查用。因此，编制概（预）算时，应重点应对施工方案进行认真分析。

a. 施工方法：同一工程内容，可以采用不同的施工方法来完成，如机械土方施工，有挖掘机挖装土方、推土机推土方、铲运机铲运土方等方法；钢筋混凝土工程既可以采用现浇施工，也可以采用预制安装等。因此，应根据工程设计的意图和要求同工程实际相结合，选择最经济的施工方法。

b. 施工机械：施工机械选择也将直接影响施工费用，因此，应根据选定的施工方法选配相应的施工机械，如挖填土方，既可以采用铲运机，又可以采用挖土机配自卸汽车；又如混凝土预制构件安装，也可采用多种机械施工等。

c. 其他方面：运距远近的选择（如土方中取土坑、弃土场的位置），材料堆放的位置及仓库的设置等。

（3）划分项目。

公路工程概（预）算是以分项工程概（预）算表为基础计算和汇总而来的，所以工程分项是概（预）算工作中的一项重要基础工作。分项时，必须满足以下三个方面的要求。

① 按照概（预）算项目表的要求分项，这是基本要求。概（预）算项目表实质上是将一个复杂的建设项目分解成许多分项工程的一种科学划分方法。

② 符合定额项目表的要求。定额项目表是定额的主体内容，分项后的各个分项工程所包含的工作内容、施工方法、工艺要求与定额中该分项工程的要求相同，或应符合定额说明中所规定的范围。

③ 符合费率的要求。措施费和企业管理费都是按不同工程类别确定的费率定额，因此，所分的项目应满足其要求。

（4）摘取计价工程量。

摘取计价工程量是根据定额规定的工程量计算规则，将设计图表中提供的工程量进行分类、统计、汇总后，得出符合定额表要求的计价工程量。摘取计价工程量时，通常要考虑以下内容。

① 设计工程量：根据定额规定的工程量计算规则，将设计图表中提供的工程量（永久工程数量）进行分类、统计、汇总后，得出符合定额要求的计价工程量。

② 辅助工程量：辅助工程量不构成永久工程的实体，而是辅助其形成。例如，在路面工程组价中，需要考虑拌和设施的安拆和材料运输的工程量。辅助工程量通常没有统一的工程量计算标准，需依据项目实际情况逐项分析确定。

③ 临时工程量：临时工程量参与永久工程的形成，公路建成后需拆除恢复，它与辅助工

程量不同,不服务单一对象,通常服务于整个工程项目。包括临时便道、临时便桥、临时码头、临时轨道铺设、临时电力线路。

为了正确摘取工程量,做到不重不漏,编制人员必须明确定额规定的工程内容、适用范围,清楚定额各章、节的说明及定额表附注。

(5) 套用定额。

根据摘取的工程量,结合施工组织设计要求,正确套用概(预)算定额,进行工、料、机实物量分析。根据施工图设计文件的各分项工程的具体情况,具体在套用定额时,可分为以下几种情况。

① 直接套用。

② 定额合并。

③ 在定额允许的范围调整,如乘系数、加减消耗量(定额附注)、定额抽换(混凝土、砂浆标号调整)。

④ 补充定额。

(6) 计算人工、材料、施工机械台班预算价格。

应按《概算预算编制办法》(2018年版)所规定的方法和要求,完成人工费单价、自采材料料场单价、材料预算单价、施工机械台班单价的计算工作,即编制自采材料料场价格计算表(23-1表),材料自办运输单位运费计算表(23-2表),材料预算单价计算表(22表),施工机械台班单价计算表(24表),人工、材料、施工机械台班单价汇总表(09表)、辅助生产人工、材料、施工机械台班单位数量表(25表)。

(7) 取定措施费、企业管理费和规费的各项费率标准,进行措施费、企业管理费和规费综合费率计算,编制综合费率计算表(04表)和综合费计算表(04-1表)。

(8) 计算分项工程的直接费、措施费、企业管理费、规费、利润、税金,编制分项工程概(预)算计算数据表(21-1表)和分项工程概(预)算表(21-2表)。

(9) 计算设备购置费、专项费用,编制设备费计算表(05表)、专项费用计算表(06表)。

(10) 计算建筑安装工程费,编制建筑安装工程费计算表(03表)。

(11) 人工、主要材料、施工机械台班消耗总数量计算,编制人工、主要材料、施工机械台班数量汇总表(02表)。

(12) 计算土地征用及拆迁补偿费,编制土地使用及拆迁补偿费计算表(07表)。

(13) 计算工程建设其他费、预备费、建设期贷款利息,编制工程建设其他费计算表(08表)、总概(预)算表(01表)。

(14) 撰写概(预)算编制说明。

(15) 复核、审查、出版。

9.1.3 施工组织设计对施工图预算的影响

施工组织设计包括施工方案、施工进度计划、施工现场平面布置、各种资源需要量及其供应等四项基本内容。其中,施工方案(主要是施工方法的选择)和施工现场平面布置对施工图预算的影响较大。

1. 施工方法的选择对预算的影响

在公路工程设计和施工组织设计中,施工方法的选择是至关重要的,必须依据工程条件和经济合理的原则进行多方面的比较。随着施工工艺、施工技术的不断发展和更新,要求设计人员根据工程的特点结合实际情况,选择经济又适用的施工方法。

1) 路基施工方法的选择

路基工程中,土石方施工的工程量是施工组织设计中控制预算造价的主要因素,施工方法的选择,对土石方施工中的工日消耗、机械台班消耗有很大的影响。公路路基机械化施工,其施工方法的选择实质就是施工机械的选择,应根据施工的作业种类及运输距离合理选择机械。

2) 路面施工方法的选择

路面基层施工方法主要分路拌和厂拌,面层施工主要有热拌、冷拌、贯入、厂拌等方法。各种施工方法的工程成本消耗各不相同,当路面结构一定时,选择不同的施工方法,造价就不一样。因此,应结合公路等级对路面的质量要求、路面工程规模和工期要求进行综合分析,并确定施工方法。

3) 桥梁工程施工方法的选择

与路基、路面工程相比,桥梁工程结构类型较多,施工工艺复杂,施工方法多,技术要求较高。例如,桥梁上部构造的施工方法一般可分为预制安装和现浇两大类。预制安装施工主要包括自行式吊车安装、跨墩门架安装、架桥机(单导梁、双导梁)安装、缆索吊装、悬臂拼装等;现浇施工主要有支架现浇、悬臂现浇等。对于不同的施工方法,桥梁上部构造混凝土每平方米造价是不一样的,有时有较大差异。因此,在确定桥梁施工方法时,应根据桥梁规模和结构设计要求,结合施工现场、环境、设备等因素进行综合分析,选择最佳的施工方法。

2. 施工现场平面布置对预算的影响

施工现场平面布置是施工组织设计在空间上的综合描述,是施工组织设计的重要组成部分之一。它是在基础资料调查的基础上,结合建设工程的实际情况,按照一定的布置原则和方法,对建设工程在施工过程中的材料供应、运输路线、供水、供电、临时工程、工地仓库、生活设施、管理机构设施、预制厂、拌和厂、采料厂、材料和半成品堆放点以及大型机械设备工作面的布置和安排。平面布置可决定预算中相应的直接费,如临时工程的费用、租用土地费以及平整场地费用等。因此,在施工组织设计中规划平面布置时,应考虑技术上的可行性和经济上的合理性,一般应遵循以下原则。

(1) 凡是永久性占用土地或需临时性租用土地的,应结合地形、地貌,在满足施工的前提下,选择交通便利、运输条件好、材料供应方便,尽可能利用荒山、荒地、少占农田和场地平整工程量小的地点布置。

(2) 合理确定外购材料工地仓库和自采材料堆放点,预制场、拌和站的位置,应尽量减少材料的二次搬运和场内的搬运距离。

(3) 施工平面布置应与施工进度、施工方法等相适应,应保护生态环境。

(4) 材料费在公路工程建设中占的比例很大,应给予足够的重视。合理选择材料,确定经济运距和运输方案,是控制预算造价的重要手段,也是施工组织设计中的重点。

9.2 应用同望造价软件编制施工图预算

公路工程造价编制计算工作量大,费时费力,是一项极为烦琐而复杂的工作。为了提高效率,近年来公路管理、设计、施工等部门已广泛推广应用计算机软件进行工程造价编制。目前,公路建设市场所应用的造价软件版本较多,各类版本大同小异。限于篇幅,本书下面内容以同望 WECOST 公路工程造价管理系统为例,简要介绍公路工程造价软件的具体应用及操作。

9.2.1 同望 WECOST 软件编制造价流程

造价文件编制流程如图 9-3 所示。

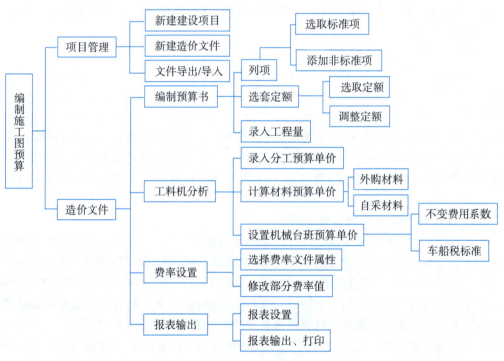

图 9-3 造价文件编制流程图

利用软件编制施工图预算时,主要包括以下工作。

(1)【项目管理】界面:新建建设项目及造价文件。

(2)【预算书】界面:编制预算书文件,添加项目,项目表建立完成之后,通过定额计算或数量单价的方式对第一部分费用建安费进行组价,通过基数计算和数量单价的方式对第二、三部分费用进行计算。

(3)【工料机汇总】界面:进行工料机的汇总分析,确定预算单价,直接输入或者计算运费、原价即可。

(4)【取费程序】界面:选择费率,并确定项目属性的基本参数。

(5)【报表】界面:预览、打印、输出报表。

9.2.2 新建项目文件、造价文件

1. 下载、安装和登录同望系统

登录天工造价(www.tgcost.com)网站,在首页或下载中心,下载最新版本,按提示安装即可。

同望视频1:
下载程序及安装

2. 软件登录

安装好同望软件后,插上加密锁,直接双击图标,打开系统录界面,如图9-4所示。

图9-4 软件登录界面

应注意以下操作提示。

(1)如果有同望正式加密锁,插上加密锁后,直接采取【加密锁登录】方式,单击即可登录软件,进入【项目管理】界面。

(2)如果没有同望加密锁,可以通过注册同望天工造价账号来登录同望软件使用。此种登录方式为学习版模式,软件功能跟正式版一样,可以编辑、修改、预览等功能,但不能打印、输出报表及导出数据。

(3)如果升级软件后,有时插上加密锁,无法登录软件,或提示无权限,可直接单击【更新加密锁】,再重新登录即可。

3. 新建项目文件

登录软件后,进入【项目管理】界面(见图9-5)。

【项目管理】界面由项目管理窗口、基本信息栏、菜单功能栏三部分组成。

操作:在【项目管理】界面依次单击【右键】、【新建】、【建设项目】,在弹出的窗口(见图9-6)中,对应输入建设项目名称、选择工程所在地、建设性质、编制类型,单击"确定"按钮,即可完成建设项目的新建。

同望视频2:
注册账号、登录软件、
新建项目及造价文件

4. 新建造价文件

操作:定位并右击新建的项目,依次单击【新建】→【造价文件】,在弹出的窗口(见图9-7)

中,对应输入相关的项目参数,如起止桩号、工程所在地、建设性质、计价依据等,直接单击【确定】按钮即可。

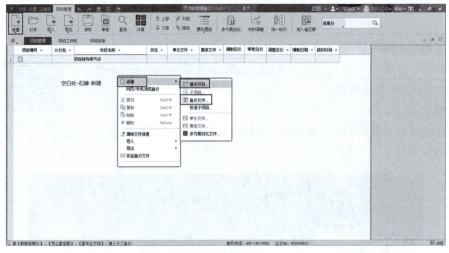

图 9-5　项目管理界面

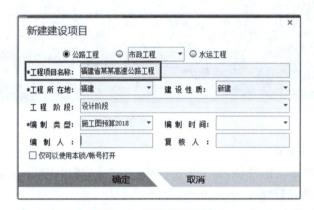

图 9-6　新建项目文件

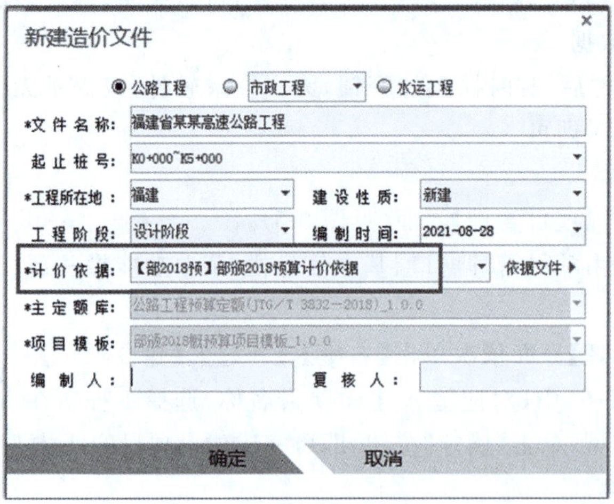

图 9-7　新建造价文件

5. 填写项目基本信息和造价文件基本信息

新建完成项目和造价文件后,根据工程实际情况,填写项目基本信息和造价文件基本信息。

9.2.3 编制预算书文件

新建项目完成后,定位造价文件,双击【计价包】直接打开项目,进入预算书界面,如图9-8所示。

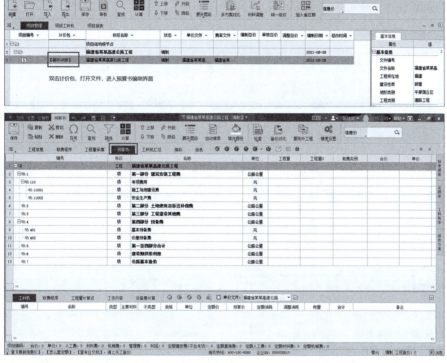

图 9-8 预算书界面

1. 新建项目表

1) 选择标准项

在"预算书"界面,右击【选择】→【标准项】,或者直接单击停靠在预算书右侧的【标准模板】按钮,系统弹出选择标准模板对话框,选择节点后,双击或右击选择【添加选中】,即可添加单条记录,在复选框中勾选多条,单击【添加选中】按钮,可以一次选择多条记录,如图9-9所示。

2) 添加非标准项

增加项目的标准项后,对于某些分项,如标准模板里不存在,可以通过增加非标准项(见图9-10)来进行项目的划分与添加。

定位到要增加非标准项的位置,通过快捷图标增加前项、增加后项、增加子项,或直接点右键增加前项、增加后项、增加子项,即可完成增加,并对应输入编号、名称、单位、数量,如图9-10所示。

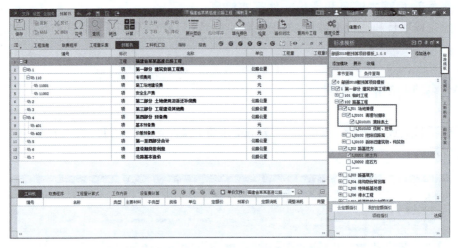

图 9-9 标准模板

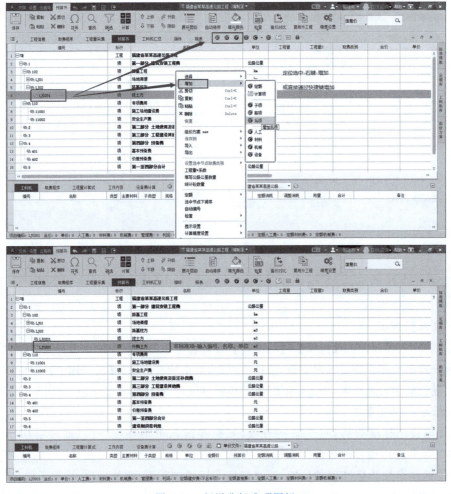

图 9-10 新增非标准项图标

完成项目表后,逐一对各分部分项,即可进行工程数量的录入与核实。

2. 套定额组价、定额调整及换算

1) 选套定额

在"预算书"界面单击需要套取定额的位置,右击,在右键菜单中单击【选择】→【定额】,或者直接单击停靠在预算书右侧或下侧的【定额库】按钮,则系统弹出定额库窗口(见图 9-11),从"定额"的下拉框中选择需要的定额库(注:系统默认的定额库是创建造价文件时的选择的主定额库),然后查找所需套用的定额子目,双击选入或者右击选择【添加选中行】来套取定额。

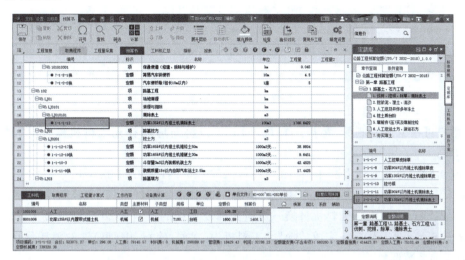

图 9-11 添加定额

2) 输入工程量

对分部分项的子项,根据施工工艺、施工流程以及项目的实际情况,进行定额的选套与组价,然后根据图纸进行各定额的工程数量的计算、核实以及输入。

(1) 工程量填写设置:系统默认子节点自动继承父节点工程量。当修改上级节点工程量时,如果下级节点工程量跟父节点工程量相同,也跟着自动改变,如工程量不相同,则不变。如不需要自动继承工程量功能,可在主菜单【工具】→【系统参数设置】中把"是否自动填写工程量"的值设置为"否"。系统默认以自然单位处理工程量,即输入定额子目的工程量会自动除以定额单位系数。

(2) 工程量计算式:在工程量计算式标签页下,可以增加分项及定额工程量的计算过程,并可单击计算式右侧的按钮查询相应的计算公式,可让用户更加方便地检查及复核工程量是否错算、漏算或重复计算。

3) 定额调整

在定额调整里,需要进行定额的标准换算、工料机替换等操作。

(1) 定额调整(见图 9-12):在【预算书】界面,单击需要调整的定额,系统在靠右下方窗口里设置【标准换算】、【混合料配比】、【子目系数】、【辅助定额】等定额调整窗口,用户可根据工程实际情况对需要调整的定额进行调整,所有的定额调整信息会记录在调整列表里。

(2) 工料机替换:在【人材机】界面中,可以根据需增加/选择工料机,或右击,在右键菜

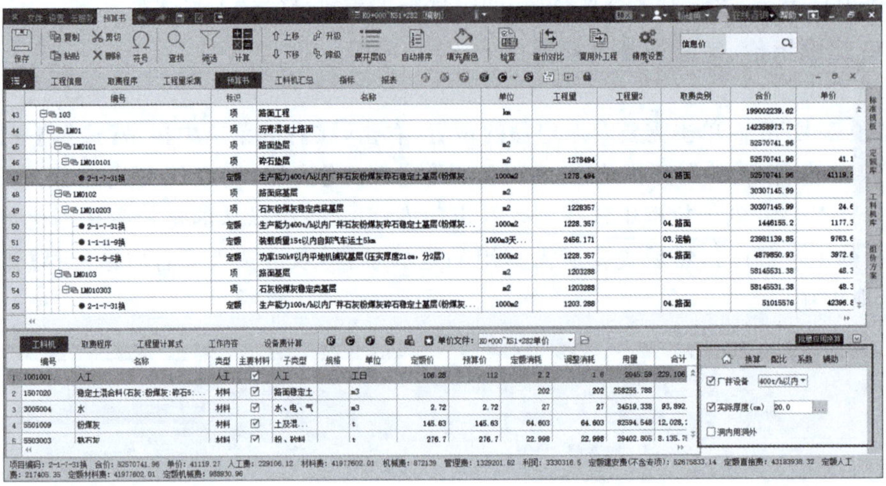

图 9-12 定额调整

单中,用户可根据需要删除/替换工料机,同时可以将新增的补充工料机保存至我的工料机库。

【例 9-1】 替换普通混凝土(见图 9-13):C25-32.5-4 换成 C20-32.5-4。

输入定额:2-3-3-4,在"人材机"界面"单击→选中需替换材料(C25 普通混凝土 32.5 级水泥 4cm 碎石)→右击→工料机替换→对应选择要替换的材料(C20 普通混凝土 32.5 级水泥 4cm 碎石)→双击替换→完成替换"。工料机中,水泥、碎石、中(粗)砂的消耗量自动根据内置公式乘系数调整。

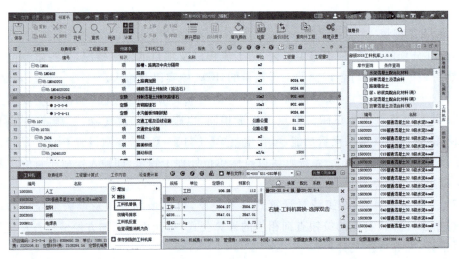

图 9-13 替换混凝土

9.2.4 编制工料机单价文件

工料机分析是对单位工程造价基础数据的分析,是计算各类费用的基础。

在完成"预算书"界面的操作后,切换进入"工料机汇总"界面,系统会自动汇总当前单位工程的工料机，包括工料机编号、名称、单位、消耗量及单价信息，并可按人工、材料、机械分类显示，如图 9-14 所示。

图 9-14　工料机计算界面

1. 录入人工预算单价

人工预算单机的录入比较简单，直接在人工、机械工的预算单价列输入即可。

提示：可以通过软件【帮助】→【定额说明】，查看各省的补充编办，查看人工预算单价。

2. 录入材料预算单价

切换到【工料机汇总】界面→【材料】分栏，手工输入价格、导入价格信息、导入调用其他项目的单价文件等操作，直接确定材料的预算价。

1）计算外购材料预算单价

材料预算单价包括原价、运杂费、场外运输损耗和采购及保管费。系统已集成了毛重系数、场外运输损耗率、采购及保管费率等数据。计算时，需要录入原价、社会运输运杂费相关信息。

选择计算材料，切换进入【材料单价计算】窗口（见图 9-15），输入材料的【起讫地点】、【原价】、【运距】、【t·km 运价】、【装卸费单价】等参数，并选择运输方式，通过分析计算，即可得出材料运杂费。

2）计算自采材料预算单价

（1）计算自采材料原价（见图 9-16）：进入【原价运杂费】计算窗口，选择【自采定额】窗口，在空白处单击【增加】进入选套运输定额的窗口，选择所需套用的定额。

（2）自办运输（见图 9-17）：选择运输方式为"自办运输"，选择到【自办运输定额】窗口，在空白处单击【增加】按钮进入选套运输定额的窗口，选择所需套用的运输和装卸定额。

3. 录入机械台班单价

机械台班费用包括不变费用和可变费用，系统已集成了不变费用和可变费用的数量。在机械费计算窗口，可根据需要调整车船税、不变费系数。

同望视频 3：
材料运费计算
及自采自办

图 9-15　外购材料预算单价的计算

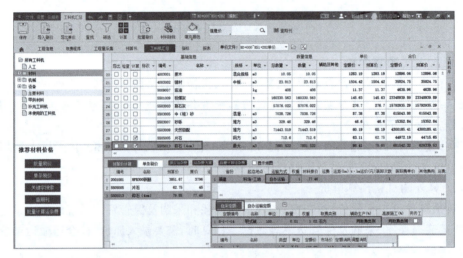

图 9-16　计算自采材料料场价格

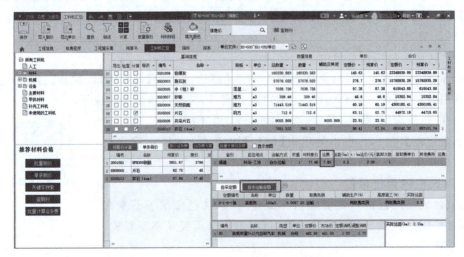

图 9-17　计算自采材料运杂费（自办运输）

9.2.5 编制费率文件

进入【取费程序】界面,编制置费率文件。

1. 设置费率文件

在【取费程序】界面右侧窗口,可根据工程所在地选择相应的费率文件属性,设置费率文件,如图 9-18 所示。

设置项目	设置值
1 工程所在地	福建
2 费率标准	福建省公路工程概算…
3 冬季施工	不计
4 雨季施工	II区5个月
5 夜间施工	计
6 高原施工	不计
7 风沙施工	不计
8 沿海地区	不计
9 行车干扰	不计
10 工地转移(km)	100
11 施工辅助	计
12 基本费用	计
13 综合里程(km)	5
14 职工探亲	计
15 职工取暖	不计
16 财务费用	计
17 辅助生产	计
18 利润	计
19 税金	9
20 养老保险%	16
21 失业保险%	0.5
22 医疗保险%	8.5
23 工伤保险%	不计

图 9-18 设置费率文件

把光标停放"冬季施工""雨季施工"等费率项目上时,系统会在线提示该费率属性的详细信息,用户可根据提示信息选择所需要的属性值。

2. 查看、修改费率文件

1) 查看费率

设置好费率属性后,可在【取费程序】靠左上方的窗口查看设置好的取费费率,如图 9-19 所示。系统中所有的费率项设置的费率值均可在此窗口查看,包括措施费、企业管理费、利润、税金等。

2) 修改费率值

(1) 直接修改:在【取费程序】界面,可以直接输入修改字体为蓝色的费率值,对于与费率属性不对应的费率值,可手动修改的费率值,系统会用红色字体标识,表示该费率值与系统内置标准值不同。

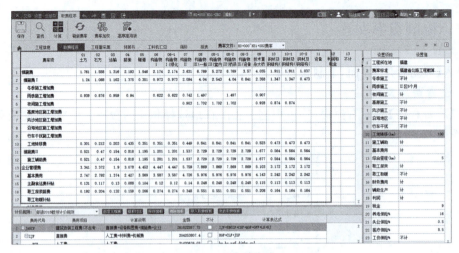

图 9-19　费率显示窗口

（2）费率乘系数：如需要进行费率乘系数的操作，则先要自定义取费模板，然后在靠【取费程序】左下方窗口选择需要乘系数的"费率项"，右击，选择"费率乘系数"，在弹出的输入窗口中输入系数后单击【确定】按钮，该费率项的费率值会自动乘系数调整。

（3）恢复默认值：如需恢复系统默认设置值，在右键菜单中选择"恢复默认费率值"即可。

9.2.6　计算、输出报表

1. 费用计算与检查

单击【计算】按钮进行费用计算。计算完毕，系统会提示弹出【问题检查】信息，可根据需要进行修正。

2. 输出报表

切换至【报表】窗口（见图 9-20），选择生成需要的报表，可完成报表的打印、导出。

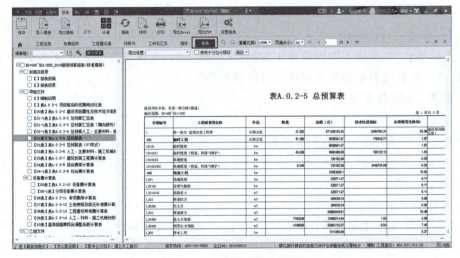

图 9-20　报表输出打印界面

3. 导出、导入模板文件

当编制完预算后,需要发给上级审核或给他人看时,需保存并关闭造价文件,然后在项目管理窗口选中需要导出的项目→【文件】或右击→【导出 WECOST 文件】→选择【保存路径】,来进行数据的交互使用。

同望视频 4：　　　　　　　同望视频 5：
报表操作　　　　　　　编制预算整体操作流程

9.3　施工图预算编制实例

9.3.1　项目基本信息

工程项目名称:××至××港区疏港交通战备公路(以下简称"××港区疏港公路")。

项目概况:路线起于××村,顺接××公路(起点桩号为 K8+897.992),终于××港区(终点桩号为 K19+555.630),全长 10.66km,并在桩号 K11+917～K12+180 处修建长 263m 的龟屿隧道,按设计速度为 60km/h 的二级公路标准进行设计。

本项目主要包括以下工程量。

(1) 路基土石方:土方 213 267m³,石方 544 328m³,平均每公里土石方 71 068.95m³。

(2) 防护砌体:40 657.96m³。

(3) 喷锚挂网:38 533m²。

(4) 排水砌体:11 397.7m³。

(5) 路面:水泥混凝土路路面 140 582.5m²,硬路肩 35 385.6m²。

(6) 桥梁:1 处,长 53.5m。

(7) 涵洞:钢筋混凝土盖板涵 1109.8m/36 道。

(8) 平面交叉:2 处。

(9) 隧道:1 处,长 263m。

项目施工图设计文件:见本书配套用书《公路工程施工招标文件示例》第二部分(人民交通出版社)。

9.3.2　取费信息

1. 工程所在地

福建省福州市罗源县。

2. 取费标准和定额

《概算预算编制办法》(2018 年版)、《预算定额》(2018 年版)、《福建省公路工程建设项目估算概算预算编制补充规定》(闽交建〔2019〕31号)、《机械台班费用定额》(2018年版)。

3. 措施费

冬季施工增加费、雨季施工增加费、施工辅助费、工地转移费(距离按60km计)、行车干扰施工增加费(施工期间平均双向行车次数400辆/昼夜),按现行部颁《概预算编制办法》(2018年版)相关费率计算,无特殊地区施工增加费。

4. 企业管理费

企业管理费基本费用、主副食运费补贴(综合里程3km)、财务费用,按现行部颁《概预算编制办法》(2018年版)相关费率计算,无职工取暖补贴费。

5. 规费费率

养老保险费16%,失业保险费0.5%,医疗保险费(含生育保险)8.5%,工伤保险费0%,住房公积金8.5%。

6. 专项费用

按现行部颁《概预算编制办法》(2018年版)相关费率计算。

7. 人工费标准

人工费(含机械工)单价按112元/工日计算。

8. 材料费

(1) 外购材料:水泥(含32.5级水泥、42.5级水泥)、HPB300钢筋、HRB400钢筋采用外购,均由县城购买,原价按当地省交通运输厅发布的价格信息。当地汽车运价(教学用)为每吨每千米0.7元,装卸费(教学用)每吨6.0元。

(2) 主要材料和地方性材料:预算价格根据当地省交通运输厅和市交通运输局(委)发布的价格信息结合实际情况取定。

(3) 自采材料:片石利用路基开炸石方捡清,各种规格的碎石及路面用碎石由开采的片石用机械轧制,片石、碎石平均运距为2.5km。上述材料均用12t以内自卸汽车运输,用$2m^3$以内装载机装车。

(4) 其他材料:按《预算定额》(2018年版)附录四确定的材料基期价格作为编制期材料预算价格。

9. 机械台班单价

可根据《机械台班费用定额》(2018年版)及机械工单价、燃料动力预算价格和车船使用税标准由软件自行分析确定机械台班单价。

10. 施工组织设计

(1) 全线设2座水泥混凝土搅拌站(生产能力$40m^3/h$以内),主要供应路面面层、桥梁及隧道工程,搅拌站具体设置地点及供应范围见表9-1,混凝土平均运输距离按表中所提供资料计算。

表9-1 水泥混凝土搅拌站及供应范围

序号	位置地点或桩号	支线距离/km	供应范围
1	K10+400	0	K8+897.992~K13+000
2	K16+500	0.2	K13+000~K19+555.630

(2) 路面水泥稳定碎石基层采用厂拌法(运距与水泥混凝土相同)。

(3) 临时工程数量:临时电力线路 1.4km,施工便道见设计文件"施工便道工程数量表"。

11. 土地征用及拆迁补偿费

用地面积及拆迁建筑物、电力、电信等数量及补偿标准见表 9-2。

表 9-2　土地征用、拆迁数量及补偿标准(教学用)

序号	项　　目	数量	单位	补偿标准
1	土地青苗等补偿费			
(1)	征用滩涂	20.30	亩[①]	6 000 元/亩
(2)	征用宅地、耕地	51.54	亩	25 000 元/亩
(3)	征用园地	130.00	亩	25 000 元/亩
(4)	征用非经济林地、经济林地、未利用地	367.06	亩	8 000 元/亩
(5)	枇杷树赔偿	26.00	棵	300 元/棵
(6)	龙眼树赔偿	2 856.00	棵	350 元/棵
2	安置补助费			
(1)	砖混房	4 930.00	m²	500 元/m²
(2)	砖石房、石木房、木房	7 442.00	m²	400 元/m²
(3)	木棚	543.00	m²	100 元/m²
(4)	围墙	388.60	m	50 元/m
(5)	电力杆、通信杆	229.00	根	500 元/根
(6)	通信光缆	7.40	km	40 000 元/km
(7)	军用光缆	1.33	km	43 000 元/km

12. 工程建设其他费

建设项目管理费、建设项目前期工作费、联合试运转费、生产准备费、办公和生活用家具购置费、工程保险费按现行部颁《概预算编制办法》(2018 年版)相关费率计算。不计研究试验费、专项评价(估)费、工器具购置费、生产人员培训费、应急保通设备购置费、工程保通管理费。

13. 预备费

基本预备费按现行部颁《概预算编制办法》(2018 年版)规定执行。不计价差预备费。

14. 工伤保险费

按照项目总造价的 0.15% 单独计列,规费中相应的工伤保险费费率取 0。

9.3.3　施工图预算成果

原始数据表(附表 01)见表 9-3。

[①] 1 亩=666.67m²,全书同。

表 9-3　原始数据表（预）（节选）

建设项目：××至××港区疏港交通战备公路
编制范围：K8+898～K19+555.63　　　　　　　　　　　　　　　　附表 01

项目	节	细目	名　称	单　位	工程量	费率号	备　注
1			第一部分建筑安装工程费	公路公里	10.66		
101			临时工程	公路公里	10.66		
			……				
102			路基工程	km	10.343		
			……				
103			路面工程	km	10.343		
	LM02		水泥混凝土路面	m²	140 582.5		
		LM0202	路面底基层	m²	140 582.5		
			LM020201	10cm 厚填隙碎石底基层	m²	3 382.6	
			2-1-12-16	机械摊铺填隙碎石底基层（压实厚度10cm）	1000m²	3.383	04	
			LM020202	15cm 厚填隙碎石底基层	m²	137 199.9	
			2-1-12-20 换	机械摊铺填隙碎石底基层（压实厚度12cm）	1000m²	137.2	04	定额×15/12
		LM0203	路面基层	m²	140 582.5		
			LM020302	18cm 厚 5% 水泥稳定碎石基层	m²	140 582.5	
			2-1-7-5 换	生产能力 200t/h 以内厂拌水泥碎石稳定土基层（水泥剂量 5%，压实厚度 18cm）	1000m²	140.583	04	厂拌设备：生产能力 200t/h 以内实际厚度（cm）：18cm
			2-1-8-5 换	装载质量 12t 以内自卸汽车运厂拌基层稳定土混合料 1.5km	1000m³	25.305	03	实际运距（km）：1.5km
			2-1-9-7	宽度 7.5m 以内摊铺机铺筑基层	1000m²	140.583	04	
		LM0205	水泥混凝土面层	m²	140 582.5		
			24cm 厚 C35 水泥混凝土面层	m²	140 582.5		

续表

项目	节	细 目	名 称	单 位	工程量	费率号	备 注
		2-2-17-3 换	摊铺机铺筑混凝土路面厚度 24cm（轨道式）	1000m²	140.583	04	实际厚度（cm）：24cm 普 C30-32.5-4 换普 C35-32.5-4
		4-11-11-14 换	40m³/h 以内混凝土拌和站（楼）拌和	100m³	337.398	07	定额×1.02
		4-11-11-24 换	运输能力 6m³ 以内搅拌运输车运混凝土 1.5km	100m³	337.398	03	实际运距（km）：1.5km 定额×1.02
		LM020502	钢筋	t	74.13		
		2-2-17-13 换	人工及轨道式摊铺机铺筑路面拉杆及传力杆	1t	13.98	10	钢筋抽换：[2001002] 换[2001001]
		2-2-17-13 换	人工及轨道式摊铺机铺筑路面拉杆及传力杆	1t	60.15	10	钢筋抽换：[2001001] 换[2001002]
LM04			路槽、路肩及中央分隔带	m²	31 152.1		
	LM0401		硬路肩	m²	31 152.1		
		LM040101	10cm 厚填隙碎石底基层	m²	726.6		
		2-1-12-16	机械摊铺填隙碎石底基层（压实厚度10cm）	1000m²	0.727	04	
		LM040102	15cm 厚填隙碎石底基层	m²	30 425.4		
		2-1-12-20 换	机械摊铺填隙碎石底基层（压实厚度12cm）	1000m²	30.425	04	定额×15/12
		LM040103	18cm 厚 5%水泥稳定碎石基层	m²	31 152.1		
		2-1-7-5 换	生产能力 200t/h 以内厂拌水泥碎石稳定土基层（水泥剂量5%，压实厚度18cm）	1000m²	31.152	04	厂拌设备：生产能力 200t/h 以内 实际厚度（cm）：18cm
		2-1-8-5 换	装载质量 12t 以内自卸汽车运厂拌基层稳定土混合料 3km	1000m³	5.607	03	实际运距(km):3km

续表

项目	节	细目	名称	单位	工程量	费率号	备注
		2-1-9-7	宽度7.5m以内摊铺机铺筑基层	1000m²	31.152	04	
		LM040104	24cm厚C35水泥混凝土面层	m²	31 152.1		
		2-2-17-3换	摊铺机铺筑混凝土路面厚度24cm（轨道式）	1000m²	31.152	04	实际厚度（cm）：24cm普C30-32.5-4换普C35-32.5-4
		4-11-11-14换	40m³/h以内混凝土拌和站（楼）拌和	100m³	74.765	07	定额×1.02
		4-11-11-24换	运输能力6m³以内搅拌运输车运混凝土第一个1km	100m³	74.765	03	定额×1.02
	LM0402		路缘石	m³	1 047.1		
		2-3-3-4换	预制混凝土预制块路缘石	10m³	104.71	04	普C25-32.5-4换普C20-32.5-4
		2-3-3-6	安砌路缘石	10m³	104.71	04	
		4-5-2-1	浆砌片石基础、护底、截水墙	10m³	130.84	07	
104			桥梁涵洞工程	km	0.053		
	10401		涵洞工程	m/道	1 109.8/36.0		
	HD02		盖板涵	m/道	1 109.8/36.0		
		HD0201	1—1.5×1.5	m/道	296.55/11.0		
		4-1-3-3	斗容量1.0m³以内挖掘机挖基坑≤1500m³土方	1000m³	1.358	07	
		4-1-3-5	机械挖基坑≤1500m³石方	1000m³	0.429	07	
		4-5-1-1	干砌片石基础、护底、截水墙	10m³	6.65	07	
		4-7-9-1	预制矩形板混凝土（跨径4m以内）	10m³ 实体	11.809	07	
		4-7-9-4换	集中加工预制矩形板钢筋	1t	4.206	10-1	钢筋抽换：[2001002]换[2001001]
		4-7-9-4换	集中加工预制矩形板钢筋	1t	12.164	10-1	钢筋抽换：[2001001]换[2001002]

续表

项 目	目	节	细 目	名 称	单 位	工程量	费率号	备 注
			4-8-3-8	装载质量6t以内载重汽车第一个1km（汽车式起重机装卸）	100m³ 实体	1.181	03	
			4-7-10-1	起重机安装矩形板	10m³ 构件	11.809	07	
			4-6-8-1	现浇混凝土矩形板上部构造	10m³ 实体	0.089	07	
			4-6-8-4 换	现场加工现浇矩形板上部构造钢筋	1t	0.021	10-1	钢筋抽换：[2001002]换[2001001]
			4-6-8-4 换	现场加工现浇矩形板上部构造钢筋	1t	0.111	10-1	钢筋抽换：[2001001]换[2001002]
			4-5-3-4	浆砌块石实体式台、墙	10m³	52.359	07	
			4-5-2-4	浆砌片石实体式台、墙	10m³	0.926	07	
			4-5-2-1	浆砌片石基础、护底、截水墙	10m³	29.392	07	
			4-6-1-1	轻型墩台混凝土基础（跨径4m以内）	10m³ 实体	19.568	07	
			4-6-3-1 换	混凝土墩、台帽非泵送	10m³ 实体	19.143	07	普C30-32.5-4 换普C25-32.5-4
			4-6-3-5 换	现场加工桥（涵）台帽钢筋	1t	0.576	10-1	钢筋抽换：[2001002]换[2001001]
			4-6-3-5 换	现场加工桥（涵）台帽钢筋	1t	0.676	10-1	钢筋抽换：[2001001]换[2001002]
			4-6-1-5 换	支撑梁混凝土	10m³ 实体	0.511	07	普C20-32.5-4 换普C25-32.5-4
			4-6-1-12 换	现场加工轻型墩台基础及支撑梁钢筋	1t	0.141	10-1	钢筋抽换：[2001002]换[2001001]
			4-6-1-12 换	现场加工轻型墩台基础及支撑梁钢筋	1t	0.304	10-1	钢筋抽换：[2001001]换[2001002]
			4-5-3-1	浆砌块石基础、护底、截水墙（支撑梁）	10m³	1.731	07	
			4-5-4-5 换	浆砌粗料石帽石、缘石	10m³	0.331	07	删：M7.5水泥砂浆[1501003] M10 水泥砂浆量2.13
			4-5-2-4	浆砌片石实体式台、墙（翼墙、端墙）	10m³	7.211	07	

续表

项目	节	细目	名称	单位	工程量	费率号	备注
		4-5-2-1	浆砌片石基础、护底、截水墙（翼墙、端墙基础）	10m³	5.696	07	
		4-5-2-7	浆砌片石锥坡、沟、槽、池（排水沟、跌井）	10m³	11.504	07	
		4-5-2-1	浆砌片石基础、护底、截水墙（洞口、洞底铺砌）	10m³	19.003	07	
		1-3-3-3	浆砌片石急流槽	10m³ 实体	2.078	06	
		4-5-2-1	浆砌片石基础、护底、截水墙（隔水墙）	10m³	1.364	07	
		1-2-12-2	砂砾地基垫层	1000m³	0.083	04	
		4-11-6-17	水泥砂浆抹面（厚2cm）	100m²	0.22	07	
		4-11-7-11	梁桥用镀锌铁皮沥青麻絮伸缩缝	1m	219.62	10-1	
		4-11-4-4	沥青油毡（防水层）	10m²	29.65	07	
		4-2-2-1	编织袋围堰高1.0m	10m 围堰	0.0	07	
		4-9-3-1	满堂式木支架墩台高6m以内	10m²	0.28	07	
		1-4-16-7	浆砌片石挡土墙墙身	10m³ 实体	0.0	06	
		4-11-11-14	40m³/h以内混凝土拌和站（楼）拌和 ……	100m³	5.202	07	
110			专项费用	元	0.0		
	11001		施工场地建设费	元	0.0		{部颁2018施工场地建设费}
	11002		安全生产费	元	0.0		{建安费}×1.5%
2			第二部分土地征用及拆迁补偿费	公路公里	0.0		
201			土地使用费	亩	0.0		
	20101		永久征用土地	亩	0.0		
		2010101	征用土地费	亩	0.0		
		20101010101	征用滩涂	亩	20.3		20.3×6 000元
		20101010102	征用宅地、耕地	亩	51.54		51.54×25 00元
		20101010103	征用园地	亩	130.0		130.0×25 000元

续表

项目	节	细目	名称	单位	工程量	费率号	备注
		20101010104	征用非经济林地、经济林地、未利用地	亩	367.06		367.06×8 000元
	2010102		果树、青苗补偿费	元	0.0		
			枇杷树赔偿费	棵	26.0		26.0×300元
			龙眼树赔偿费	棵	2 856.0		2 856.0×350元
202			拆迁补偿费	公路公里	10.66		
		1	砖混结构	m²	4 930.0		4 930.0×500元
		2	木房、石木结构房屋、砖石平房	m²	7 442.0		7 442.0×400元
		3	木棚	m²	543.0		543.0×100元
		4	围墙	m	388.6		388.6×50元
		5	电力杆、通信杆	根	229.0		229.0×500元
		6	通信光缆	km	7.401		7.401×40 000元
			军用光缆	km	1.331		1.331×43 000元
3			第三部分 工程建设其他费用	公路公里	10.66		
301			建设项目管理费	公路公里	10.66		
	30101		建设单位（业主）管理费	公路公里	10.66		{部颁2018建设单位（业主）管理费}
	30102		建设项目信息化费	公路公里	10.66		{部颁2018建设项目信息化费}
	30103		工程监理费	公路公里	10.66		{部颁2018工程监理费}
	30104		设计文件审查费	公路公里	10.66		{部颁2018设计文件审查费}
	30105		竣(交)工验收试验检测费	公路公里	10.66		
		3010501	道路工程	km	10.66		道路{部颁2018竣(交)工验收试验检测费}
		3010502	一般桥梁	m	53.4		53.4×一般桥梁{部颁2018竣(交)工验收试验检测费}
		3010503	隧道工程	m	263.0		隧道{部颁2018竣(交)工验收试验检测费}×40%

续表

项目	节	细目	名称	单位	工程量	费率号	备注
302			研究试验费	公路公里	10.66		
303			建设项目前期工作费	公路公里	10.66		{部颁2018建设项目前期工作费}
305			联合试运转费	公路公里	10.66		({建安费}DEJAF+{A10})×0.04%
306			生产准备费	公路公里	10.66		
	30601		工器具购置费	公路公里	10.66		
	30602		办公和生活用家具购置费	公路公里	10.66		{部颁2018办公及生活用家具购置费}
307			工程保通费	公路公里	10.66		
	30701		保通便道管理费	km	10.66		
308			工程保险费	公路公里	10.66		({建安费}−{建安费}SBF)×0.4%
309			工伤保险费	公路公里	10.66		{建安费}×0.15%
4			第四部分预备费	公路公里	10.66		
401			基本预备费	元	1.0		({建安费}+{G}+{H})×3%
402			价差预备费	元	1.0		{部颁预留上涨费}
5			第一至四部分合计	公路公里	10.66		
6			建设期贷款利息	公路公里	10.66		
7			公路基本造价	公路公里	10.66		

编制： 复核：

思 考 题

1. 试述现场调查的内容。
2. 请问施工组织设计对预算的影响主要有哪几个方面？

第10章 公路工程施工投标报价的编制

10.1 概　　述

10.1.1 工程项目招投标的概念

1. 工程项目招标

工程项目招标是指业主（建设单位）为发包方，根据拟建工程的内容、工期、质量和投资额等技术经济要求，邀请有资格和能力的企业或单位参加投标，从中择优选取承担可行性研究方案论证、科学试验或勘察、设计、施工和监理等任务的承包单位。

2. 工程项目投标

工程项目投标是指经审查获得投标资格的投标人，以同意发包方招标文件所提出的条件为前提，经过广泛的市场调查，掌握一定的信息，并结合自身情况（能力、经营目标等）以投标报价的竞争形式获取工程任务的过程。

3. 建设项目招标的范围与分类

1）招标的范围

根据《中华人民共和国招标投标法》（以下简称《招标投标法》）和《必须招标的工程项目规定》（中华人民共和国国家发展和改革委员会令2018年第16号）的规定，在我国进行下列工程建设项目，包括项目的勘察、设计、施工、监理，以及与工程建设有关的重要材料、设备等的采购，必须进行招标。

（1）全部或部分使用国有资金投资或国家融资的项目：包括两类，一类是使用预算资金200万元人民币以上，并且该资金占投资额10%以上的项目；另一类是使用国有企业事业单位资金，并且该资金占控股或者主导地位的项目。

（2）使用国际组织或者外国政府贷款、援助资金的项目：包括两类，一类是使用世界银行、亚洲开发银行等国际组织贷款、援助资金的项目；另一类是使用外国政府及其机构贷款、援助资金的项目。

（3）大型基础设施、公用事业等关系社会公共利益、公众安全的项目。

必须招标的具体范围由国务院发展改革部门会同国务院有关部门按照确有必要、严格限定的原则制定，报国务院批准。

2）强制招标的标准

属于招标范围内的项目，其勘察、设计、施工、监理以及与工程建设有关的重要设备、材料等的采购达到下列标准之一的，必须招标：

(1) 施工单项合同估算价在400万元人民币以上；
(2) 重要设备、材料等货物的采购,单项合同估算价在200万元人民币以上；
(3) 勘察、设计、监理等服务的采购,单项合同估算价在100万元人民币以上。
(4) 同一项目中可以合并进行的勘察、设计、施工、监理以及与工程建设有关的重要设备、材料等的采购,合同估算价合计达到(1)、(2)、(3)条规定标准的,必须招标。

上述标准是工程建设项目强制招标的最低标准,任何单位和个人不得将依法必须进行招标的项目化整为零,也不得以其他任何方式规避招标。

4. 公路建设项目可以不进行招标的规定

根据《公路工程建设项目招标投标管理办法》(中华人民共和国交通运输部令2015年第24号)第九条的规定,有下列情形之一的公路工程建设项目,可以不进行招标：

(1) 涉及国家安全、国家秘密、抢险救灾,或者属于利用扶贫资金实行以工代赈、需要使用农民工等特殊情况；
(2) 需要采用不可替代的专利或者专有技术；
(3) 采购人自身具有工程施工或者提供服务的资格和能力,且符合法定要求；
(4) 已通过招标方式选定的特许经营项目投资人依法能够自行施工或者提供服务；
(5) 需要向原中标人采购工程或者服务,否则将影响施工或者功能配套要求；
(6) 国家规定的其他特殊情形。

10.1.2 公路建设招标分类

1. 按工程标的分类

根据标的不同,公路工程招标可分为勘察设计招标、施工监理招标、材料设备采购招标和施工招标。工程施工招标在各类招标中,数量大、范围广、价值高,招标工作的代表性强,本书主要介绍工程施工招标。

2. 按照竞争程度分类

公路工程招标可分为公开招标和邀请招标。这也是我国《招标投标法》中规定的法定招标方式。

(1) 公开招标:也称为无限竞争性招标,是一种由招标人按照法定程序,在公共媒体发布其招标项目、拟采购的具体设备或工程内容等信息,公开发布招标公告。所有符合条件的供应商或承包人都可以平等参加投标竞争,从中择优选择中标者的招标方式。

(2) 邀请招标:也称为有限竞争性招标或选择性招标,即由招标人以投标邀请书的方式邀请特定的法人或者其他组织参加投标竞争,从中选定中标者的招标方式。招标人采用邀请招标方式的,应当向三个以上具备承担招标项目的能力、资信良好的特定法人或者其他组织发出投标邀请书。

10.1.3 公路工程标准施工招标文件的组成

为加强公路工程施工招标管理,规范资格预审文件和招标文件编制工作,交通运输部组织专家对《公路工程标准施工招标资格预审文件》(2009年版)和《公路工程标准施工招标文件》(2009年版)进行修订,经审定后,形成了《公路工程标准施工招标资格预审文件》(2018年版)和《公路工程标准施工招标文件》(2018年版),自2018年3月1日起施行。

交通运输部规定:自招标文件施行之日起,依法必须进行招标的公路工程,应当使用《公路工程标准施工招标资格预审文件》(2018年版)和《公路工程标准施工招标文件》(2018年版),其他公路项目可参照执行。

《公路工程标准施工招标文件》(2018年版)分为四卷,第一卷包含招标公告(或投标邀请书)、投标人须知、评标办法、合同条款及格式、工程量清单;第二卷是图纸(另册);第三卷是技术规范(另册)、工程量清单计量规则(另册);第四卷是投标文件格式。

1. 招标公告(投标邀请书)

采用资格预审或邀请招标方式招标时,应以投标邀请书格式发布;采用资格后审方式招标时,以招标公告格式发布。

招标公告(未进行资格预审)通常对以下内容进行公告:项目概况与招标范围、投标人资格要求、招标文件的获取、投标文件的递交及相关事宜、发布公告的媒介、联系方式等。

投标邀请书是招标人向经过资格预审合格的投标人正式发出参加本项目投标的邀请。因此,投标邀请书也是投标人具有参加投标资格的证明,没有得到投标邀请书的投标人,无权参加本项目的投标。投标邀请书的主要内容有项目概况与招标范围、投标人资格要求、招标文件的获取、投标文件的递交及相关事宜、发布公告的媒介、联系方式等。

招标人按照《公路工程标准施工招标文件》(2018年版)第一章的格式发布招标公告或发出投标邀请书后,将实际发布的招标公告或实际发出的投标邀请书编入出售的招标文件中,作为招标文件的组成部分。

2. 投标人须知

投标须知是招标单位为了说明招标性质、范围,向投标单位提供的必要的信息资料,以及对投标人的合格条件、编制投标书的规定、投标书的送交、开标与评标直至签订合同的有关要求。投标须知包括投标人须知前附表、附录和正文三部分。

投标人须知前附表用于进一步明确正文中的未尽事宜,由招标人根据招标项目具体特点和实际需要编制和填写,且应与招标文件中其他章节相衔接,并不得与正文内容相抵触。

附录是投标人资格审查条件表,规定了本项目投标人资质、财务、业绩、信誉、项目经理与项目总工、其他管理人员和技术人员、主要机械设备和实验检测设备的最低要求。

正文主要包括以下内容。

(1) 总则:说明项目概况、资金来源和落实情况、招标范围、计划工期、质量要求和安全目标、投标人资格要求、费用承担、保密、语言文字、计量单位、踏勘现场、投标预备会、分包、响应和偏差。

(2) 招标文件:说明招标文件的组成、澄清、修改和异议。

(3) 投标文件:说明投标文件的组成、报价、投标有效期、保证金、资格审查资料、备选投标方案和投标文件的编制。

(4) 投标:说明投标文件的密封和标识、投标文件的递交,以及投标文件的修改与撤回。

(5) 开标:说明开标时间和地点、开标程序、开标异议。

(6) 评标:说明评标委员会、评标原则、评标。

(7) 合同授予:说明中标候选人公示、评标结果异议、中标候选人履约能力审查、定标、中标通知、中标结果公告、履约保证金、签订合同。

（8）纪律和监督：说明对招标人、投标人、评标委员会成员、与评标活动有关的工作人员的纪律要求以及投诉要求。

（9）是否采用电子招标评标。

（10）需要补充的其他内容。

3. 评标办法

《公路工程标准施工招标文件》（2018年版）给出了四种评标办法：合理低价法、技术评分最低标价法、综合评分法和经评审的最低投标价法。公路工程施工招标评标一般采用合理低价法或技术评分最低标价法。技术特别复杂的特大桥梁和特长隧道项目主体工程可以采用综合评分法。工程规模较小、技术含量较低的工程可以采用经评审的最低投标价法。

1）合理低价法

评标委员会对满足招标文件实质性要求的投标文件，按照第3章评标办法（合理低价法）第2.2款规定的评分标准进行打分，并按得分由高到低顺序推荐中标候选人，或根据招标人授权直接确定中标人，但投标报价低于其成本的除外。综合评分相等时，评标委员会应按照评标办法前附表规定的优先次序推荐中标候选人或确定中标人。

合理低价法是综合评估法的评分因素中评标价得分为100分、其他评分因素分值为0分的特例。合理低价法中，第一个信封（商务及技术文件）的评审应采用合格制。

2）技术评分最低标价法

评标委员会对满足招标文件实质性要求的投标文件的施工组织设计、主要人员、技术能力等因素进行评分，按照得分由高到低排序，对排名在招标文件规定数量以内的投标人的报价文件进行评审，按照评标价由低到高的顺序推荐中标候选人，或根据招标人授权直接确定中标人，但投标报价低于其成本的除外。评标价相等时，评标委员会应按照评标办法前附表规定的优先次序推荐中标候选人或确定中标人。

使用该方法时，通过第一个信封（商务及技术文件）评审的投标人数量应不少于3名，最高不宜超过10名。此外，招标人可规定技术文件采用暗标形式编制。

3）综合评分法

评标委员会对满足招标文件实质性要求的投标文件，按照第3章评标办法（综合评分法）第2.2款规定的评分标准进行打分，并按得分由高到低顺序推荐中标候选人，或根据招标人授权直接确定中标人，但投标报价低于其成本的除外。综合评分相等时，评标委员会应按照评标办法前附表规定的优先次序推荐中标候选人或确定中标人。

综合评估法仅适用于技术特别复杂的特大桥梁和特长隧道项目主体工程。采用综合评分法时，评标委员会应对投标人的评标价、施工组织设计、主要人员、技术能力、财务能力、业绩、履约信誉等综合进行评估打分。其中，评标价所占权重不应低于50%。

4）经评审的最低投标价法

评标委员会对满足招标文件实质性要求的投标文件，根据第3章评标办法（经评审的最低投标价法）第2.2款规定的量化因素及量化标准进行价格折算，按照经评审的投标价由低到高的顺序推荐中标候选人，或根据招标人授权直接确定中标人，但投标报价低于其成本的除外。经评审的投标价相等时，评标委员会应按照评标办法前附表规定的优先次序推荐中标候选人或确定中标人。

《标准施工招标文件》对四种评标方法的评审因素、标准和程序做出了明确规定，招标项目具体采用哪一种评标方法，应在招标文件中明确说明。

4. 合同条款及格式

合同条款主要规定了合同履行中当事人的基本权利和义务以及合同履行中的工作程序、监理工程师的职责与权力等。《公路工程标准施工招标文件》（2018年版）的合同条款由通用合同条款、专用合同条款两部分构成，且附有合同协议书、廉政合同、履约保证金和工程资金监管协议等合同附件格式文件。

通用合同条款参考 FIDIC 有关内容，对发包人、承包人的责任进行恰当的划分，在材料和设备、工程质量、计量、变更、违约责任等方面，对双方当事人权利、义务、责任作了相对具体、集中和具有操作性的规定，为明确责任、减少合同纠纷提供了条件。具体条款共分24个方面的问题：一般约定，发包人义务，监理人，承包人，材料和工程设备，施工设备和临时设施，交通运输，测量放线，施工安全、治安保卫和环境保护，进度计划，开工和竣工，暂停施工，工程质量，试验和检验，变更，价格调整，计量与支付，竣工验收，缺陷责任与保修责任，保险，不可抗力，违约，索赔，争议的解决。招标人在编制招标文件时，可根据各行业和具体工程的不同特点和要求进行修改和补充。

《公路工程标准施工招标文件》（2018年版）将"专用条款"分为A、B两部分，A为公路工程专用合同条款，B为项目专用合同条款。

公路工程专用合同条款考虑了公路工程的特点，对通用合同条款所做的约定、补充和细化，适用于公路工程施工项目。

项目专用合同条款是根据招标项目的具体特点和实际需要，对"通用合同条款""公路工程专用合同条款"所做的补充、细化，可专用于本施工项目。项目专用合同条款包括项目专用合同条款数据表和项目专用合同条款两部分。

招标人在编制项目招标文件中的"项目专用合同条款"时，除"通用合同条款"明确"专用合同条款"可作出不同约定，以及"公路工程专用合同条款"明确"项目专用合同条款"可作出不同约定外，补充和细化的内容不得与"通用合同条款"及"公路行业标准工程专用合同条款"强制性规定相抵触。同时，补充、细化或约定的不同内容，不得违反法律、行政法规的强制性规定和平等、自愿、公平和诚实信用原则。

合同附件格式包括合同协议书、廉政合同、安全生产合同、其他管理和技术人员最低要求、主要机械设备和试验检测设备最低要求、项目经理委托书、履约保证金格式、工程资金监管协议格式。

合同协议书是投标人中标而成为本合同的承包人后，和业主共同填写并签署合同的格式。

5. 工程量清单

工程量清单是一份与技术规范相对应的文件。技术规范规定了各工程子目的范围、质量要求及计量支付办法，而工程量清单则详细说明了每一工程子目可能要发生的工程数量。工程量清单由说明、工程量清单表、计日工明细表、暂估价表、工程量清单汇总表和工程量清单单价分析表等部分组成。

因工程量清单是根据招标文件中包括的、有合同约束力的图纸以及有关工程量清单的国家标准、行业标准、合同条款中约定的工程量计算规则编制，阅读和理解时，应结合投标人须知、通用合同条款、专用合同条款、技术规范及图纸等内容。

6. 图纸

图纸是招标文件和合同的重要组成部分,是投标人拟定施工方案、确定施工方法、提出替代方案、计算投标报价必不可少的资料。

7. 技术规范

技术规范是招标文件和合同文件中的一个非常重要的组成部分,适用于各级公路项目的新建、扩建或改建的施工与管理。技术规范对工程在施工中使用的原材料、半成品或成品、隐蔽工程以及施工原始资料和记录,均进行一系列的控制与检查,使工程质量符合规定的质量标准。在每一章节的施工要求中,均对质量标准、质量等级、检验内容和方法等提出了要求。如有未写明之处,应按照国家和交通运输部现行有关规范规定且经监理人批准后执行。

《公路工程标准施工招标文件》(2018年版)的技术规范分为总则,路基,路面,桥梁、涵洞、隧道,安全设施及预埋管线,绿化及环境保护七章。

8. 工程量清单计量规则

工程量清单计量规则包括说明和计量规则两部分。计量规则由子目号、子目名称、单位、工程量计量、工程内容组成。每个子目号与工程量清单的子目号一一对应,是承包人报价、发包人支付的依据。

计量规则各章节《公路工程标准施工招标文件》(2018年版)是按第7章"技术规范"的相应章节编号的,因此,各章节工程子目的工程量计量规则应与"技术规范"相应章节的施工规范结合起来理解、解释和应用。

计量规则的计量与支付,应与合同条款、工程量清单以及图纸同时阅读,工程量清单中的支付项目号和本规则的章节编号是一致的。

9. 投标文件格式

投标文件分为商务及技术文件、报价文件。商务及技术文件格式有投标函及投标函附录、授权委托书或法定代表人身份证明、联合体协议书、投标保证金、施工组织设计、项目管理机构、拟分包项目情况表、资格审查资料、其他资料等格式。报价文件格式有调价函格式(如有)、投标函、已标价工程量清单、合同用款估算表等格式。

投标函是为投标人填写投标总报价而由招标人准备的一份空白文件。投标函中主要应反映下列内容:投标人、投标项目(名称)、投标总报价(签字盖章)、工程质量、投标有效期、投标保证金承诺、资料真实性承诺等。招标文件中提供投标函格式的目的,一是使各投标单位递送的投标书具有统一的格式;二是提醒各投标单位投标以后需要注意和遵守有关规定。

投标函附录是用于说明合同条款中的重要参数如缺陷责任期、逾期交工违约金、提前交工奖金、开工预付款金额、材料和设备预付款、进度付款证书最低限额、逾期付款违约金的利率、质量保证金百分比、质量保证金限额等。该文件在投标单位投标时签字确认后,即成为投标文件及合同的重要组成部分。在编制招标文件时,投标函附录的编制是一项重要的工作内容,其参数的具体标准对造价及质量等方面有重要的影响。

10.1.4 投标文件的组成

公路工程投标中,投标人编写的投标文件分为双信封和单信封两种形式。

1. 双信封

双信封形式的投标文件，应包括下列内容。

第一个信封（商务及技术文件）：

（1）投标函及投标函附录；
（2）授权委托书或法定代表人身份证明；
（3）联合体协议书；
（4）投标保证金；
（5）施工组织设计；
（6）项目管理机构；
（7）拟分包项目情况表；
（8）资格审查资料；
（9）投标人须知前附表规定的其他材料。

第二个信封（报价文件）：

（1）调价函及调价后的工程量清单（如有）；
（2）投标函；
（3）已标价工程量清单；
（4）合同用款估算表。

2. 单信封

单信封形式的投标文件，应包括下列内容。

（1）投标函及投标函附录；
（2）授权委托书或法定代表人身份证明；
（3）联合体协议书；
（4）投标保证金；
（5）已标价工程量清单；
（6）施工组织设计；
（7）项目管理机构；
（8）拟分包项目情况表；
（9）资格审查资料；
（10）调价函及调价后的工程量清单（如有）；
（11）投标人须知前附表规定的其他材料。

投标人在评标过程中所做出的符合法律法规和招标文件规定的澄清确认，构成投标文件的组成部分。

10.2 公路工程投标报价的编制

1. 投标报价的概念与依据

1）投标报价的概念

投标报价是在工程采用招标发包的过程中，由投标人按照招标文件的要求，根据工程特点，并结合自身的施工技术、装备和管理水平，依据有关计价规定自主确定的工程造价。报价是投标文件最重要的组成部分和主要内容，是投标工作的关键和核心，也是决定能否中标的主要依据。

投标人的投标报价高于招标控制价的应予以废标，投标报价不得低于工程成本。因此，可以得出以下结论：工程成本≤投标报价≤招标控制价（最高投标限价）。

2) 公路工程投标报价编制的依据

编制报价主要有以下依据。

（1）招标文件。

（2）工程所在地的地质、地貌、水文和气候条件及其他条件。

（3）施工组织设计资料。

（4）交通运输部颁发的《预算定额》（2018年版）和《概算预算编制办法》（2018年版）。

（5）人工、材料、机械台班价格。

（6）措施费、企业管理费等各项综合取费标准。综合取费标准指措施费、企业管理费、规费、利润、税金、专项费用的取费标准，除了规费、税金、专项费用采用规定费率，其他费用可以根据工程特点、企业经营管理水平和市场竞争状况综合取定。

（7）工程量计算规则。

（8）其他资料。

2. 工程清单报价费用的组成

报价费用是以发招标文件合同条件、技术规范、工程量清单计量规则、设计图纸及工程造价计算资料为基础，按招标文件中的工程量清单形式所列的完成该标段全部工程所需的各项费用。

一个项目的投标报价由以下三部分组成。

（1）施工成本：包括直接成本（即工、料、机等直接费）、间接成本（包括措施费、规费、企业管理费、专项费用）等各项费用。

（2）利润和税金：税金是由国家统一征收的费用，利润是根据本项目的具体情况和公司的利润目标制订的。

（3）风险费用：即在各种风险发生后需由承包人承担的风险损失。

在投标报价中，应科学的计算确定以上三项费用，使总报价既有竞争力，又有利润。

《公路标准施工招标文件》（2018年版）"工程量清单投标报价说明"第2条规定："除非合同另有规定，工程量清单中有标价的单价和总额价均已包括为实施和完成合同工程所需的劳务、材料、机械、质检（自检）、安装、缺陷修复、管理、保险、税费、利润等费用，以及合同明示或暗示的所有责任、义务和一般风险。"第4条规定："符合合同条款规定的全部费用应认为已被计入有标价的工程量清单所列各子目之中，未列子目不予计量的工作，其费用应视为已分摊在本合同工程的有关子目的单价或总额价之中。"因此，报价计算时，计价子目单价同总报价的费用大体相当，也应包括施工成本、利润和税金、风险费用三部分，包含建筑安装工程的全部费用。

3. 报价工作程序

报价工作内容繁多，工作量大，时间往往十分紧迫，因而必须周密考虑，统筹安排，遵照一定的工作程序，使报价工作有条不紊、紧张而有序地进行。其主要工作程序如图10-1所示。

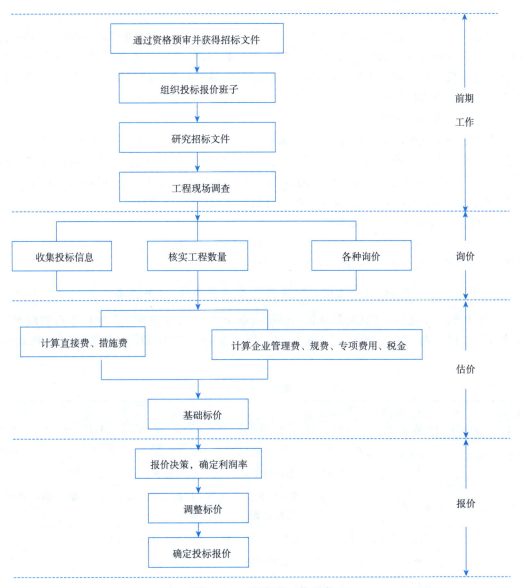

图 10-1　工程报价工作程序

1) 估价（基础标价的计算）

估价是指估价人员在施工总进度计划、主要施工方法、分包商和资源安排确定后，根据本公司的工料消耗（企业定额）和水平以及询价结果，对本公司完成招标工程所需要支出费用的分析计算。其原则是根据本公司的实际情况合理确定施工成本和待摊费用，不考虑其他因素，不涉及投标决策问题、利润的高低及施工风险，即成本价由直接费、措施费、企业管理费、规费、税金、专项费用等组成，估价的主要内容是直接费、措施费、企业管理费的计算，并按规定计取规费、税金、专项费用后形成基础标价。

2) 报价

报价包括选择报价策略、调整标价、确定投标报价三个方面的内容。

4. 投标报价策略

投标人为了使自己的报价有竞争力，就要使自己的施工成本尽可能低，同时，为了在合同实施过程中获得一定的效益，还必须确定适当的利润率，并充分考虑风险，最后进行报价平衡。投标报价的策略应包括降低预算成本的策略、确定利润率的策略、风险附加策略和报价平衡策略四个方面的内容。

1) 降低预算成本的策略

要确定一个低而适度的报价，首先要编制先进合理的施工方案，在此基础上，计算出能确保合同要求工期和质量标准的最低预算成本。要降低工程预算成本，应从降低直接费和间接费入手，如发挥本企业的优势、运用多方案报价法等其他方法等。应注意，当运用多方案报价法等其他方法时，一定要符合招标文件的要求，以免致废标。

2) 确定利润率和风险附加策略

（1）根据实际情况确定利润率。利润是投标人预计在所投标工程中获得的利润，用利润率表示，计算基数为直接费、措施费与企业管理，即

$$利润 =（直接费＋措施费＋企业管理费）\times 利润率 \tag{10-1}$$

对于利润率的选择，其原则是既要使标价有竞争力，又要使投标单位中标后得到理想的经济效益。但在投标时，投标人可根据实际情况进行适当浮动，利润率浮动规律可参见表10-1。

表 10-1　确定利润参考因素表

影响利润的因素		高	低
工程方面	施工条件	场地狭窄、地处闹市	交通方便、工程简便、工程量大
	专业要求	专业要求高，本单位在这方面有专长，信誉也高	专业要求不高，一般的施工单位都可施工
	工程总价	工程总价低或中小型工程	工程总价高或大型工程
	工期要求	业主对工期要求很急	工期比较充裕
	技术程度	技术密集型	劳动密集型
业主方面	投资情况	外资或中外合资	国内投资
投标人方面	施工任务	在手工程较多，或对工程兴趣不大时	施工任务不足而迫切希望中标时
	将完成工程情况		工程所在地附近有将竣工的工程，而施工机械无法转移时
	战略目标		为提高信誉、扩大市场以利今后发展时
竞争对手	投标竞争家数	投标家数少时	投标家数多时
	竞争对手实力	投标人中无实力雄厚的竞争对手	投标人中有实力雄厚的竞争对手

（2）根据客观规律确定利润率。在投标竞争中，利润率和获胜概率是有一定规律的。一般来讲，利润率越低，中标可能性就越大；反之，利润率越高，中标的可能性就越小。因此，承包商应尊重这一事实，并结合有关因素确定恰当的利润率。

（3）根据公路基本建设市场情况确定利润率。目前，工程承包市场竞争激烈，施工企业数量增加，素质又不断提高，承包道路工程施工面临越来越激烈的竞争。因此，在道路工程中，采取保本微利，低价中标，依靠加强管理来不断提高经济效益，已经受到道路施工企业的普遍重视。

（4）低报价不是得标的唯一因素。招标文件中一般明确申明"本标不一定授给最低报价者或其他任何投标者"。低报价是得标的重要因素，但不是唯一因素。

（5）确定风险费附加策略。关于潜在风险，可能出现的意外风险主要有施工条件恶劣，有的标书对工程地质、水文、气象等条件交代得不清楚，又不符合索赔条件，可能会给投标人造成一定的损失。为了使投标人中标后避免不必要的损失，投标单位必须估计投标项目潜在的风险因素，通常对风险的考虑是一定百分比将这笔款项归入利润附加费中。

3）报价平衡策略

投标单位可在计算基础报价的基础上，考虑适度的利润率和风险后，得出初步的报价。但初步的报价是否低而适度（既具有竞争力，又能在中标后取得一定的经济效益），这仍然是投标单位需要研究的重要问题。因此，在初步报价的基础上进行报价平衡是非常重要的。报价平衡的策略，主要是以下两个基本环节。

（1）报价分析：主要是分析报价的合理性和竞争性。

① 分析报价的合理性：首先由报价编制人员对报价计算过程进行详细的复核，然后根据招标项目的大小和重要程度，由投标单位领导人主持召开一个有关业务部门和少数骨干参加的报价分析会，对计算依据、计算范围、费率等报价计算的合理性进行内部"模拟"评价，挖掘降低报价的潜力。

② 报价的竞争性：根据主要竞争对手的实力、优势和以往类似工程投标中的报价水平，以及对招标单位标底的推测，分析本企业的报价的竞争力，商定降价系数，提出必要的措施和对策。

（2）降价系数：在基础报价计算和考虑了利润率和风险费用后所确定的初步报价的基础上，通过报价分析后，所确定的一个小于1的系数。初步报价乘以降价系数即为投标项目的总报价。

是否需要降价系数，以及系数取多少（即降价幅度），要在投标时随机确定。随着投标日期的临近，投标人要密切注意招标投标各方的动态，收集研究各种重要信息（如主要竞争对手的投标积极性、可能的报价水平），分析评标办法。如果本身的报价水平具有竞争力，就不必轻易动用降价系数，否则，在递交标书之前，要适当调整总报价。

确定降价系数，也是对投标报价进行决策的过程。投标报价决策是指投标人召集算标人和决策人、高级咨询顾问人员共同研究，根据基础标价计算结果（估价结果）和标价的静态、动态风险分析进行讨论，做出调整计算总报价的最后决定。在确定降价系数（报价决策）时，应注意以下两点。

① 确定降阶系数的依据。确定降阶系数的主要资料依据应当是自己的算标人员的计算书和分析指标。至于通过其他途径获得的所谓"标底价格"或竞争对手的"标价情报"等，

只能作为参考。参加投标的承包商当然希望自己中标。但是,更为重要的是中标价格应当基本合理,不应导致亏损。以自己的报价计算为依据进行科学分析,而后做出恰当的报价决策,至少不会盲目地落入竞争的陷阱。

② 在可接受的最小预期利润和可接受的最大风险内做出决策。由于投标情况纷繁复杂,投标中碰到的情况并不相同,很难界定需要决策的问题和范围。一般来说,降阶系数并不仅限于具体计算,而是应当由决策人与算标人员一起,对各种影响报价的因素进行恰当的分析,并做出果断的决策。除了对算标时提出的各种方案、基价、费用摊入系数等予以审定和进行必要的修正,更重要的是决策人从全面考虑期望的利润和承担风险的能力。承包商应当尽可能避免较大的风险,采取措施转移、防范风险,并获得一定利润。决策者应当在风险和利润之间进行权衡,并做出选择。

5. 标价的调整

当投标人的总报价基本确定后,还要采用"不平衡报价法"来调整单价,以其在工程结算时取得最好的经济效益。

不平衡报价法是指一个工程项目总报价基本确定后,通过调整内部各个项目的报价,以期既不提高总报价、不影响中标,又能在结算时得到更理想的经济效益。一般可以考虑在以下几方面采用不平衡报价。

(1) 先期开工的项目(如开工费、土方、基础等)的单价报价高,后期开工的项目如高速公路的路面、交通设施、绿化等附属设施的单价报价低。

(2) 估计到以后会增加工程量的项目的单价报价高,工程量会减少的项目的单价报价低。

(3) 图纸不明确或有错误的,估计今后会修改的项目的单价报价高,估计今后会取消的项目的单价报价低。

(4) 对于允许价格调整的工程,当利率低于物价上涨时,则后期施工的工程细目的单价报价高,反之,报价低。

采用不平衡报价时,一定要建立在对工程量表中工程量仔细核对分析的基础上,特别是对报低单价的项目,如在执行时工程量增多,将造成承包商的重大损失;不平衡报价过多和过于明显,可能会引起业主反对,甚至导致废标。

6. 公路工程投标报价的编制步骤

当前,公路工程投标标价的计算一般是以交通运输部颁布的《概算预算编制办法》(2018年版)和《预算定额》(2018年版)为基础进行成本预测,并依据招标文件提供的工程量清单和有关规定,结合工程项目所在地的人工、材料、机械设备等市场行情来进行计算,即采用"施工图预算的编制方法和工程量清单的格式"。

工程量清单分解主要是分析确定工程量清单所列计价子目所包含的定额细目,确定定额表号(含定额调整)和预算工程量。

(1) 分解的原因:由于工程量清单计价子目(含子目名称、单位和数量)是招标人参考现行招标文件中工程子目划分原则,依据"成品、实体、净数量"的原则,将招标图纸实体设计数量根据招标文件技术规范中的"计量与支付"条款汇总编制的。因此,清单中的每个计价子目的综合度比较大。作为投标报价人员,首先要将清单计价子目"还原",找到计价子目与图纸中的设计工程量之间的对应关系("一"对"多"的关系)。另外,要将工程量调整成能套用工程定额的程度。一般情况下,清单计价子目、预算定额细目(相当于定额表中"栏")和图纸中的设计工程量之间的口径关系是由粗到细的,即:清单计价子目≥预算定额细目≥设计工程量。

工程量清单拆分的目的是列出每个计价工程子目进行单价分析时的预算工程量,包括在图纸设计工程量基础上综合得到的工程实体工程量,又包括计价范围内必要的施工措施工程量,列出的这两种工程量都必须与定额细目口径一致,以达到能够套用工料机消耗量标准(即定额)和取定综合费率的程度。

但要明确,并不是每个计价子目都要进行分解,只有对综合项目分解才是必要的。所谓综合项目,就是清单中一个编号子目中,含有两个及两个以上的定额细目。

(2) 分解的方法:工程量清单分解时,以工程量清单的每一个计价子目作为一个项目,根据计量与支付条款、招标图纸、拟定的施工方案、预算定额,考虑其由几个定额细目组成,确定和计算相应的定额表号及工程量。其流程见图10-2。

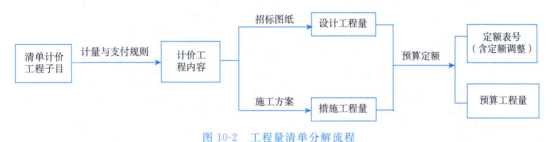

图 10-2　工程量清单分解流程

在实际工作中,可通过编制"工程量清单分解表"或"报价原始数据表"来完成此工程量清单分解。

(3) 分析确定工、料、机单价。

(4) 确定取费费率、利润率和税金:应根据工程类别和工程所在地区,取定措施费、企业管理各项费率,按规定取定规费费率、税率、专项费用费率,初步确定利润率。

(5) 计算基础标价:计算各计价子目的建筑安装工程费,形成各子目的基础标价。

(6) 确定最终报价:在基础标价的基础上,根据项目工程合同条件分析、市场竞争及经营策略,选择报价策略,确定最终报价,并按照项目招标文件的要求形成报价文件。

10.3　应用同望造价软件编制报价文件

同望 WECOST 公路工程造价管理系统编制清单报价文件与编制预算的软件操作流程基本相同,主要不同在于清单编制比预算编制多了分摊与调价的功能。因此,本章只概要介绍编制清单报价中的特殊功能。

10.3.1　用同望 WECOST 系统计算基础标价

清单报价文件的编制过程如图10-3所示。

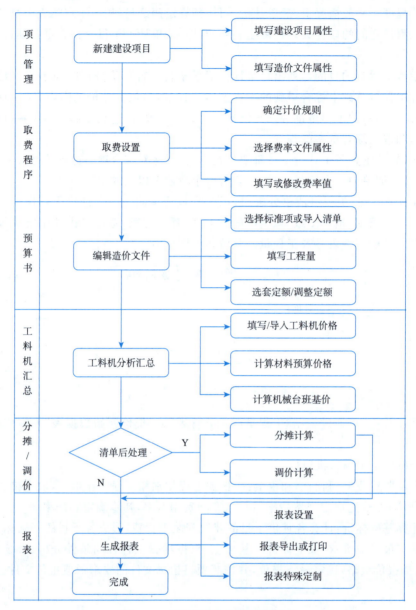

图 10-3 清单报价文件的编制过程

1. 基础标价计算

（1）新建清单造价文件。在【预算书】界面右击，依次单击【新建】→【造价文件】→【选择计价依据】。

（2）导入工程量清单。在【预算书】界面，软件提供导入 Excel 工程量清单功能。软件根据清单编号自动排序，用户可使用工具栏中的 调整。

（3）选套定额与定额调整。

（4）确定人材机价格。

（5）确定取费费率。

(6) 基础标价的计算。

2. 第 100 章总则处理

1) 计量规则

第 100 章总则所列子目,通常是开工前就要发生的开办项目费用,如保险费、安全生产、临时工程与设施、承包人驻地建设等。在清单中按照项目报价,大部分是费用包干项目,各子目的具体名称、分项计量规则参见本书第 2 章相关内容。

同望视频 6:
新建项目及
导入工程量清单

2) 费用参考标准

第 100 章总则下各子目清单的取费,具体以实际项目的招标文件要求为准,下面各子目的费用额度标准,仅供参考,不能作为实际的费用计算标准。

(1) 第 101 节　通则。

① 第 101-1-a:按合同规定,提供建筑工程一切险。

计算基数:第 100 章(不含建筑工程一切险及第三者责任险的保险费)至第 700 章的合计金额。

费率:一般工程保险费率为 0.25%,独立特大桥、隧道保险费率为 0.35%~0.40%。

② 第 101-1-b:按合同规定,提供第三者责任险。

100 万元起保,保险费率为 0.3%~0.5%。具体以实际项目的招标文件为准。

(2) 第 102 节　工程管理。

① 102-1　竣工文件:宜按工程规模大小和规定要求不同计列相应费用,可以 100 章以外各章清单预算合计额为基数,按表 10-2 的费率,以分档累进办法计列,但最低不宜低于 1 万元,最高不宜高于 50 万元。

表 10-2　102-1 节的费率

100 章以外各章清单预算合计额/万元	费率/%	算例/万元	
		清单预算合计额	竣工文件费
≤1 000	0.20	1 000	1 000×0.2%=2.0
1 001~5 000	0.15	5 000	2.0+4 000×0.15%=8.0
5 001~20 000	0.10	20 000	8.0+15 000×0.10%=23.0
>20 000	0.05	50 000	23.0+30 000×0.05%=38.0

② 102-2　施工环保费:常规的施工环保费宜工程规模大小和规定要求不同计列相应费用,土建主体工程(含房建)可按 100 章以外各章清单预算合计额的 0.1%~0.2% 计列,但最低不宜低于 2 万元,最高不宜高于 60 万元;交安、机电、绿化等工程可按每标段 0.5 万~2.0 万元计列;桥梁施工过程中产生的泥浆,当地有明确的施工过程远运集中处理要求的,宜按所需处理的泥浆数量及当地远运集中处理单价按实另行计算确定。

③ 102-3　安全生产费:公路工程项目按投标价的 1.5%(若招标人公布了最高投标限价时,按最高投标限价的 1.5%)计列。

④ 102-4　信息化系统(暂估价):宜按不同要求以总额价暂估,工程管理系统以不同系统数及其单价按实估列,计算机按配置台数及其单价按实估列,网络构筑费按网络系统设施

费和施工期网络租费按实估列。系统操作人员的培训、系统维护等费用宜按上述三项费用暂估总额的10%～20%暂估,以万元整数额形式暂估。包含远程视频监控系统的,可参照上述方式估列,一并纳入该子目。

(3) 第103节 临时工程与设施。

① 103-1 临时道路修建、养护与拆除(包括原道路的养护费):需修建、利用或租用临时道路、桥梁、码头等临时工程的数量宜按施工图设计数量并结合现场调查的实际数量确定,按临时工程类别和来源方式分别列细目计列。

② 103-2 临时占地:各项用地数量按工程建设管理实际需要和施工标准化要求分项逐一估列,借地费用标准按当地政策标准和借地时间按实确定(应包含用地恢复费),有可利用土地或以租用方式获得既有房屋等设施的,不计该分部借地费用。

③ 103-3 临时供电设施架设、维护与拆除:临时供电线中宜按施工图设计数量并结合现场调查的实际数量确定长度,套用预算定额中临时工程7-1-5架设输电线定额计列费用(变压器的摊销费用扣除另计);变压器的容量和数量按工程实际需要确定,以摊销或租用形式计列费用;向供电管理部门缴纳的有关费用按物价管理部门规定的费用标准计列。

临时供电线中(高压)不大于2km时,临时供电设施费用也按变压器的施工组织设计总容量以250～300元/(kV·A)估列。

④ 103-4 电信设施的提供、维修与拆除:电信设施按实际需要数量和市场价计列,电信费用按使用时间和电信资费标准估列。

⑤ 103-5 临时供水与排污设施:能估列出具体的内容和数量的,宜按给水、排污管理分别按需安装的内容和数量,给水、排污系统所需的相应设计品种和数量,以及一定额度的日常管理和处理费用进行估列。难以具体估列的,可按承包人驻地建设的5%～7%估列。

(4) 第104节 承包人驻地建设:需修建、租用的数量宜按工程规模和内容并结合现场调查情况确定,按驻地建设内容和建立方式分别计算确定。

3) 费用的计算

按上述的费用参考标准,直接在系统里,对第100章总则的各子目,进行取费计算。根据不同的招标文件清单说明,系统提供三种费用计算的方式,分别为数量单价、基数计算和套定额组价。这里,以基数计算为例说明费用的计算方式。

系统设定如下。

{A}:第100章至第700章合计;

{A}－{A1}:第200章至第700章合计。

对于调用了计算基数进行计算的清单项,其本身的金额不计入此基数中。代号必须用"{ }"括起来,通过英文输入法才是引用代号的基数。

如"建筑工程一切险按清单第100章至第700章合计金额的0.3%计算"。列式{A}×0.3%,此时计算式中的{A}不包含建筑工程一切险自身金额。

【示例】

(1) 建筑工程一切险的投保金额为工程量清单第100章至第700章的合计金额(不含工程一切险、第三者责任险、安全生产费、暂估价总额),保险费率按0.25%计取。

(2) 第三者责任险的最低投保金额为2000万元,但事故次数不限(不计免赔额),保险费率按 0.25％计算。费用包含在相关单价或总额价中。

(3) 安全生产费按第 100 章至第 700 章清单合计(不含安全生产费、工程一切险、第三者责任险、暂估价总额)的 1.5％计算。

(4) 信息化管理系统(暂估价):计算机管理软件费用总金额 50 000 元。

先定义:第三者责任险,代号为{DSZ};计算机管理软件费用,代号为{JSJGL}。

(1) 第三者责任险:20 000 000×0.25％＝50 000(元)。

(2) 建筑工程一切险:({A}－{DSZ}－{JSJGL})×0.25％

(3) 安全生产费:({A}－{DSZ}－{JSJGL})×1.5％

10.3.2 用同望 WECOST 系统进行费用分摊、调价和报表输出

1. 分摊

WECOST 系统提供三种分摊方式:按清单金额比重"JE"、按集中拌水泥混凝土用量"SN"和按沥青混合料用量分摊"LQ"。分摊的步骤及系统界面如图 10-4 所示。

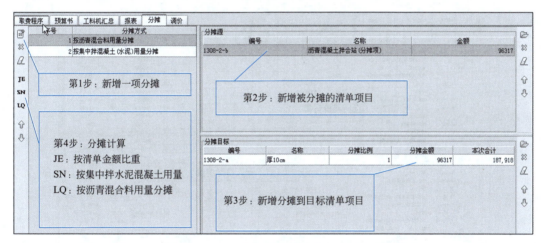

图 10-4 分摊的步骤及系统界面

2. 调价

1) 正向调价

正向调价可调整工料机消耗量,工料机单价和综合费率。操作界面如图 10-5 所示。

2) 反向调价

在目标报价处,输入一个目标控制价,系统即根据选择条件反算报价。反向调价方式有三种方式:反调工料机消耗计算、反调综合费率计算和反调综合单价计算。操作界面如图 10-6 所示。

同望视频 7:
分摊操作

有些项目是不能调价的,调价会导致结果出错,或者违反招投标规定。因此,系统将所有【预算书】→【计算公式】列有值的项及其子节点或已勾选为专项暂定的项,默认为勾选不调价,并以灰色标识。

在【调价】界面,如某些特殊分部分项清单不需参与调价,直接在【不调价】复选框中勾选

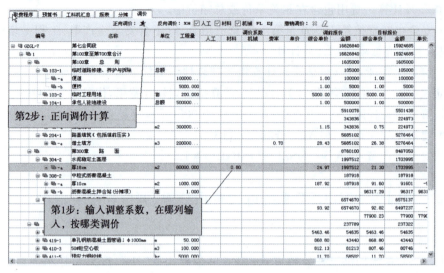

图 10-5 正向调价操作界面

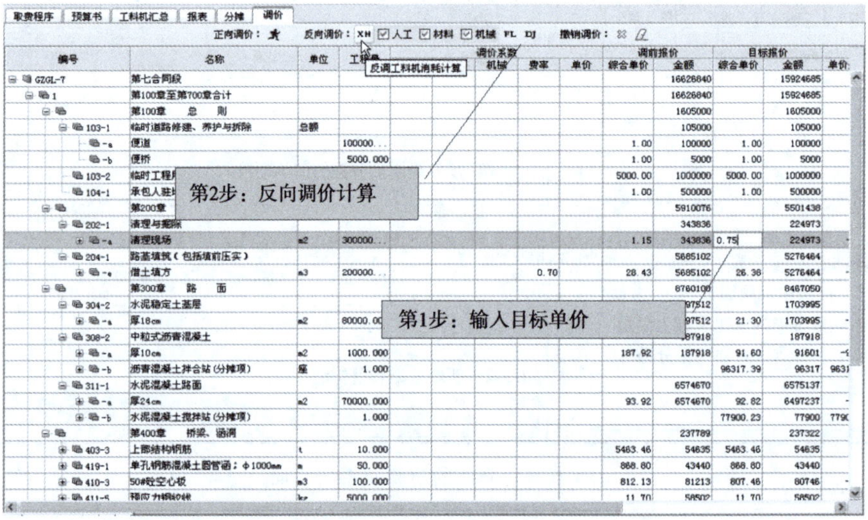

图 10-6 反向调价操作界面

即可。

在进行调价的过程中,如需撤销调价,可直接单击调价工具栏中的【撤销】图标,可以撤销选中节点及其下级节点的调价计算机。

单击【清空】图标,清空所有调价计算。

3. 输出报表

(1) 在【调价】界面,打钩需要输出单价分析表的清单项目,在【报表】界面,浏览单价分析表。单价分析表是招标人分析工程量清单报价构成的专用表格,不同的招标人所要求的报表项目和报表格式不尽相同。

同望视频8:
调价操作

(2) 根据招标人的要求打印输出标表、暂估价表、单价分析表及其他招标文件所要求的报表,并导出相应的电子文档。

10.4 某高速公路路面工程清单报价实例

10.4.1 工程背景

福建省某高速公路路面工程 B 合同段,招标范围为 K138+172.207~K161+557.196(右线桩号),全长 23.39km。主要工程内容见投标人须知前附表"1.3.1 条款招标范围"(表 10-3)。

路面土建工程施工计划工期为 12 个月(不含备料期),缺陷责任期为 24 个月。

10.4.2 招标文件(摘录)

1. 投标人须知、评标办法、合同条款

1) 投标人须知

投标人须知的正文摘自交通运输部《公路工程标准施工招标文件》(2018 年版),并按电子招标的要求对招标文件的获取、澄清修改、异议,投标文件的编制、密封和标识、递交、修改与撤回,资格审查资料,开标、评标、中标候选人公示及异议、中标通知等条款进行了修改,其余部分不加修改的引用,若有实质性的不一致之处,则以《公路工程标准施工招标文件》(2018 年版)相关内容为准。

投标人须知前附表的主要内容见表 10-3。

表 10-3 投标人须知前附表(节选)

条款号	条款名称	编列内容
1.1.5	建设地点	福建省××市××县
1.3.1	招标范围	(1) 路面工程(包括互通立交匝道、加减速车道、互通连接线、隧道沥青混凝土路面);桥面沥青混凝土(含匝道桥);中央分隔带、路缘带、伸缩缝;中央分隔带和超高段的排水工程等。 (2) 交通安全设施工程:水泥混凝土防撞护栏、波形防撞护栏、隔离设施、视线诱导设施、标志标线、标牌、突起路标、百米桩、公里牌、防眩板、声屏障工程;互通区、收费岛安全设施;通信管线预埋等。 (3) 绿化工程:中央分隔带绿化碎落台绿化、上下边坡种植乔灌木、隧道进出口、互通区等景观绿化等
3.1.1	投标文件组成	本次招标采用双信封形式,投标人编制的投标文件应包括下列内容。 (1) 第一个信封(商务及技术文件):投标函及投标函附录;法定代表人身份证明及授权委托书;联合体协议书(如有);投标保证金银行回执及投标人基本账户开户证明;项目管理机构;拟分包项目情况表(如有);资格审查资料;其他材料。 (2) 第二个信封(投标报价):投标函;已标价工程量清单

续表

条款号	条款名称	编列内容
3.2.1	工程量清单的填写方式及增值税税金的计算方法	(1)工程量清单的填写方式本项目招标采用工程量固化清单,工程量固化清单作为招标文件的组成部分,发布在电子交易平台上(网址详见招标公告)供投标人自行下载,投标人填写工程量清单中的单价或总额价,即可完成投标工程量清单的编制,确定投标报价,并编入投标文件(按电子交易平台规定的格式上传)。投标人未在工程量清单中填入单价或总额价的工程子目,将被认为其已包含在工程量清单其他子目的单价和总额价中,招标人将不予支付。投标人不得对工程量固化清单电子文件中的数据、格式和运算定义进行修改,否则,其投标文件将被否决。 (2)增值税税金的计算方法增值税税金按一般计税方法计算
3.2.3	报价方式	以投标总价方式报价
3.2.4	是否接受调价函	否
3.2.8	最高投标限价	有,最高投标限价(不含暂列金额),在投标截止时间15d以前发布在电子招标投标交易平台上(网址详见招标公告),供投标人自行查阅和下载,招标人不再以其他方式通知投标人。投标人的投标价(不含暂列金额)不得高于最高限价(不含暂列金额),否则均按无效投标处理
3.4.1	投标保证金	投标保证金为每个标段组 80 万元(人民币),采用银行转账(电汇或现金转账)或银行保函
7.7.1	履约担保	履约担保额为合同价(不含不可预见费)的 10%,采用银行保函或银行转账(电汇或现金转账),由中标人在收到中标通知书后 21d 内,并在签订合同之前提交
10.3	保险费	工程一切险和第三方责任险由承包人根据实际情况自行决定办理,费用包含在相关单价或总额价,不单独计量与支付
10.4	安全生产费用	按照《公路水运工程安全生产监督管理办法》(交通运输部 2007 年 1 号令)、《福建省公路水运建设工程安全生产费用暂行规定》(闽交建〔2010〕151号)及《企业安全生产费用提取和使用管理办法》(财企〔2012〕16 号)的要求,投标人应充分考虑用于施工安全防护用具及设施的采购和更新、安全施工措施的落实、安全生产条件的改善的费用。投标人在投标时按不低于最高限价(第 100 章至第 700 章清单合计)的 1.5%计算安全生产费用,以总金额列入工程量清单第 100 章"安全生产费"子目
10.5	劳动竞赛活动基金	招标人提供的劳动竞赛活动基金(暂估价)按招标人发布的最高限价(不含暂估价)的 0.5%在第 100 章中列出,具体以招标人发布的为准
10.6	不平衡报价	招标人在签订施工合同时,将对中标人报价清单中的各子目中标单价,依据招标文件工程量清单中列明的工程数量和同标段所有被宣读的投标价(去掉超出招标人最高限价和低于最高限价的 85%的投标价)中各子目单价的平均值,按中标价与投标人平均报价的比例调整,但中标总价保持不变(发包人暂估价、保险费、包干项目风险金、安全生产费用、劳动竞赛活动基金、房建工程(若有)不可竞争费不调整)

续表

条款号	条款名称	编列内容
10.7	临时用地报价	临时占地由投标人根据施工组织设计详细计算,所需的一切费用由投标人自行调查确定,列入工程量清单103节中报价,实行总额包干。工程实施期间,由于数量计算不足所造成的损失,均由承包人承担。承包人负责办理租用手续,由于承包人办理租用手续不及时造成的一切损失均由承包人负责。临时用地如有地面附着物,其拆迁补偿费用也由承包人自行调查并予以赔偿,赔偿费用包含在报价中。临时用地的防护、环保、复耕等所有费用均包含在102节和103节相关细目报价中,发包人不另行支付,但施工图设计文件中有明确的数量并在第700章中已单列的清单细目除外。承包人的防护、环保、复耕等应满足相关要求,因此引发的纠纷和经济责任由承包人自行承担
10.8	税费	除专用合同条款第16.1款已约定因价差调整所引起的增值税由发包人按国家规定的税率支付外,承包人因承包本合同工程需缴纳的一切税费均由承包人承担,并包含在所报的单价或总额价内,因决(结)算审计金额调整造成承包人应缴纳的增值税等一切税费变化,承包人已缴纳而无法退回的损失由承包人承担
10.10	沥青碎石增运费用、沥青混合料增运费用调整	投标人应参照图纸中列明的沥青混合料集料料场及拌和站位置,对工程量清单中列明的"沥青碎石增运费用"和"沥青混合料增运费用"进行报价。在合同实施过程中,若沥青混合料集料料场及拌和站位置发生变化,按合同专用条款的规定据实对集料、混合料运费进行调整。水泥稳定层、级配碎石层混合料所需集料料场及拌和站位置由投标人自行调查确定并报价,在合同实施过程中,集料料场及拌和站位置变化引起的集料、混合料运费变化不予调整
10.11	料场使用费	投标人提供的《参考资料》中各料源点仅供参考,招标人不对《参考资料》中信息的准确性及最终适用性承担任何责任
10.14	施工现场标准化建设费用	承包人应按照《福建省高速公路施工标准化管理指南》要求,做好混凝土拌和站、预制场、钢筋加工场、实验室以及其他施工临时设施等工程的建设。投标人应充分考虑施工现场标准化建设及管理投入可能发生的费用,列入工程量清单100章相关子目

2)评标办法

项目招标实行资格后审,并采用"合理低价+信用分"的方法评标,评标委员会对满足招标文件实质性要求的投标文件,按照本章第2.2款规定的评分标准进行打分(总分100分:评标价90分,信用10分),并按得分由高到低顺序推荐中标候选人,但投标报价低于其成本的除外。当两个或两个以上投标人的综合得分相同时,以信用得分高者优先;当综合得分、信用得分均相同时,以投标报价低者优先;当综合得分、信用得分和投标报价均相同时,则通过抽签的方式来确定排名顺序。

3)合同条款

(1)通用合同条款。通用合同条款摘录自国家《标准施工招标文件》(2007年版)中的"通用条款"和交通运输部《公路工程标准施工招标文件》(2018年版)中的"公路工程专用合同条款",如与上述两者的内容有不一致之处,以国家《标准施工招标文件》和交通运输部《公路工程标准施工招标文件》(2018年版)相关内容为准。(正文略)

(2)专用合同条款。专用合同条款数据表的主要内容见表10-4。

表10-4 专用合同条款数据表(节选)

序号	条款号	信息或数据
1	1.1.4.5	缺陷责任期:自实际交工日期起计算 24 个月
2	5.2.1	发包人是否提供材料或工程设备:否
3	6.2	发包人是否提供施工设备和临时设施:否
4	15.5.2	发包人提出的合理化建议降低了合同价格或者提高了工程经济效益的,发包人按所节约成本的 /%或增加收益的 /%给予奖励
5	16.1	因物价波动引起的价格调整按照第 16.1.1 项约定的原则处理,若按第 16.1.1 项的约定采用价格调整公式进行调价,每月按价格调整公式进行一次调整
6	17.2.1	开工预付款金额:5%签约合同价
7	17.2.1	材料、设备预付款比例:仅钢筋、沥青、水泥、碎石、波形钢护栏材料按单据所列费用的 70%
8	17.3.3	进度付款证书最低限额:200 万元
9	17.3.3	逾期付款违约金的利率:同中国人民银行短期贷款利率加手续费
10	17.4.1	质量保证金限额:3%合同价格
11	19.7	保修期:自实际交工日期起计算 5 年
12	20.1	工程一切险由承包人根据实际情况自行决定办理,费用包含在相关单价或总额价,不单独计量与支付
13	20.4.2	第三者责任险由承包人根据实际情况自行决定办理,费用包含在相关单价或总额价,不单独计量与支付。保险费率:/‰

说明:本数据表是项目专用合同条款中适用于本项目的信息和数据的归纳与提示,是项目专用合同条款的组成部分。第九章"招标文件格式"的投标函附录中的数据(供投标人确认)与本表所列有重复。编写招标文件的单位应仔细校核,不应使数据出现差错或不一致的情况。

2. 图纸

1)沥青混凝土路面

某高速公路沥青路面工程数量包括主线、服务区互通立交,具体见表10-5。

表10-5 沥青路面工程数量表

起讫桩号	分项工程数量							
	中粒式改性沥青混凝土抗滑上面层(AC—16C)/m²	中粒式改性沥青混凝土下面层(AC—20C)/m²	密级配沥青稳定碎石上基层(ATB—25)/m²		级配碎石下基层/m²		3%水泥稳定碎石底基层/m²	
	厚度 4.5cm	厚度 6.7cm	厚度 5.5cm	厚度 10cm	厚度 16cm	厚度 16cm	厚度 17cm	厚度 30cm	厚度 32cm
合计	763 444	6317	773 139	31 444	384 604	34 380	387 557	34 380	395 063
起讫桩号	分项工程数量							
	透层(高渗透性乳化沥青)/m²	黏层(改性乳化沥青)/m²	黏层(乳化沥青)/m²	热沥青表处下封层/m²	桥面改性乳化沥青黏层/m²	桥面碎石盲沟/m	水泥混凝土表面抛丸凿毛处理/m²	
合计	851 380	1 189 188	836 970	429 443	373 300	13 281	373 300	

路面结构图见图 10-7~图 10-10。

路面结构类型

自然区划	武夷副区 Ⅳ-6a			
路面类型	沥青混凝土路面			复合式路面
适应路段	主线、枢纽互通匝道	互通立交匝道	桥面铺装	隧道洞内
设计使用年限内设计车道累计大型客车和货车交通量/辆	11 443 830	5 061 468		
填挖情况	填方或挖方	填方或挖方		挖方
路基土组	土方或石方	土方或石方		石方或片石混凝土
干湿类型	中湿～干燥	中湿～干燥		
硬路肩 主车道 路缘带 中央开口部 路面结构类型 代号	Ⅰ-75	Ⅱ-66	Q-10	S-10
图式	4.5 / 5.5 / 16 / 17 / 32; $E_0 \geqslant 50$MPa	4.5 / 5.5 / 10 / 16 / 30; $E_0 \geqslant 40$MPa	4.5 / 5.5; 改性乳化沥青防水黏层	4.5 / 5.5 / 24 / 20 / 15; $E_0 \geqslant 80$MPa

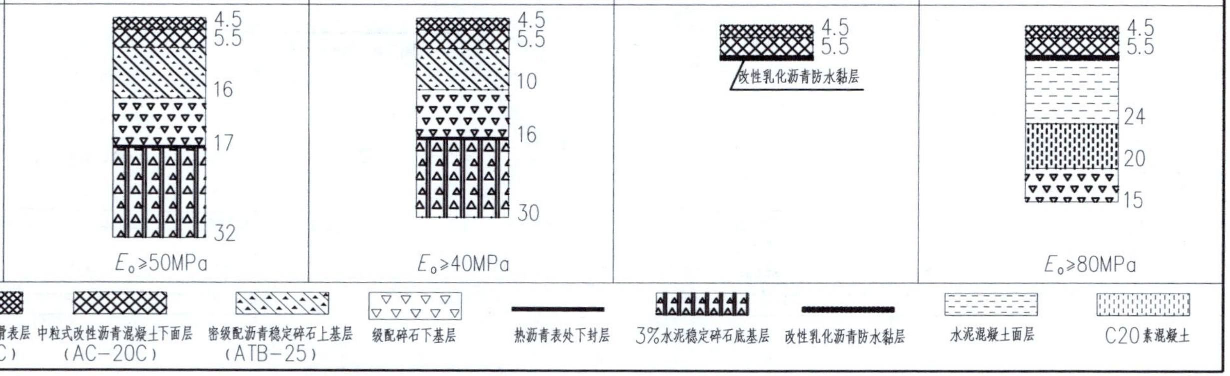

材料设计参数表

材料名称	沥青混合料20℃动态压缩模量 无机结合料稳定类材料弹性模量 路基顶面回弹模量/MPa	泊松比	无机结合料稳定类材料的弯拉强度/MPa
中粒式改性沥青混凝土抗滑表层（AC-16C）	11 000	0.25	
中粒式改性沥青混凝土下面层（AC-20C）	11 000	0.25	
沥青稳定碎石上基层（ATB-25）	10 000	0.25	
级配碎石下基层	550	0.35	
3%水泥稳定碎石底基层	24 000	0.25	1.8
主线/一般互通匝道土基	抗压回弹模量≥50MPa/ 40MPa		
隧道土基	抗压回弹模量≥80MPa		
水泥混凝土面层	设计弯拉强度5.0MPa 弯拉弹性模量31 000MPa		
C20素混凝土	设计弯拉强度3.5MPa 弯拉弹性模量25 000MPa		

图10-7 路面结构图类型

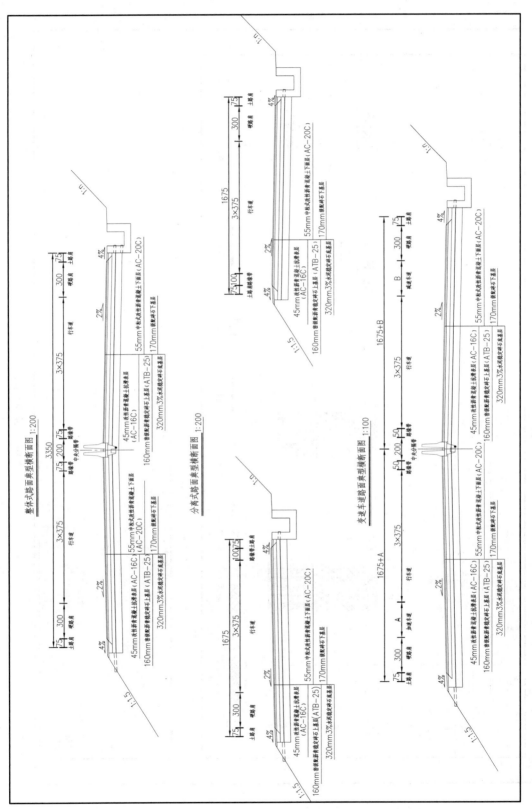

图10-8 整体式路面典型横断面图

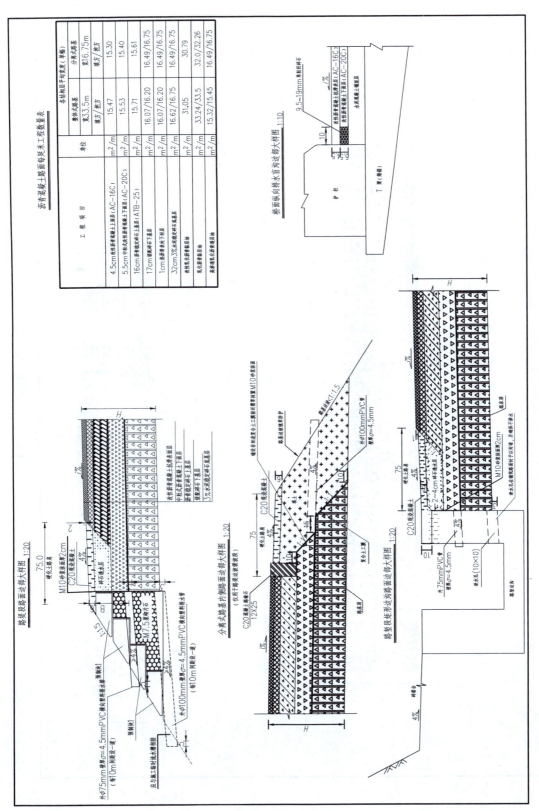

图10-9 路堤段和路堑段路面结构边部设计图

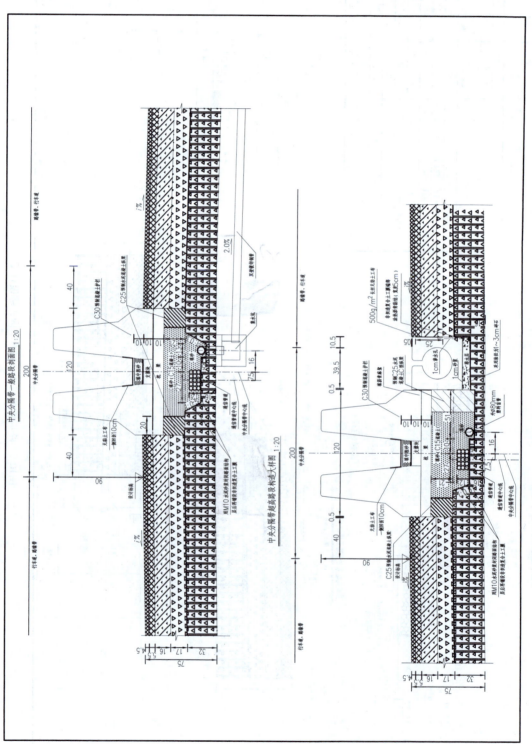

图10-10 中央分隔带和超高路段一般路段设计图

2) 土路肩处理

土路肩处理工程数量包括主线、中仙服务区、中仙互通、华口互通,具体见表10-6。

表10-6 土路肩处理工程数量表

长度/m	分项工程数量								
	C20现浇混凝土/m³	C25混凝土预制压顶/m³	C20混凝土预制路缘石/m³	M7.5浆砌片石/m³	砂浆调平层1cm/m²	2～4cm碎石透水层/m³	PVC管/(m/处)		M10砂浆抹面/m²
							外φ75mm	外φ100mm	
36 627	2 282	2 577	40	3 235	13 727	3 338	896/2 368	4 918/3 074	13 341

300g/m² 无纺土工布/m²	400g/m² 非织复合土膜/m²
1 422	1 509

3) 路面排水

路面排水工程数量见表10-7,表10-8。

表10-7 中央分隔带排水工程数量表

长度/m	分项工程数量									
	外φ80mm塑料盲管/m	回填中粗砂/m³	排水层1～3cm级配碎石/m³	400g/m² 非织复合土膜/m²	1cm厚M10砂浆调平层/m²	C20混凝土/(m³/处)	弯头/个	集水沟		护栏内
								内φ80mm横向镀锌管/m	内φ125mm镀锌管/m	反开槽挖土方/m³
8 386	8 386	2 957	228	20 529	20 529	3.72/124	124	2 099	1 477	164

回填耕植土/m³	300g/m² 无纺土工布/m²	400g/m² 非织复合土膜/m²	反开槽回填中粗砂/m³
3 518	45	45	5 694

A型纵梁		B型纵梁		C型纵梁		枕梁下填C15混凝土
C25混凝土/(m³/块)	HPB300钢筋/kg	C25混凝土/(m³/块)	HPB300钢筋/kg	C25混凝土/(m³/块)	HPB300钢筋/kg	
462/6 602	35 782	132/2 201	10 433	190/1 903	12 789	185

说明:根据工程量清单计量规则,纵梁及枕梁下填C15混凝土属于中央分隔带混凝土护栏的附属工程,在混凝土护栏(第600章602-1-b子目)中计价。

表 10-8 超高段路面排水工程数量表

工程名称	分项工程数量							
	超高段纵向排水沟				超高段清淤井			
纵向缝隙式排水沟	现浇 C25 混凝土沟身/(m³/m)	HPB400 钢筋/kg	C25 混凝土挡块/m³	砂浆调平层厚 1cm/m²	外径 30cm 长 PVC 内模管/m	500g/m² 长丝无纺土工布/m²	预制 C25 混凝土井身/(m³/处)	HPB300 钢筋/kg
	1 300.95/7 434	84 004	0.3	3 717	7 434	1 859	26/260	797

工程名称	分项工程数量							
	超高段纵向排水沟					超高段清淤井		
中央分隔带开中部箱型纵向排水沟(6处)	现浇 C25 混凝土沟身/(m³/m)	HPB300 钢筋/kg	HPB400 钢筋/kg	C25 混凝土挡块/m³	砂浆调平层厚 1cm/m²	30×25cm 内模/m	500g/m² 长丝无纺土工布/m²	开挖土方/m³	C25 混凝土/m³	预制钢筋混凝土井盖 HPB400 钢筋/kg
	62.4/240	586	11 722		144	240	60	24	6	1 613

中央分隔带排水设计图见图 10-11、图 10-12。

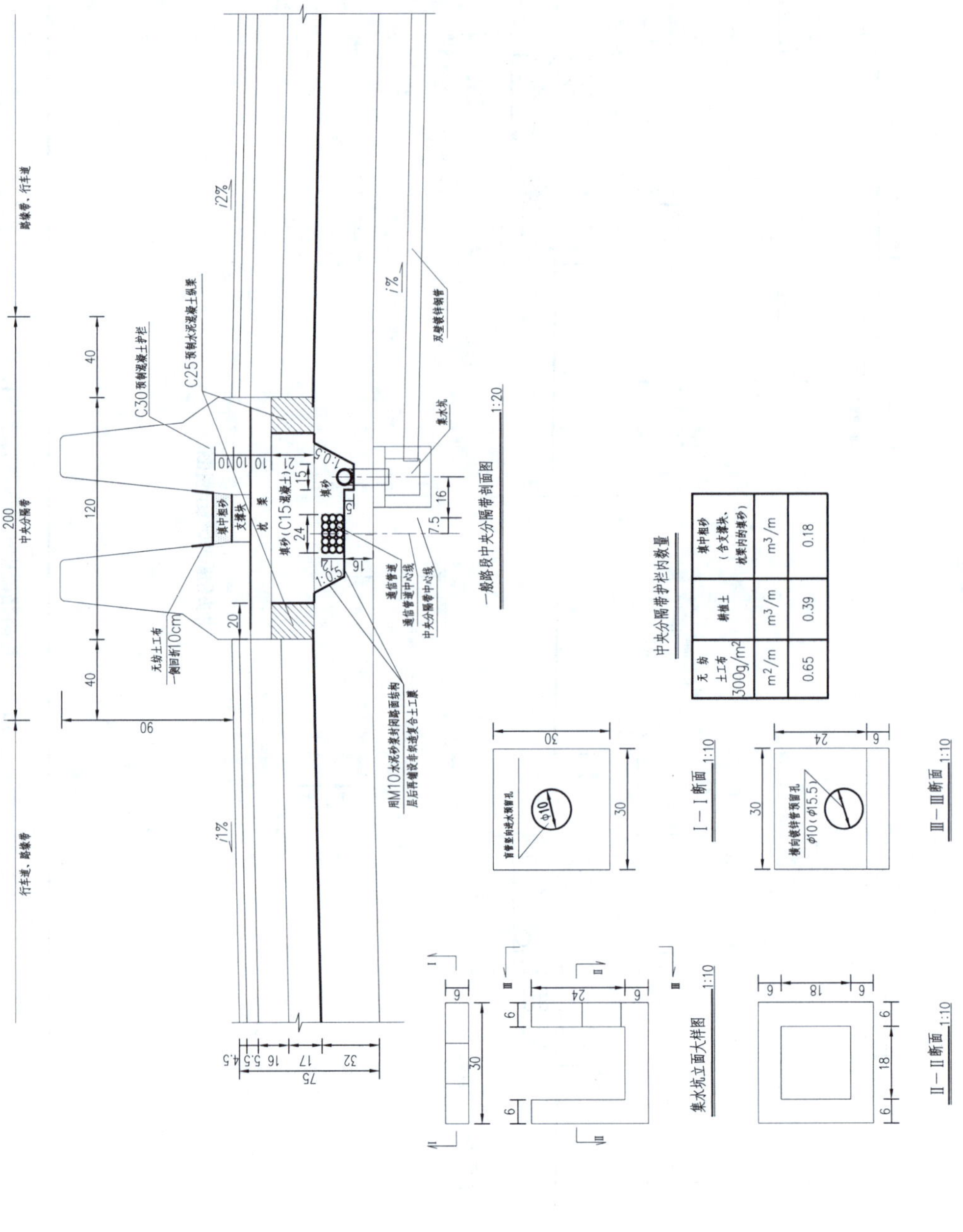

中央分隔带排水设计图(三)

图10-11　一般路段中央分隔带排水设计图

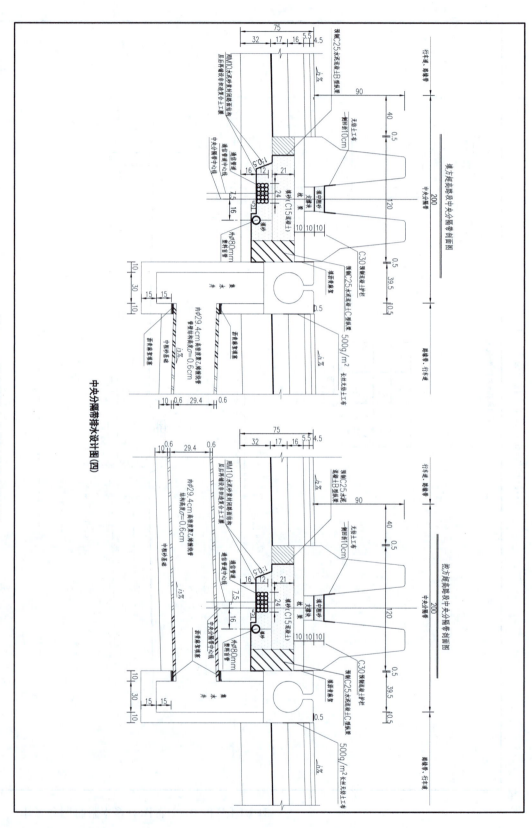

图10-12 超高路段中央分隔带排水设计图

第10章　公路工程施工投标报价的编制 **231**

隧道拦水沟数量见表 10-9。

表 10-9　隧道拦水沟数量

分项工程数量			
排水沟/m	40 型伸缩/m	C50 钢纤维混凝土/m³	HPB400 钢筋/kg
302	302	56	11 483

3. 工程量清单与计量规则

1）说明

（1）工程量清单说明。

① 本工程量清单是根据招标文件中包括的有合同约束力的工程量清单计量规则、图纸以及有关工程量清单的国家标准、行业标准、合同条款中约定的其他规则编制。约定计量规则中没有的子目，其工程量按照有合同约束力的图纸所标示尺寸的理论净量计算，采用中华人民共和国法定计量单位。

② 本工程量清单应与招标文件中的投标人须知、通用合同条款、专用合同条款、工程量清单计量规则、技术规范及图纸等一起阅读和理解。

③ 本工程量清单中所列工程数量是估算的或设计的预计数量，仅作为投标报价的共同基础，不能作为最终结算与支付的依据。实际支付应按实际完成的工程量，由承包人按工程量清单计量规则规定的计量方法，以监理人认可的尺寸、断面计量，按本工程量清单的单价和总额价计算支付金额；或根据具体情况，按合同条款第 15.4 款的规定，按监理人确定的单价或总额价计算支付额。

④ 工程量清单各章是按《公路工程标准施工招标文件》（2018 年版）第八章"工程量清单计量规则"、第七章"技术规范"的相应章次编号的，因此，工程量清单中各章的工程子目的范围与计量等应与"工程量清单计量规则""技术规范"相应章节的范围、计量与支付条款结合起来理解或解释。

⑤ 对作业和材料的一般说明或规定，未重复写入工程量清单内，在给工程量清单各子目标价前，应参阅《公路工程标准施工招标文件》（2018 年版）第七章"技术规范"的有关内容。

⑥ 工程量清单中所列入工程量的变动，丝毫不会降低或影响合同条款的效力，也不免除承包人按规定的标准进行施工和修复缺陷的责任。

⑦ 图纸中所列的工程数量表及数量汇总表仅是提供资料，不是工程量清单的外延。当图纸与工程量清单所列数量不一致时，以工程量清单所列数量作为报价的依据。

（2）投标报价说明。

① 工程量清单中的每一子目须填入单价或价格，且只允许有一个报价。

② 除非合同另有规定，工程量清单中有标价的单价和总额价均已包括为实施和完成合同工程所需的劳务、材料、机械、质检（自检）、安装、缺陷修复、管理、保险、税费、利润等费用，以及合同明示或暗示的所有责任、义务和一般风险。

③ 对于工程量清单中投标人没有填入单价或价格的子目，其费用视为已分摊在工程量清单中其他相关子目的单价或价格之中。承包人必须按监理人指令完成工程量清单中未填入单价或价格的子目，但不能得到结算与支付。

④ 符合合同条款规定的全部费用应认为已被计入有标价的工程量清单所列各子目之中,未列子目不予计量的工作,其费用应视为已分摊在本合同工程的有关子目的单价或总额价之中。

⑤ 承包人用于本合同工程的各类装备的提供、运输、维护、拆卸、拼装等支付的费用,已包括在工程量清单的单价与总额价之中。

⑥ 工程量清单中各项金额均以人民币(元)结算。

⑦ 暂列金额的数量为估算,施工时,应按实际发生额进行计量。

⑧ 暂估价的数量为估算,施工时,应按实际发生额进行计量,该费用由发包人实行甲控,在发包人的监督指导下,由承包人统一进行竞争性招标确定并支付费用。

2) 工程量清单表

招标人提供的工程量清单见表10-10。

表 10-10　工程量清单(节选)

合同段:B合同段

清单　第100章　总则					
子目号	子 目 名 称	单位	数　量	单　价	合　价
101	通则				
101-1	保险费				
101-1-a	按合同条款规定,提供建筑工程一切险	总额	1.0		
101-1-b	按合同条款规定,提供第三者责任险	总额	1.0		
102-1	竣工文件	总额	1		
102-2	施工环保费	总额	1		
102-3	安全生产费	总额	1		
102-4	计算机管理软件费用(暂估价)	总额	1	50 000.00	50 000
103-1	临时道路(含桥涵)				
103-1-a	临时道路修建、养护和拆除(含原有道路的使用和养护费)	总额	1		
103-1-b	利用地方道路修复费(暂估价)	总额	1	500 000.00	500 000
103-2	临时工程用地(含不可复耕的临时用地改为永久用地的追加费用)	总额	1		
103-3	临时供电设施	总额	1		
103-5	供水与排污设施	总额	1		
104-1	承包人驻地建设(含党建)	总额	1		
105-1	施工现场标准化建设费	总额	1		

第10章 公路工程施工投标报价的编制 233

续表

清单 第100章 总则					
子目号	子目名称	单位	数量	单价	合价
106-1	劳动竞赛和检查评比活动基金（暂估价）	总额	1	1 402 566.58	1 402 567

清单第100章 合计 人民币 元

清单 第300章 路面					
子目号	子目名称	单位	数量	单价	合价
304-1	3%水泥稳定碎石底基层				
304-1-d	厚300mm	m^2	34 380		
304-1-e	厚320mm	m^2	395 063		
306-3	级配碎石下基层				
306-3-c	厚160mm	m^2	34 380		
306-3-d	厚170mm	m^2	387 556		
308-1	透层				
308-1-a	高渗透乳化沥青透油层	m^2	851 381		
308-2	黏层				
308-2-a	改性乳化沥青黏层	m^2	1 189 188		
308-2-b	乳化沥青黏层	m^2	836 970		
308-2-c	改性乳化沥青防水黏层	m^2	373 300		
307-1	密级配沥青稳定碎石基层				
307-1-a	ATB-25 厚100mm	m^2	31 444		
307-1-c	ATB-25 厚160mm	m^2	384 604		
310-2	封层		429 443		
311-1	中粒式改性沥青混凝土抗滑表层（AC-16C）				
311-1-a	厚45mm	m^2	763 444		
311-1-c	排水缓坡区面层	m^2			
311-1-c-1	厚67mm	m^2	6 317		
311-2	中粒式改性沥青混凝土下面层（AC-20C）				
311-2-a	厚55mm	m^2	773 139		
313-2	中央分隔带护栏内回填				
313-2-a	土（含耕植土）	m^3	3 518		

续表

清单 第300章 路面					
子目号	子目名称	单位	数量	单价	合价
313-2-b	砂(含中粗砂)	m³	1 477		
313-3	现浇混凝土加固土路肩(C……厚60mm)				
313-3-a	C20现浇混凝土	m	36 627		
313-5	路缘石				
313-5-a	C20混凝土预制块路缘石	m³	40		
313-5-c	C25混凝土预制块压顶	m³	2 577		
313-5-d	M7.5浆砌片石	m³	3 235		
314-1	排水管				
314-1-a-2	外 ϕ80mm 塑料盲管	m	8 386		
314-1-b-1	内 ϕ80mm 镀锌钢管壁厚 $\sigma=4$mm	m	2 099		
314-1-b-2	内 ϕ125mm 镀锌钢管壁厚 $\sigma=4.5$mm	m	164		
314-2	纵向雨水沟(管)				
314-2-a	C25纵向缝隙式排水沟	m	7 434		
314-2-b	中央分隔带开口部混凝土箱型纵向排水沟	m	240		
314-3	……级混凝土集水井(坑)、清淤井				
314-3-a	C20混凝土集水坑	座	124		
314-3-c	C25混凝土清淤井	座	260		
清单第300章 合计 人民币　　元					

清单 第400章 桥梁、涵洞					
子目号	子目名称	单位	数量	单价	合价
415-4	桥面排水				
415-4-b	碎石盲沟	m³	73		
417-2	数模式伸缩装置				
417-2-b	伸缩量80mm	m	1 263		
417-2-d	伸缩量160mm	m	867		
清单第400章 合计 人民币　　元					

清单 第500章 隧道					
子目号	子目名称	单位	数量	单价	合价
517-1	洞口拦水沟	m	302		
清单第500章 合计 人民币　　元					

续表

清单　第 600 章　安全设施及预埋管线(略)
清单　第 700 章　绿化及环境保护(略)

3) 工程量清单计量规则

本招标项目采用的工程量清单计量规则包括《公路工程标准施工招标文件》(2018 年版第三册)第八章工程量清单计量规则(由投标人自行购买或到交通运输部门户网站下载)和《项目补充计量与支付规则》。凡《项目补充计量与支付规则》未做规定的,以《公路工程标准施工招标文件》(2018 年版第三册)第八章工程量清单计量规则准。

10.4.3　报价文件编制

1. 正常报价条件下建筑安装工程造价计算依据

(1) 工程所在地:福建省三明市尤溪县。

(2) 取费标准和定额:《公路工程建设项目概算预算编制办法》(JTG 3830—2018)、《公路工程预算定额》(JTG/T 3832—2018)、《福建省公路工程建设项目估算概算预算编制补充规定》(闽交建〔2019〕31 号)、《公路工程机械台班费用定额》(JTG/T 3833—2018)。

(3) 主要临时设施及第 100 章等开办费用如下。

① 全线设稳定土拌和站 2 座(400t/h 以内)、沥青混合料拌和站 1 座(320t/h 以内)。根据现场情况和拌和站的供应能力及范围,稳定土 12t 以内自卸汽车运输平均运距 4.4km,沥青混合料 12t 以内自卸汽车运输平均运距 6.7km。

② 计算机管理软件费用(暂估价)、利用地方道路修复费(暂估价)、劳动竞赛和检查评比活动基金(暂估价)均按招标文件提供的单价及合价计入。

③ 建筑工程一切险的投保金额为工程量清单第 100 章至第 700 章的合计金额(不含工程一切险、第三者责任险、安全生产费、暂估价),保险费率按 2.5‰计算,第三者责任险的最低投保金额为 2000 万元,但事故次数不限(不计免赔额),保险费率按 2.5‰计算。

④ 安全生产费按第 100 章至第 700 章清单合计(不含工程一切险、第三者责任险、安全生产费、暂估价)的 1.5%计算。

⑤ 临时道路修建、养护和拆除(含原有道路的使用和养护费)按总额价 500 000 元计列。

⑥ 临时工程用地(含不可复耕的临时用地改为永久用地的追加费用)按总额价 2 500 000 元计列。

⑦ 临时供电设施按总额价 750 000 元计列。

⑧ 供水与排污设施按总额价 100 000 元计列。

⑨ 承包人驻地建设(含党建)按总额价 1 000 000 元计列。

⑩ 施工现场标准化建设费总额价 3 000 000 元计列。

(4) 措施费计取费率类别:冬季施工增加费、雨季施工增加费、施工辅助费、工地转移费(距离按 200km 计),按现行部颁概预算编制办法相关费率计算,无特殊地区施工增加费和行车干扰施工增加费。

(5) 企业管理费:企业管理费基本费用、主副食运费补贴(综合里程 3km)、财务费用,按现行部颁概预算编制办法相关费率计算,无职工取暖补贴。

(6) 规费费率:养老保险费 16％,失业保险费 0.5％,医疗保险费(含生育保险)8.5％,住房公积金 8.5％。

(7) 工伤保险费按照项目总造价的 0.15％单独计列,规费中相应的工伤保险费费率取零。

(8) 利润率:自定(本书按 7％)。

(9) 人工、主要材料、机械台班单价的确定。

① 人工费(含机械)单价按 112 元/工日计算。

② 主要材料和地方性材料的预算价格根据当地省交通运输厅和市交通运输局(委)发布的价格信息结合实际情况取定。

③ 其他材料预算单价,按《公路工程预算定额》(JTG/T 3832—2018)附录四确定的材料基期价格作为编制期材料预算价格。

④ 机械台班单价根据《公路工程机械台班费用定额》(JTG/T 3833—2018)及机械工单价、燃料动力预算价格和车船使用税标准由软件自行分析确定。

2. 报价原始数据表

报价原始数据表见表 10-11。

表 10-11　报价原始数据表

项 目	目	节	细 目	名 称	单 位	工程量	备 注
1				第 100 章至第 700 章合计		0	
				清单　第 100 章总则		0	
	101			通则		0	
		101-1		保险费		0	
			101-1-a	按合同条款规定,提供建筑工程一切险	总额	1	({建安费}−{DSZ}−{JSJ}−{DFDL}−{LDJS}−{GSBX})×0.25％
			101-1-b	按合同条款规定,提供第三者责任险	总额	1	20 000 000×0.25％
	102-1			竣工文件	总额	1	1×200 000 元
	102-2			施工环保费	总额	1	1×100 000 元
	102-3			安全生产费	总额	1	({建安费}−{DSZ}−{JSJ}−{DFDL}−{LDJS}−{GSBX})×1.5％
	102-4			计算机管理软件费用(暂估价)	总额	1	1×50 000 元

第10章　公路工程施工投标报价的编制　237

续表

项　目	节	细目	名　　称	单　位	工程量	备　注
103-1			临时道路(含桥涵)		0	
	103-1-a		临时道路修建、养护和拆除(含原有道路的使用和养护费)	总额	1	1×500 000 元
	103-1-b		利用地方道路修复费(暂估价)	总额	1	1×500 000 元
103-2			临时工程用地(含不可复耕的临时用地改为永久用地的追加费用)	总额	1	1×2 500 000 元
103-3			临时供电设施	总额	1	1×750 000 元
103-5			供水与排污设施	总额	1	1×100 000 元
104-1			承包人驻地建设(含党建)	总额	1	1×1 000 000 元
105-1			施工现场标准化建设费	总额	1	1×3 000 000 元
106-1			劳动竞赛和检查评比活动基金(暂估价)	总额	1	1×1 402 566.58 元
107-1			工伤保险费	总额	1	{建安费}×0.15%
			清单　第300章　路面		0	
304-1			3%水泥稳定碎石底基层		0	
	304-1-d		厚300mm	m²	34 380	
		2-1-7-5 换	生产能力 400t/h 以内厂拌基层稳定水泥碎石(水泥剂量3%,压实厚度30cm)	1000m²	34.38	厂拌设备:生产能力400t/h 以内 实际厚度(cm):30cm 配比(碎石∶32.5级水泥)=(97∶3)
		2-1-8-5 换	装载质量 12t 以内自卸汽车运厂拌基层稳定土混合料 4.4km	1000m³	10.314	实际运距(km):4.4km
		2-1-9-12	宽度 12.5m 以内摊铺机铺筑底基层	1000m²	34.38	
		2-1-10-5	生产能力 400/h 以内稳定土厂拌设备安装、拆除	1座	0.099	

238 公路工程计量与计价实务

续表

项目	目	节	细目	名称	单位	工程量	备注
			304-1-e	厚 320mm	m²	395 063	
			2-1-7-5 换	生产能力 400t/h 以内厂拌基层稳定水泥碎石(水泥剂量 3%,压实厚度 32cm)	1000m²	395.063	配比(碎石:32.5 级水泥)=(97:3)厂拌设备:生产能力 400t/h 以内 实际厚度(cm):32cm
			2-1-8-5 换	装载质量 12t 以内自卸汽车运厂拌基层稳定土混合料 4.4km	1000m³	126.42	实际运距(km):4.4km
			2-1-9-12	宽度 12.5m 以内摊铺机铺筑底基层	1000m²	395.063	
			2-1-10-5	生产能力 400/h 以内稳定土厂拌设备安装、拆除	1 座	1.215	
		306-3		级配碎石下基层		0	
			306-3-c	厚 160mm	m²	34 380	
			2-1-7-5 换	生产能力 400t/h 以内厂拌基层稳定水泥碎石(水泥剂量 3%,压实厚度 16cm)	1000m²	34.38	配比(碎石:32.5 级水泥)=(97:3) 实际厚度(cm):16cm [5509001]量 0.0 厂拌设备:生产能力 400t/h 以内
			2-1-8-5 换	装载质量 12t 以内自卸汽车运厂拌基层稳定土混合料 4.4km	1000m³	5.501	实际运距(km):4.4km
			2-1-9-12	宽度 12.5m 以内摊铺机铺筑底基层	1000m²	34.38	
			2-1-10-5	生产能力 400/h 以内稳定土厂拌设备安装、拆除	1 座	0.053	
			306-3-d	厚 170mm	m²	387 556	
			2-1-7-5 换	生产能力 400t/h 以内厂拌基层稳定水泥碎石(水泥剂量 3%,压实厚度 17cm)	1000m²	387.556	配比(碎石:32.5 级水泥)=(97:3) 实际厚度(cm):17cm [5509001]量 0.0 厂拌设备:生产能力 400t/h 以内

第10章　公路工程施工投标报价的编制　239

续表

项　目	节	细　目	名　　称	单　位	工程量	备　　注
		2-1-8-5 换	装载质量 12t 以内自卸汽车运厂拌基层稳定土混合料 4.4km	1000m³	65.885	实际运距(km):4.4km
		2-1-9-12	宽度 12.5m 以内摊铺机铺筑底基层	1000m²	387.556	
		2-1-10-5	生产能力 400/h 以内稳定土厂拌设备安装、拆除	1 座	0.633	
308-1			透层		0	
	308-1-a		高渗透乳化沥青透油层	m²	851 381	
		2-2-16-4	乳化沥青半刚性基层透层	1000m²	851.381	
308-2			黏层		0	
	308-2-a		改性乳化沥青黏层	m²	1 189 188	
		2-2-16-7	改性乳化沥青层黏层	1000m²	1 189.188	
	308-2-b		乳化沥青黏层	m²	836 970	
		2-2-16-6	乳化沥青层黏层	1000m²	836.97	
	308-2-c		改性乳化沥青防水黏层	m²	341 339	
		2-2-16-7 换	改性乳化沥青层黏层	1000m²	341.339	〔3001006〕换〔3022〕改性乳化防水沥青
309-1			密级配沥青稳定碎石基层		0	
	309-1-a		ATB-25,厚 100mm	m²	31 444	
		2-2-10-12	生产能力 320t/h 以内设备拌和沥青碎石混合料(粗粒式)	1000m³ 路面实体	3.144	
		2-2-13-5 换	装载质量 12t 以内自卸汽车运输沥青混合料 6.7km	1000m³	3.144	实际运距(km):6.7km
		2-2-14-27	生产能力 320t/h 以内设备拌和,机械摊铺沥青碎石混合料(粗粒式)	1000m³ 路面实体	3.144	

续表

项　目	目	节	细　目	名　　称	单　位	工程量	备　注
			2-2-15-6	生产能力 320t/h 以内沥青混合料拌和设备安装、拆除	1 座	0.022	
		309-1-c		ATB-25,厚 160mm	m²	384 604	
			2-2-10-12	生产能力 320t/h 以内设备拌和沥青碎石混合料（粗粒式）	1000m³路面实体	61.537	
			2-2-13-5 换	装载质量 12t 以内自卸汽车运输沥青混合料 6.7km	1000m³	61.537	实际运距(km):6.7km
			2-2-14-27	生产能力 320t/h 以内设备拌和,机械摊铺沥青碎石混合料（粗粒式）	1000m³路面实体	61.537	
			2-2-15-6	生产能力 320t/h 以内沥青混合料拌和设备安装、拆除	1 座	0.433	
	310-2			封层	m²	429 443.0	
			2-2-16-12	乳化沥青上封层（层铺法）	1000m²	429.443	
	311-1			中粒式改性沥青混凝土下面层（AC-20C）		0	
		311-1-a		厚 55mm	m²	773 139	
			2-2-11-13 换	生产能力 320t/h 以内设备拌和沥青混凝土混合料（中粒式）	1000m³路面实体	42.523	[3001001]换[3001002]
			2-2-13-5 换	装载质量 12t 以内自卸汽车运输沥青混合料 6.7km	1000m³	42.523	实际运距(km):6.7km
			2-2-14-51	生产能力 320t/h 以内设备拌和,机械摊铺沥青混凝土混合料（中粒式）	1000m³路面实体	42.523	
			2-2-15-6	生产能力 320t/h 以内沥青混合料拌和设备安装、拆除	1 座	0.3	

第10章 公路工程施工投标报价的编制 241

续表

项 目	节	细 目	名 称	单 位	工程量	备 注
311-2			中粒式改性沥青混凝土抗滑表层（AC-16C）		0	
	311-2-a		厚 45mm	m²	763 444	
		2-2-11-13 换	生产能力 320t/h 以内设备拌和沥青混凝土混合料（中粒式）	1000m³ 路面实体	34.355	［3001001］换［3001002］
		2-2-13-5 换	装载质量 12t 以内自卸汽车运输沥青混合料 6.7km	1000m³	34.355	实际运距(km):6.7km
		2-2-14-51	生产能力 320t/h 以内设备拌和,机械摊铺沥青混凝土混合料（中粒式）	1000m³ 路面实体	34.355	
		2-2-15-6	生产能力 320t/h 以内沥青混合料拌和设备安装、拆除	1 座	0.242	
	311-2-c		排水缓坡区面层		0	
		311-2-c-1	厚 67mm	m²	6 317	
		2-2-11-13 换	生产能力 320t/h 以内设备拌和沥青混凝土混合料（中粒式）	1000m³ 路面实体	0.423	［3001001］换［3001002］
		2-2-13-5 换	装载质量 12t 以内自卸汽车运输沥青混合料 6.7km	1000m³	0.423	实际运距(km):6.7km
		2-2-14-51	生产能力 320t/h 以内设备拌和,机械摊铺沥青混凝土混合料（中粒式）	1000m³ 路面实体	0.423	
		2-2-15-6	生产能力 320t/h 以内沥青混合料拌和设备安装、拆除	1 座	0.0030	
313-2			中央分隔带护栏内回填		0	
	313-2-a		土(含耕植土)	m³	3 518.0	
		5-1-9-3	中间带填土	10m³	351.8	

续表

项　目	节	细　目	名　称	单　位	工程量	备　注
		313-2-b		砂(含中粗砂)	m³	1 477.0	
		4-11-5-1 换	涵管基础垫层填砂砾(砂)	10m³实体	147.7	[5503007]换[5503005]
	313-3		现浇混凝土加固土路肩(C……厚60mm)		0	
		313-3-a	C20现浇混凝土	m	36 627.0	
		2-3-5-1 换	现浇混凝土加固土路肩	10m³	228.2	普C30-32.5-4 换普 C20-32.5-2
		4-11-5-2	涵管基础垫层填碎(砾)石	10m³实体	333.8	
		1-3-2-2 换	PVC管安装(路基、中央分隔带盲沟)	100m	8.96	[5001031]换[3017] ϕ75mmPVC塑料排水管
		1-3-2-2 换	PVC管安装(路基、中央分隔带盲沟)	100m	49.18	[5001031]换[5001014]
		4-11-6-17	水泥砂浆抹面(厚2cm)	100m²	133.41	
		1-3-2-1 换	土工布铺设(路基、中央分隔带盲沟)	1000m²	1.422	[5007001]换[3023] 300g/m²无纺土工布
		1-3-2-1 换	土工布铺设(路基、中央分隔带盲沟)	1000m²	1.509	[5007001]换[3024] 400g/m²非织造复合土工膜
	313-5		路缘石		0	
		313-5-a	C20混凝土预制块路缘石	m³	40	
		2-3-3-4 换	预制混凝土预制块路缘石	10m³	4	普C25-32.5-4 换普 C20-32.5-4
		2-3-3-6	安砌路缘石	10m³	4	
		313-5-c	C25混凝土预制块压顶	m³	2 577.0	
		2-3-3-4	预制混凝土预制块路缘石	10m³	257.7	
		2-3-3-6	安砌路缘石	10m³	257.7	
		313-5-d	M7.5浆砌片石	m³	3 235.0	

第10章　公路工程施工投标报价的编制　243

续表

项　目	节	细　目	名　称	单　位	工程量	备　注
		4-5-2-7	浆砌片石锥坡、沟、槽、池	10m³	323.5	
314-1			排水管		0	
314-1-a-2			外 φ80mm 塑料盲管	m	8 386	
		1-3-2-2 换	PVC 管安装（路基、中央分隔带盲沟）	100m	83.86	［5001031］换［5001019］
		1-3-2-1 换	土工布铺设（路基、中央分隔带盲沟）	1000m²	20.529	［2009034］量 0.0 ［5007001］换［3024］ 400g/m² 非织造复合土工膜
		1-3-2-3 换	回填碎石（路基、中央分隔带盲沟）	100m³	29.57	［5505016］换［5503005］ ［5503005］量 12.75
		1-3-2-3	回填碎石（路基、中央分隔带盲沟）	100m³	2.28	
		4-11-6-17 换	水泥砂浆抹面（厚 2cm）	100m²	205.29	定额×0.500
314-1-b-1			内 φ80mm 镀锌钢管壁厚 σ＝4mm	m	2 099.0	
		1-3-2-2 换	PVC 管安装（路基、中央分隔带盲沟）	100m	20.99	［5001031］换［3026］ 内径 80mm 双壁镀锌钢管
		4-1-3-3	斗容量 1.0m³ 以内挖掘机挖基坑 ≤1500m³ 土方	1000m³	0.042	
		4-11-5-1	涵管基础垫层填砂砾（砂）	10m³ 实体	4.2	
314-1-b-2			内 φ125mm 镀锌钢管壁厚 σ＝4.5mm	m	164	
		1-3-2-2 换	PVC 管安装（路基、中央分隔带盲沟）	100m	1.64	［5001031］换［3027］ 内径 125mm 双壁镀锌钢管
		4-1-3-3	斗容量 1.0m³ 以内挖掘机挖基坑 ≤1500m³ 土方	1000m³	0.003 0	

续表

项目	节	细目	名称	单位	工程量	备注
		4-11-5-1	涵管基础垫层填砂砾（砂）	10m³实体	0.3	
	314-2		纵向雨水沟（管）		0.0	
		314-2-a	C25 纵向缝隙式排水沟	m	7 434.0	
		1-3-4-1 换	混凝土预制块边沟、排水沟（矩形）	10m³实体	130.095	增：[2001001][2001001] 量 0.646 删：[1517001]
		1-3-4-3 换	铺砌混凝土预制块边沟、排水沟（矩形）	10m³实体	130.095	删：[1517001]
		4-11-6-17 换	水泥砂浆抹面（厚2cm）	100m²	37.17	定额×0.500
		1-3-2-1	土工布铺设（路基、中央分隔带盲沟）	1000m²	1.859	
		1-3-2-2	PVC 管安装（路基、中央分隔带盲沟）	100m	74.34	
		314-2-b	中央分隔带开口部混凝土箱型纵向排水沟	m	240.0	
		1-3-4-1 换	混凝土预制块边沟、排水沟（矩形）	10m³实体	6.24	增：[2001001] 增：[2001002][2001001] 量 0.094[2001002] 量 1.878 删：[1517001]
		1-3-4-3 换	铺砌混凝土预制块边沟、排水沟（矩形）	10m³实体	6.24	删：[1517001]
		4-11-6-17 换	水泥砂浆抹面（厚2cm）	100m²	1.44	定额×0.500
		1-3-2-1	土工布铺设（路基、中央分隔带盲沟）	1000m²	0.06	
		1-3-2-2 换	PVC 管安装（路基、中央分隔带盲沟）	100m	2.4	[5001031]换[5001023]
	314-3		……级混凝土集水井（坑）、清淤井		0	
		314-3-a	C20 混凝土集水坑	座	124	
		1-3-6-1	现浇井身混凝土（雨水井、检查井）	10m³	0.4	

第10章 公路工程施工投标报价的编制 **245**

续表

项目	节	细目	名称	单位	工程量	备注
	314-3-c		C25 混凝土清淤井	座	260	
		1-3-6-1 换	现浇井身混凝土(雨水井、检查井)	10m³	2.6	普 C20-32.5-2 换普 C25-32.5-2 [2001001]量 0.339
		4-1-3-3	斗容量 1.0m³ 以内挖掘机挖基坑 ≤ 1500m³ 土方	1000m³	0.024	
		1-3-6-2 换	钢筋混凝土井盖制作安装(雨水井、检查井)	10m³	0.6	[2001001]换[2001002] [2001002]量 2.688
			清单 第 400 章桥梁、涵洞		0	
	415-4		桥面排水		0	
		415-4-a	碎石盲沟	m³	73.0	
		1-3-2-3	回填碎石(路基、中央分隔带盲沟)	100m³	0.73	
	417-2		数模式伸缩装置		0	
		417-2-b	伸缩量 80mm	m	1 263.0	
		417-2-d	伸缩量 160mm	m	867.0	
		417-2-e	伸缩量 240mm	m	63.0	
			清单 第 500 章隧道		0	
	517-1		洞口拦水沟	m	302	
		4-11-7-1	模数式伸缩缝(伸缩量 480mm 以内)	1m	302	
		4-11-7-5	模数式伸缩缝预留槽混凝土	10m³	5.6	
		4-11-7-6 换	模数式伸缩缝预留槽钢筋	1t	11.483	删:[2001001][2001002] 量 1.025

3. 工程量清单报价部分成果示例

（1）投标报价汇总表见表 10-12。

（2）工程量清单表见表 10-13。

（3）该项目预算成果其他报表请从教材（课程）网站资料自行下载，或与编者联系获取文档资料。

246 公路工程计量与计价实务

表 10-12 投标报价汇总表

合同段:某高速公路路面工程 B 合同段

序号	章次	科目名称	金额/元
1	100	总则	14 001 426
2	300	路面	189 385 311
3	400	桥梁、涵洞	4 063 468
4	500	隧道	1 097 474
5	第 100 章至第 700 章合计		208 547 679
6	已包含在清单合计中的材料、工程设备、专业工程暂估价合计		
7	清单合计减去材料、工程设备、专业工程暂估价合计		208 547 679
8	计日工合计		
9	暂列金额(不含计日工总额)		
10	投标报价		208 547 679

表 10-13 工程量清单表

	清单 第 100 章 总则				
子目号	子 目 名 称	单位	数量	单 价	合 价
101	通则				
101-1	保险费				
101-1-a	按合同条款规定,提供建筑工程一切险	总额	1	505 973.01	505 973
101-1-b	按合同条款规定,提供第三者责任险	总额	1	50 000.00	50 000
102-1	竣工文件	总额	1	200 000.00	200 000
102-2	施工环保费	总额	1	100 000.00	100 000
102-3	安全生产费	总额	1	3 035 838.07	3 035 838
102-4	计算机管理软件费用(暂估价)	总额	1	50 000.00	50 000
103-1	临时道路(含桥涵)				
103-1-a	临时道路修建、养护和拆除(含原有道路的使用和养护费)	总额	1	500 000.00	500 000
103-1-b	利用地方道路修复费(暂估价)	总额	1	500 000.00	500 000
103-2	临时工程用地(含不可复耕的临时用地改为永久用地的追加费用)	总额	1	2 500 000.00	2 500 000
103-3	临时供电设施	总额	1	750 000.00	750 000
103-5	供水与排污设施	总额	1	100 000.00	100 000
104-1	承包人驻地建设(含党建)	总额	1	1 000 000.00	1 000 000
105-1	施工现场标准化建设费	总额	1	3 000 000.00	3 000 000

第10章 公路工程施工投标报价的编制 ▌247

续表

清单 第100章 总则					
子目号	子目名称	单位	数量	单 价	合 价
106-1	劳动竞赛和检查评比活动基金（暂估价）	总额	1	1 402 566.58	1 402 567
107-1	工伤保险费	总额	1	307 048.23	307 048

清单 第100章 合计 人民币 14 001 426 元

清单 第300章 路面					
子目号	子目名称	单位	数 量	单 价	合 价
304-1	3%水泥稳定碎石底基层				
304-1-d	厚300mm	m²	34 380	68.45	2 353 311
304-1-e	厚320mm	m²	395 063	75.25	29 728 491
306-3	级配碎石下基层				
306-3-c	厚160mm	m²	34 380	32.45	1 115 631
306-3-d	厚170mm	m²	387 556	34.18	13 246 664
308-1	透层				
308-1-a	高渗透乳化沥青透油层	m²	851 381	3.54	3 013 889
308-2	黏层				
308-2-a	改性乳化沥青黏层	m²	1 189 188	2.12	2 521 079
308-2-b	乳化沥青黏层	m²	836 970	1.53	1 280 564
308-2-c	改性乳化沥青防水黏层	m²	341 339	2.57	877 241
309-1	密级配沥青稳定碎石基层				
309-1-a	ATB-25,厚100mm	m²	31 444	74.76	2 350 753
309-1-c	ATB-25,厚160mm	m²	384 604	119.63	46 010 177
310-2	封层	m²	429 443	5.16	2 215 926
311-1	中粒式改性沥青混凝土下面层（AC-20C）				
311-1-a	厚55mm	m²	773 139	53.29	41 200 577
311-2	中粒式改性沥青混凝土抗滑表层（AC-16C）				
311-2-a	厚45mm	m²	763 444	43.60	33 286 158
311-2-c	排水缓坡区面层				
311-2-c-1	厚67mm	m²	6 317	64.88	409 847
313-2	中央分隔带护栏内回填				
313-2-a	土（含耕植土）	m³	3 518	46.94	165 135
313-2-b	砂（含中粗砂）	m³	1 477	332.78	491 516

续表

清单 第300章 路面					
子目号	子目名称	单位	数量	单价	合价
313-3	现浇混凝土加固土路肩（C……厚60mm）				
313-3-a	C20现浇混凝土	m	36 627	63.87	2 339 366
313-5	路缘石				
313-5-a	C20混凝土预制块路缘石	m³	40	980.49	39 220
313-5-c	C25混凝土预制块压顶	m³	2 577	996.51	2 568 006
313-5-d	M7.5浆砌片石	m³	3 235	415.14	1 342 978
314-1	排水管				
314-1-a-2	外 ϕ80mm塑料盲管	m	8 386	87.61	734 697
314-1-b-1	内 ϕ80mm镀锌钢管壁厚 $\sigma=4$mm	m	2 099	67.98	142 690
314-1-b-2	内 ϕ125mm镀锌钢管壁厚 $\sigma=4.5$mm	m	164	98.87	16 215
314-2	纵向雨水沟（管）				
314-2-a	C25纵向缝隙式排水沟	m	7 434	236.70	1 759 628
314-2-b	中央分隔带开口部混凝土箱型纵向排水沟	m	240	548.75	131 700
314-3	……级混凝土集水井（坑）、清淤井				
314-3-a	C20混凝土集水坑	座	124	29.92	3 710
314-3-c	C25混凝土清淤井	座	260	154.39	40 141

清单 第300章 合计 人民币 189 385 311 元

清单 第400章 桥梁、涵洞					
子目号	子目名称	单位	数量	单价	合价
415-4	桥面排水				
415-4-b	碎石盲沟	m³	73	139.29	10 168
417-2	数模式伸缩装置				
417-2-b	伸缩量80mm	m	1 263	1 200	1 515 600
417-2-d	伸缩量160mm	m	867	2 600	2 254 200
417-2-e	伸缩量240mm	m	63	4 500	283 500

清单 第400章 合计 人民币 4 063 468 元

清单 第500章 隧道					
子目号	子目名称	单位	数量	单价	合价
517-1	洞口拦水沟	m	302	3 634.02	1 097 474

清单 第500章 合计 人民币 1 097 474 元

思 考 题

1. 根据标的不同，公路工程招标有哪些形式？
2. 公路工程招标有哪些法定方式？各有什么特点？
3. 公路工程施工招标文件包括哪些内容？
4. 公路工程施工投标文件包括哪些内容？
5. 简述利用土、石填方及借土填方的工程量计量规则。
6. 简要说明工程量清单分解方法。
7. 简述报价工作程序。
8. 报价由哪些部分组成？投标报价策略的内容是什么？
9. 什么是不平衡报价？在投标报价时，如何采用不平衡报价？

参考文献

[1] 交通运输部职业资格中心.交通运输工程技术与计量[M].北京:人民交通出版社,2021.

[2] 交通运输部职业资格中心.交通运输工程造价案例分析(公路篇)[M].北京:人民交通出版社,2021.

[3] 中华人民共和国交通运输部.公路工程建设项目概算预算编制办法(JTG 3830—2018)[S].北京:人民交通出版社,2018.

[4] 中华人民共和国交通运输部.公路工程预算定额(JTG/T 3832—2018)[S].北京:人民交通出版社,2018.

[5] 中华人民共和国交通运输部.公路工程机械台班费用定额(JTG/T 3833—2018)[S].北京:人民交通出版社,2018.

[6] 中华人民共和国交通运输部.公路工程建设项目造价文件管理导则(JTG 3810—2017)[S].北京:人民交通出版社,2018.

[7] 中华人民共和国交通运输部.公路工程标准施工招标文件(2018年版)[M].北京:人民交通出版社,2018.

[8] 赖雄英,郭俊飞,张兰峰.公路工程造价编制与应用[M].北京:人民交通出版社,2018.

[9] 雷书华,高伟,马涛.公路工程预算与工程量清单计价[M].2版.北京:人民交通出版社,2013.